国家级教学成果奖

"四合一教学"20年实验成果

全脑激发的高效课堂

(第二版)

冯旭初 谭东虹 著

·广州·

版权所有　翻印必究

图书在版编目（CIP）数据

全脑激发的高效课堂："四合一教学" 20 年实验成果/冯旭初，谭东虹著. —2 版. —广州：中山大学出版社，2015.4
　　ISBN 978-7-306-05246-9

　　Ⅰ. ①全… Ⅱ. ①冯… ②谭… Ⅲ. ①课堂教学—教学模式—教学研究—中小学 Ⅳ. ①G632.421

中国版本图书馆 CIP 数据核字 (2015) 第 061961 号

出版人：	徐　劲
策划编辑：	钟永源　梁惠芳
责任编辑：	钟永源
封面设计：	林绵华
责任校对：	杨文泉
责任技编：	何雅涛
出版发行：	中山大学出版社
电　　话：	编辑部 020-84111996，84113349
	发行部 020-84111998，84111981，84111160
地　　址：	广州市新港西路 135 号
邮　　编：	510275　传　真：020-84036565
网　　址：	http://www.zsup.com.cn
	E-mail: zdcbs@mail.sysu.edu.cn
印 刷 者：	广东虎彩云印刷有限公司
规　　格：	787mm×1092mm　1/16　16 印张　375 千字
版次印次：	2008 年 8 月第 1 版　2015 年 4 月第 2 版　2024 年 3 月第 10 次印刷
印　　数：	13501-14000 册　　定　价：39.00 元

本书如有印装质量问题影响阅读，请与出版社发行部联系调换

为了贯彻落实习近平主席2014年9月9日的讲话"国家发展，一定是共同发展，不能让任何一个地区，任何一个孩子落伍掉队。你们要始终把握这个宗旨，安心教师岗位，把孩子们培养出来。"

2015年3月20日—24日，由中国教育科学研究院基础教育研究中心主办，应贵州省镇宁布依族苗族自治县教科局邀请，"四合一教学推广"基地一行4人，现场介绍和展示了"四合一教学"

"四合一"主体教学模式荣获国家级教学成果奖二等奖

美国华盛顿州立大学全资邀请冯旭初老师赴美介绍"四合一教学"

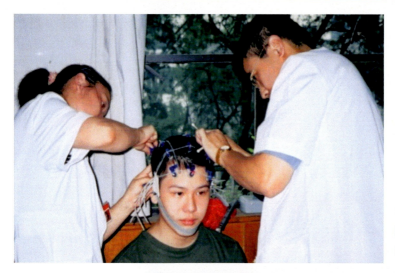

中山大学第一附属医院周列民博士主持全脑图实验

2014年3月6日—8日，应山东省五莲县教育局邀请，"四合一教学"应用推广工作室一行4人，现场介绍和展示了"四合一教学"，包括小六数学、初二语文、高二地理各一堂课

2011年2月28日,谭东虹老师在香港培道中学展示"四合一教学"

2013年12月14日,谭东虹老师在河南新乡展示"四合一教学"

2009年7月,谭东虹老师在广东台山展示"四合一教学"

2009年7月,谭东虹老师在四川成都展示"四合一教学"

2014年8月7日,美中关系基金会主席罗玲女士专程到广州考察"四合一教学"

2014年9月22日—26日,在北京BMW童悦之家培训农村学校教师

序

  2006年3月,我参加了由全国教育科学规划领导小组办公室副主任鄞力作为项目主任的专家组,到广州市第七中学为全国教育科学"十五"规划课题"四合一"主体教学模式进行成果鉴定。专家组不仅一致通过了该课题鉴定,还建议对"四合一"主体教学模式做进一步的理论概括与提升,推广课题研究成果,扩大实验范围。

  现在,我们从冯旭初老师新的努力———《全脑激发的高效课堂》这本书里,可以全面看到"四合一"主体教学模式十几年来的实验路程和科研成果。

  这是一个很有实际应用价值的科研成果:"四合一"主体教学模式着眼于素质教育的实施和新课程实验,立足于课堂教学改革尤其是教与学方式的转变,运用或借鉴了现代教学理论及相关理论,尝试把脑科学理论应用于教学实施过程,积极探索构建有中国特色的新的教学模式。作为特级教师,冯旭初老师带领他的团队,做了十几年深入持续的可操作、可量化、可检验、可重复实验。因此,确实可以说是一项真正的科学实验研究。

  当前,我国基础教育改革,一要坚持,二要反思,三要深化。课程改革必须也必然深化到课堂教学改革,这是推进素质教育的必由之路。"四合一"主体教学模式在理论上、实践上都对深化教育改革,推进素质教育,形成中国特色的教育有重要的意义。

  我们今天的社会正处在一个转型期,出现的各种问题也在深刻地影响学校的教育和教学。以课程改革为突破口的教育改革正在使教师发生一次历史性的变化,促进教师要随着学生学习方式的改变而重新建立自己的教学方式。同时,在脑科学与教育科学的互动之中,我们也期待着一个新的跨学科的研究领域的诞生。

  对于一线教师来说,《全脑激发的高效课堂》提供了一系列有价值的中外教育教学的基本理论与观点；通过具体丰富的个案和事例，阐述了"四合一"主体教学模式的思想理念和实施策略，也让我们看到了一位普通中学教师执着的精神、顽强的毅力和强烈的使命感。

国家主席胡锦涛在 2007 年 9 月 1 日向全国广大教师提出了四点希望，《全脑激发的高效课堂》一书，正是实践胡锦涛主席这四点希望的一份成果报告。希望有更多的教育工作者和第一线的老师看到这本书，并且和冯旭初老师一起，把"四合一"主体教学模式课题研究与实验进一步做下去，范围更加大一些，更加广一些，更加深入一些；坚持科学发展观，结合自己的实际，运用"四合一"主体教学模式，让《全脑激发的高效课堂》在更多的学校开花结果，使更多的师生焕发活力，获得收益。

（吕达：全国课程专业委员会理事长，教育部课程教材研究所教授，博士生导师，原常务副所长）

目　　录

第一章　孩子们需要不加班加点的高效课堂 …………（1）
　第一节　有人喊打我 ……………………………（2）
　第二节　"怪"老师的绝招 ………………………（3）
　　　华罗庚的话 …………………………………（6）
　　　数学的喜悦 …………………………………（7）
　　　数学素质教育实施纲要 ……………………（8）
　第三节　B组学校出了一位广东省高考数学状元 ……（20）
　第四节　机会只给有准备的人 …………………（24）
　第五节　凡进课室上我的课就是我的学生，是我的
　　　　　学生一个也不落下 ……………………（28）
　第六节　刺心的疼痛 ……………………………（33）
　第七节　让孩子觉得学习好玩 …………………（37）
　第八节　给曹诗弟教授的回答 …………………（39）

第二章　全脑激发的高效课堂 ……………………（45）
　第一节　什么是模式 ……………………………（46）
　第二节　找到了《全脑革命》 …………………（48）
　第三节　什么是"四合一" ………………………（49）
　第四节　高中生的情感和意志 …………………（50）
　第五节　传承与创新 ……………………………（53）
　第六节　全脑激发的"四合一"主体教学模式 …（56）
　　一、教学目标 …………………………………（56）
　　二、教学生理 …………………………………（62）
　　三、教学组织 …………………………………（81）
　　四、教学手段 …………………………………（89）
　　五、教学原则 …………………………………（92）
　　六、教学过程的6个环节 ……………………（109）

第三章　C组学校又出了一位广东省高考数学状元 …… (117)
 第一节　一位老师的问题与困惑 ………………… (118)
 第二节　我的回答 ………………………………… (119)
 第三节　实施"四合一"主体教学模式的策略 …… (124)
  一、模式识别 ……………………………………… (126)
  二、情感动力 ……………………………………… (127)
  三、团体活动 ……………………………………… (131)
  四、精心准备 ……………………………………… (134)
  五、赏识激励 ……………………………………… (137)
  六、有效教学 ……………………………………… (139)
  七、创设情境 ……………………………………… (141)
  八、"领头羊"效应 ……………………………… (143)

第四章　实施"四合一"主体教学模式20年说 …… (145)
 第一节　我们的心思和力量放在哪里 …………… (146)
 第二节　我们需要公正、公平、公开的高考 ……… (147)
 第三节　时代不同了 ……………………………… (150)
 第四节　教师应当欢迎别人观课 ………………… (150)
 第五节　用一生的工夫准备每一节课 …………… (153)
 第六节　要时刻记住"一切为了每一位学生的发展"
  ………………………………………………… (153)
 第七节　给学生怎样的奖励 ……………………… (154)
 第八节　换一种心情 ……………………………… (157)
 第九节　要努力传承创新形成个人教学风格 …… (159)
 第十节　分清模式与目标 ………………………… (161)
 第十一节　注意和学生的交往 …………………… (170)
 第十二节　要守得住"清贫" …………………… (172)

第五章　细节影响成败，坚持才能胜利 …………… (181)
 第一节　"叫一号而动全班"的艺术 …………… (182)
 第二节　课堂上老师应当站在哪里 ……………… (183)
 第三节　做过的才能会 …………………………… (183)
 第四节　选好合作小组的小组长和带头人 ……… (184)
 第五节　一定要信守诺言，让学生享受成功 …… (185)

第六节　即时反馈是双向的 …………………………… (186)
第七节　板演应当是集体智慧的体现 ………………… (186)
第八节　写好"有效教案" ……………………………… (188)
第九节　激励≠竞争 …………………………………… (195)
第十节　万事开头难，坚持更难 ……………………… (196)

第六章　不断进步　机会只给有准备的人 ………… (199)
　第一节　喜悦在威海 …………………………………… (200)
　第二节　观课议课的反思 ……………………………… (201)
　第三节　有趣与有序的融合 …………………………… (203)
　第四节　欢快奔流的山泉水 …………………………… (204)
　第五节　级组长的话吓了我一跳 ……………………… (206)
　第六节　为什么测验 …………………………………… (207)
　第七节　答努力课改老师 ……………………………… (208)
　第八节　什是互助合作学习 …………………………… (210)
　第九节　"四合一"教学模式的互助合作小组 ……… (212)
　第十节　"四合一"教学模式的信息卡 ……………… (214)
　第十一节　全脑偏好图 ………………………………… (217)
　第十二节　预习比作业负担重得多 …………………… (219)
　第十三节　"四合一"教学模式的评价机制 ………… (220)
　第十四节　为了我们的学生一个也不落下 ………… (222)
　第十五节　关于教学环节的设置 …………………… (225)
　第十六节　访美小结之一 …………………………… (227)
　　附文　冯旭初：研制"四合一教学"的独特秘方 …… (239)

主要参考文献 …………………………………………… (249)

第一章

孩子们需要不加班加点的高效课堂

第一节　有人喊打我

课堂教学模式在国内外一直都有研究，形成了不少流派和理论。以对新中国成立后影响最大的苏联而言，就有苏霍姆林斯基的智力发展理论、凯洛夫的教学五环节理论、赞科夫关于教学与发展问题的研究、巴班斯基的最优化思想、沙塔洛夫以"纲要信号"为教学辅助工具的教学法等。随着改革开放，西方教育思想传入中国，除了早期美国杜威的"教育基于行动"外，还有瑞士皮亚杰的发生认识论、美国布鲁纳的结构主义与发现法、布卢姆的"掌握学习"理论以及罗杰斯的人本主义学习观等。

在中国，除了早期的陶行知继承孔子"知行统一"说而提出的"教学做合一"，还有上海育才中学段力佩的"八字教学法"、顾泠沅的《教学实验论》、魏书生的语文六步教学法、李吉林的情景教学法等。按照夏惠贤著《当代中小学教学模式》一书所说：2001年全国有5000余个教学改革实验点，我国中小学综合性的教学改革实验项目共有200项，其中语文学科86项、数学学科68项、英语学科46项。

作为一种令人瞩目的课堂组织结构创新策略——小组互助合作学习，从20世纪60年代末开始兴起，已经形成了一种"运用合作学习是教师跟上当前教育趋势的一个出色标志"。我国从80年代末也开始提倡小组互助合作学习，但是，这方面实践和研究的步伐却直到90年代末才加快起来。

在20世纪后半叶，在科学家的积极倡导下，各国政府都十分重视脑科学的研究，加大了对脑科学研究的投入。美国与欧洲提出了各自的"脑的十年"计划，日本出台了"脑科学时代"计划，投资达2万亿日元。我国科学家进一步提出了开发脑的思想，强调对人脑自身的开发，力图将脑科学研究与素质教育、人力资源开发直接联系起来。自从80年代计算机进入学校后，随着信息技术逐渐融入教育领域，随着现代社会的发展，教师以及现有的教学都已面临着划时代的重大挑战。对于学习者，教师已不再是唯一的信息资源，教师的作用更趋向于"合作者"和"导学者"。

我国从20世纪80年代以来，开始形成一股教学改革实验的潮流，一些学者和大学教授开始进行各种教学改革实验，这方面具有代表性和影响力的是华东师范大学叶澜教授所主持的《"面向21世纪新基础教育"探索性研究》，这一研究提出了"三Z"（整体、综合、终身）模式。但是，研究只是选择了小学的语文、数学、思想品德和中学的语文、数学、英语各三门必修课程作为探索的重点，而且，在《新基础教育探索性研究报告集》中只见小学的研究报告，不见有关于高中教学模式和实验的整体报告。大多数的课程实践以及在教师的教学观方面，在深层次上并没有发生实质性的变化。虽然有丰富的有关课堂教学的理论，但大多只是从某一侧面或某一层次切入。依然缺乏对"课堂教学"作为一个实践活动的整体的、师生交互作用着的动态过程的研究，缺乏整合，缺乏对课堂教学的理论之具体的认识。

> 不搞加班加点，只用课堂40分钟教会学生，考出好成绩。

1994年，我担任高三级组长，因为反对加班加点补课，与别人发生了很大的冲突。甚至有人喊打我。从那时起就问自己：为什么补课补到学生病了一片，还有人支持？为什么一定要这样？我下定决心，自己不搞加班加点，只用课堂40分钟教会学生，考出好成绩来说话。

这样又过了三年，这三年的甜酸苦辣无法说，虽然高考考得不错，但是自己遭受的围追堵截无法说。我把这三年的潜心学习和体会，选择性地写成了《数学素质教育实施纲要》，得到了当时广州市教委教研室数学科和广州市中学数学教研会理事们的认可。这样，我便打着上级交给我科研任务的名义，名正言顺地进行我为孩子们构建高效课堂的实验。

第二节 "怪"老师的绝招

1997年，我刚好接一个新班——高一（5）班，一开学，教数学的级组长就告诉我：这个班英语成绩最好，但是，数学成绩是全级倒数第一，全班54名学生中有36名女生，其中有11名借读生，数学成绩只有三四十分。

> 实行自己已经构思好的一套模式。

面对现实，我决定实行自己已经构思好的一套模式。我做的第一件事是给全班每一位学生发了一篇《人民日报》的文章：数学——撬起未来的杠杆。这篇文章的几个小标题是：

数学研究的领域涉及世界上一切事物。有人说，上帝是按照数学语言来创造世界的。

最抽象的数学催生出人类文明的绚烂花朵。恩格斯说，数学在一门科学中应用的程度，标志着这门科学的成熟程度。

数学是个宝库，从数学中产生出来的东西，具有高屋建瓴、压倒一切的气势。

我们正处在"数学技术"的新时代。有报告认为：未来社会最好的工作和岗位，属于准备好了处理数学问题能力的人。

数学是重要的潜在资源。学者们认为：更好地发挥数学的作用，我国的发展会更快。

这篇文章起码引起了同学们对数学的重视，下面是一位学生在日记中写的读后感：

看完了《数学——撬起未来的杠杆》一文，似乎才恍然大悟：殊不知数学如此之万能！物理学、化学、自然科学，经济、管理等社会科学，当然还有计算机的应用和发展，都离不开数学，就连那生物中深奥的DNA遗传工程研究也要靠数学帮上一把忙。大千世界，我们没有一天不接触数学，有些虽然是很普通的几条公式或是简简单单的加减，但却为着人民的生活起着巨大的作用，它应用于工程技术、生产活动，这样的例子就更加数之不尽了，数学对社会发展、经济技术方面的巨大作用也是有目共睹的。

文章中列举了不少的例子，都充分地说明了社会越发展，越显示出数学在各个方面、各个层次的价值，也预示了将来的发展，不论是在哪方面，数学这种文化，这种潜在的资源都将发挥其更大的作用。那么我觉得，我们应该首先改变那种"数学用处不大的观念",努力去学好这门能够为社会发展添砖加瓦的学科。其二,国家对数学的投资及其重视的程度应该有个阶段性的提高,最起码不能让大量的数学人才流失国外或蜷曲在专业不对口的地方郁郁不得志。人才是一个国家的宝贵财富。如果不够重视数学,那么可以说:这样的财富我们是浪费不起的。只有更好地发挥数学的作用,我国的发展才会更快。

初中的时候,我的数学成绩平平,可以说是在众多的学科中最逊色的一科,每每大考、统测,都是数学这一门拖我的后腿。曾经下过狠心学数学的我,成效不大,不知道到底是脑瓜子不好使,还是勤奋不足,数学成绩每次都原地踏步。最后老师苦笑:"你的数学成绩太稳定了,既不升,也不降。"就我自己看来,我的数学就像是"半桶水"一样,对概念理解模糊,难一点的题目就恐惧,把会做的都忘记了。

高中的数学,虽说还是基础,但难度自然比初中大,开学一个多月,我逐渐摸索出了一点学数学的方法。不能盲目地做练习,虽然说学数学就是要多练,但是这个"练"是要在深入理解的基础上去做,再难的题目也是由基础慢慢地积累起来的,只有基础扎实,才能循序渐进推理,最终得到答案。再有,就是要学会怎样独立思考。初中时,我一直以为独立思考就是自己埋头苦干,"两耳不闻窗外事"。现在我知道,老师为什么有时讲解题目时点到为止,目的就是让我们锻炼独立思考的能力。有了这一点,也可以说是最重要的启示,经过自己摸索后,许多问题就能迎刃而解了。最后,多问这一方法也是学好数学的方法,正如老师说的:"学问,学问,就是要又学又问。"这样才能有所进步,使数学成绩有所提高。

> 再难的题目也是由基础慢慢地积累起来的。

> 要学会怎样独立思考。

> 学问,学问,就是要又学又问。

但是,重视是一回事,坚持努力又是另一回事,特别是我讲课速度快,又不肯慢下来,以致有些同学怀疑高中数学太抽象,自己笨,学不好。于是,我又印发了华罗庚的两段话给同学们:

华罗庚的话

根据我自己的体会，所谓天才就是坚持不断的努力，有些同志也许觉得我在数学方面是什么天才，其实从我身上是找不到天才的痕迹的。我读小学时，因为成绩不好就没有拿到毕业证书，只能拿到一张修业证书。在初中一年级时，我的数学也是经过补考才及格的。但是说来奇怪，从初中二年级以后，就发生了一个根本转变，这就是因为我认识到既然我的资质差些，就应该多用点时间来学习，别人只学一个小时，我就学两个小时，这样我的数学成绩就不断得到提高。一直到现在我也贯彻这个原则：别人看一篇东西要三个小时，我就花三个半小时，经过一个时期的劳动积累，就多少可以看出成绩来。并且基本技巧烂熟以后，往往能够一个小时看完一篇人家看十天半月也解不透的文章。所以，前一段时间的加倍努力，在后一段时间内却收到预想不到的效果。是的，聪明在于学习，天才在于积累。

> 聪明在于学习，天才在于积累。

不怕困难，刻苦练习，是我学好数学最主要的经验。我就是这样学完了基础的数学。这一宝贵的经验，直到今天，对我还有很大的用处。我和其他数学家研究问题的时候，当时虽然都懂了，回来我还要仔细地思考研究一遍。我不轻视容易的问题，今天熟悉了容易的，明天碰到较难的也就容易了。我也不害怕困难的问题，我时刻准备着在必要时把一个问题算到底。我相信，只要辛勤劳动，没有克服不了的困难，没有攻不破的堡垒。

华罗庚先生这两段话，对全班同学的鼓励很大，一位数学成绩很差的学生，写了这么一篇日记：

今天，我用课余时间看了老师发下的华罗庚写的学习数学过程的文段。我才知道，原来华罗庚在小学时数学不合格，竟拿不到毕业证。到了初中，初一时也是如此，但到初二，他意识到自己的弱点，就发奋猛追，比别人平时学习的时间超一倍至两倍，渐渐地，在后一段时间里收到意想不到的效果，到最后，他终于成功了，成为了我国著名的数学家。

华罗庚成功的秘诀在于勤奋。我觉得自己好像是在华罗庚初一时一样，成绩不理想。但上高中以来，自己花在数学上的时间是最多的，虽然成效不佳，但持之以恒，别人花一小时，我就花两小时学习，时间长了，我相信多少都会有些效果。

虽然我的脑子不是很灵，但我会用勤奋补不足，我决不会放弃数学的。正如华罗庚所说："只要辛勤劳动，没有克服不了的困难，没有攻不破的堡垒。"俗话说"笨鸟先飞"，我希望，自己就是那只"笨鸟"。

可是，到了期末考试，虽然（5）班数学平均分和其他班的差距缩小了，但是仍然是排第五（全级一共五个班）。这时候，我要求全班每位学生写一篇数学期末总结，题目是"数学的喜悦"。话一出口，课堂一片哗然，当场就有学生说："都是第五了，怎么喜悦呀？"我笑对他们说："我是要你们跟我讲讲你学数学的喜悦，不是要你讲得第五的喜悦。"结果，学生们还真写出了"数学的喜悦"，下面是其中的一篇：

> 只要辛勤劳动，没有克服不了的困难，没有攻不破的堡垒。

数学的喜悦

空白的本子上只有一个醒目的标题"数学的喜悦"。唉，这"喜悦"两字真是让我愁眉苦脸！我搜肠刮肚，希望能找到一点半点的材料，可是腹内空空，咬着笔头的我只能对着白纸发愣。数学，让我一想到这名词就有点不舒服，这一向是我最薄弱的一科，它仿佛是一本难念的经，而我这个无知的"俗家弟子"又怎能把它参透呢？（可悲！）它又似沙漠中的海市蜃楼，使我这只饥渴的骆驼可望而不可即的呀，唉……

忽然，沉寂的天空中划过一道闪电，我猛然想起老师的提示。啊，有"喜悦"可写了。

一堂数学课上，老师照例让我们拿出"小同步"。我的心开始忐忑不安了（因为怕待会儿没做出来，又要瞎蒙地随便举卡）。这次是做几何题，咦，这题不是用三垂线定理吗？我快速滑动着笔尖，在草稿纸上施展着，很快算出了答案，于是举起了"B"牌。这时，只见老师开怀大笑，可我还浑然不知何事。原来，我们四人小组举着各不相同的牌子，该死！我是不是又算错啦！可怜的自卑心在作怪。老师也不急，忙招呼着大家（四人）讨论，统一答案。我可急啦，心怦怦地跳得厉害，先检查一遍自己的答案，没错呀？于是，我肯定地讲出我的做法，从组员的眼神看出，他们勉强赞同了，因为我的答案一直不可信。生死攸关的时候到了，（噔！——噔！——噔噔！）老师面带笑容地举起"B"。哗！这一刻我好高兴喔，当然只适用于内心罢了，心里早已赞过老师千万次啦！

这虽然是不起眼的"喜悦"，但对于我来说，犹如久旱逢甘霖。

> 告诉他们：我为什么要教得和别人不同。

到了高一下学期开始，我把自己经过修改的《数学素质教育实施纲要》发给每一位学生，告诉他们：我为什么要教得和别人不同。这里有一个原因是，一位初中学习比较好的男学生，曾经找我哭闹了一场，质问我这样教法，能够保证他考到大学吗？

下面是当时发给学生的《数学素质教育实施纲要》全文。

数学素质教育实施纲要

一、对素质和素质教育的认识

什么是"素质"？我们认为素质包括两方面：先天的和后天的。所谓"先天的"是指人先天具有的解剖生理特点，包括神经系统、感觉器官和运动器官的特点，主要是通过遗传获得。所以又称遗传素质，即所谓"禀赋"。"后天的"则是指人在社会发展进步和个体生存发展中，改造客观世界和主观世界所必需具备的基本品质，它可以在后天环境、教育影响下形成与发展。

因此，素质教育应当是以开发儿童与青少年的潜能，完善和全面提高新一代公民的整体素质为根本目的的教育。

那么，如何实施素质教育呢？

李岚清副总理在听取湖南省汨罗市教育改革经验的汇报时，就如何实施素质教育提出了四点要求：一是"转变观念，特别是各级领导的观念"；二是"创造一个较好的素质教育的外部环境"；三是"构建素质教育的运行机制，包括有效的导向制",四是"对校长、教师提出更高的要求"。说明实施素质教育,首先是政府行为,是必须由各级政府及其教育管理部门来负责的教育改革。

强调实施素质教育的责任首先在政府,并不会减轻学校、老师的责任,正相反,由于这次改革涉及从政府到学生家长等各个方面,学校的校长、教师所面临的改革任务更全面、更深刻、更艰巨。

《中国教育改革和发展纲要》提出"中小学要由应试教育转向全面提高国民素质的轨道"。而应试教育作为一种教育模式,在中国存了几千年。虽然经过几次的波涛,也有偏废之时,但近年却是越演越烈。因为高考考得好不好不仅关系到学校的声誉,也关系到每个考生和他们的家庭。所以,学校的校长和教师是无法不搞应试教育的。与此同时,大家又都深切感觉到了素质教育的重要。因此,作为教育者的学校校长和教师也在研究实施素质教育。在市教委教研室和市中学数学研究会的领导下,我们成立了"数学素质教育课题组",对中学如何进行数学素质教育进行探讨性实施。

数学的特性,决定了它在发展人的素质方面的功能特征。把数学教学与人的发展相结合,可以开发人的潜在智力,有效地提高人的素质。

在数学教学中实施素质教育,固然需要外部条件,但在教师的主导作用下,又应该以学生为主体。而在教学中提高学生的智力参与程度应当是"以学生为主体"的最佳体现。北师大数学系曹才翰教授指出:"善于学习的学生,在他的头脑中,按照他自身的特定方式,把知识组织得很好,这样就便于储存和提取,同时把新学习的知识纳入到他原有认知结构的适当部位或改变他原有的认知结构。"

可见,素质教育首先应当对生理素质给予特别的关注,承认人的先天潜能的丰富性,现代脑科学研究表明,人脑是一个统一的整体,蕴藏着巨大的学习和创造的潜能,有待于教育者去开发;开发潜在的智能,还必须培养健康的心理和健全的人格,即注意心理素质的培养。此外,文化素质的教育包括精神文化和科学知识的教育也是素质教育的重要部分。因为人类长期积累的科学文化知识是不能依靠遗传传给下一

> 在教学中提高学生的智力参与程度应当是"以学生为主体"的最佳体现。

代的，它必须通过教育和环境传给下一代。

二、数学素质教育的实施途径与原则

1. 努力探索新的途径，促进学生素质发展，包括智力、情感、品质、性格能力等各方面的发展；吸收苏联学者、教育学家斯卡特金现代教学论思想；传统教学论把自己的基本任务仅仅看作教现成的知识成果，而不是着重创造性思维，最大的危害是损害了学生的智力发展，改善现行教学过程最主要的是变单纯讲授为有讲有学、变死记硬背为积极的创造性的思维活动。为此，重点应放在课堂教学设计上，要认真钻研教材和教学大纲，确定和掌握每一单元、章节的内容、目标、测量手段。具体为：（1）教材编组；（2）目标分层；（3）反馈矫正；（4）测验评价。

2. 加强对IQ、EQ的研究，发展学生的智商和情商：一个人的智力高低，常常用一个商数来表示，称为智商。智商所表示的是一个人在他的同龄人中的相对位置。在人的一生中，平均只使用了自己脑神经能力的15%～20%或者更少。左脑和右脑各有不同的功能，教师的责任之一就是努力开发学生左右脑的功能，发展他们的智力，教师对学生的态度可能起到鼓励的作用，也可能起到阻碍的作用。在个体智力的发展过程中，个人的努力和环境的支持都会起到很大的作用。而教师和家庭对学生的殷切期望，作为教学主要的一部分，更有着不可估量的作用。情商的含义则比较模糊。情感智力一词首次出现在1990年，由哈佛大学的彼得·萨洛瓦和新罕布什尔大学的约翰·播耶两位心理学家提出，他们提出了情感特征，但是认为情商无法测定。例如友爱、坚持不懈等品质。实际上，我们如果在潜意识中理解情感智力的蕴涵及重要性，也就认同情商论的同义简称。就像智商是认知智力的同义词一样。

> 情商与智商相比，遗传成分要少得多，这是两者重要的区别。

情商并不是智商的反义词，相反，它们在概念上、在现实世界中都可以能动地互相作用。情商与智商相比，遗传成分要少得多，这是两者重要的区别。也正因为如此，我们可以有机会弥补孩子性格的不足，为他们日后的成功奠定基础。

对于智商（IQ）和情商（EQ）已经有了许多研究，但是结合到教育，特别是中学教育则甚少。研究证明：在使孩子更聪明或至少让他们的标准智商测试成绩更好方面，我们的努力是超出前人的。如今孩子的智商成绩高出上世纪20%，但是"智商"只是天生的。"情商"却是靠后天培养，具备情感技能的孩子比一般孩子更加自信、幸福，在学校表现更好。要想把孩子培养成负责任、有爱心、能力强的一代，实施情感教育是不可或缺的。而实施情感教育首先应当想到改变孩子大脑的化学组成，更确切地说，是教给孩子自己改变大脑功能的办法。因为情感并非心理学定义的抽象名词，而是具体的存在。它们是由大脑产生的，身体对其发生作用的特定生物化学形式。例如"味道好极了"的咖啡，就能使大脑释放一种生物化学物质血清素。血清素对孩子情感的作用是极其巨大的，它能够影响体温、血压、消化、睡眠等许多身体机能，能抑制对大脑的过分输入，从而有助于孩子们应付各种压力。血清素的增加还可以减少侵略性和冲动性。

　　大脑的思维部分（大脑皮层）和大脑的情感部分（大脑边缘）虽然在决定人的行为时功能不一，但都是相互作用的。情感部分反应更快、更强烈。另一方面，大脑皮层尤其前脑叶，能充当调节阀的作用，在人们对新情感情况作出反应前，先进行分析并赋予其意义，研究证明，尽管孩子出生是有其特定的情感模式，但他们的大脑有可塑性。他们可以创造新的神经通道以及适应性更强的生物化学模式，这里有许多新的问题需要我们去研究。例如，美国儿童心理学家劳伦斯·沙皮罗就提出："近25年来，不断地赞扬孩子，充分给予鼓励的办法，一直受到人道主义心理学运动的倡导和支持，认为这样能培养孩子的自信。但事实上，其负面影响远大于正面效果。"劳伦斯认为："孩子必须能够接受失败，否则无法养成持之以恒的性格，托马斯·爱迪生为找一根灯丝失败过1000次，乔纳斯·索尔克为找到脊髓灰质炎疫苗，98%的时间都花在不成功的实验上，"所以"孩子要想成功，必须要学会接受失败，感觉痛苦，然后不断努力直到成功来临。每一个过程都不能回避。失败和痛苦感是构成最终成功和喜悦的最基本因素"。

　　当然，是否在智商方面就归之于先天注定，无法可施呢？

也不是，日本学者叶羽晴川在《智力教育》一书中分析了左右脑功能后就提出："在教学和训练中，有意识记忆是更重要的，系统的科学知识和教学训练的内容，都必须靠有意识去记住"，而"要提高学生的识记效果必须提高他的积极性并组织积极活动"。所以"学习必须有'四到'：眼到、耳到、口到、手到"。总之，"后天的社会教育尤其对儿童智力的发展有一种导向作用，影响着儿童的智力结构。"个体智力的后天发展"无时无刻不受到其个性构成中非智力因素——诸如兴趣爱好、意志毅力、事业心和求知欲和良好的学习习惯而逐渐变得平常甚至迟钝"。多说和多想"我能够"，少说和少想"我不能"，大胆地、不断地去实践、去学习、去尝试新东西，那么，你就会变得越聪明，你的天赋会因你的努力而焕发出更灿烂的智慧之光。

> 五条实施原则，恰当吗？

3. 实施原则：

（1）积极参与的原则。实施素质教育的任务之一，是要把培养少数尖子成才的教学转化为提高全体学生素质的教育，中、差学生除了思想品德、知识基础差等原因造成落后外，心理素质水平差也是主要原因之一，要提高他们，必须在心理素质的培养上下一定功夫，要注意保护和调动他们的学习兴趣，培养他们的自信心，训练他们注意力的集中性和稳定性。当然，也不能因为注意中、差学生而放松了好学生的提高，应当创造机会让每一位学生都积极参与教学活动。

（2）高难度教学的原则。只有在教学中设置一定的障碍，才能动员学生的精神力量，激发学生克服障碍的"智力情绪"，当然，要掌握好难度的分寸。

（3）高速度教学的原则。这是针对传统教学中多次单调的重复，不合理地把握教学进度的弊端提出的，教师讲的东西只要学生懂了，就可以往下讲，不要原地踏步，当然要注意扩大知识的广度，螺旋式上升。

（4）即时反馈的原则。在高难度、高速度的情况下，要照顾全体学生，使全班学生包括后进生都得到发展，就要注意设立"反馈—矫正"机制，及时了解学生掌握知识情况，及时矫正。

（5）互助合作的原则。运用合作学习是当前教育趋势的一个标志，群体合作分组结构应该成为课堂教学组织形式的主要特征，建立互助合作小组是实现学生群体合作目标的基本手段。

三、数学素质教育的配套部分

1. 反馈系统：为了贯彻"即时反馈"原则，为每位学生配备了一套即时反馈系统，包括两方面：

（1）四种单面卡（见样板）：每位学生有四张不同颜色的单面卡片（背面一律为白色），上面分别有A、B、C、D字母各一个，用于在堂上做选择题时，学生举卡回答，教师可以即时了解学生解题的速度和正确率，也是对教师估测的检验。当出现各种不同答案时，即可马上组织讨论。

> "信息卡"使用之初只是简单应用，随着经验的积累，才有了各种的用法和效果。

（2）数学日记：每位学生有一本《数学日记》，学生可以在日记中写上任何感想、问题和意见，教师也可命题要求。不定时收看日记，可随时了解学生学习数学的情况，避免了一些无谓的形式议论，提高了互助小组的学习效率。

2. 素质发展自我评估表：每位学生有一张"素质发展自我评估表"，分为生理素质、心理素质、文化素质、实践状况、学科成绩、学科能力六个部分，每个学期填写1~2次，使学生本人和教师对学生的素质发展有一个整体评估，促进素质发展。

3. 堂上练习：课本的练习题不足以训练学生，需要重组和加强每一小节的练习。

4. 单元检测：每一单元要进行形成性测验，并注意评讲，进行矫正。

5. 专题讲座：利用每周科技活动时间进行数学专题讲座，能吸引大多数学生，提高他们对数学的认识和兴趣，发展数学能力。

6. 阶段评估：期中和期末应有阶段性评估。对学生情况进行总结性测验和评价。

学生们抱着一种好奇的心情看完了这篇文章，写出了许多评论。下面是其中一篇：

纲要评价

我觉得开展素质教育似乎很难，因为我们面临的是高考，不能够不应试的。我知道素质教育很重要，特别是心理素质的培养，我的心理素质很不好，每次考试都打输仗，自信心不足影响考试成绩。我知道心理素质是十分重要的，但无论怎样，我的心理状态总是不太好。

我觉得数学老师开展的素质教育确实很好，特别是举牌子和课堂上小组答题正确时加分，错误时不减分，这充分调动了大家的积极性和兴趣。我对数学课也产生了兴趣，使我越来越喜欢上数学课。

"情商（EQ）"是数学老师首先给我们解释的，使我明白学习原来除了IQ之外还有EQ这个非遗传因素，友爱和坚持不懈的精神是属于EQ的，它可以弥补我们性格的不足，为今后的成功奠定基础。

我们一定要配合老师搞好素质教育。

我和学生们的努力没有白费。到了高二上学期，全级五个班学生进行了一次参加广州市数学应用题竞赛选拔赛，结果如下表所示：

表1-1

班别	1	2	3	4	5
入学时数学成绩在130分以上人数	8	8	16	9	6
入选级代表队人数	1	2	4	5	6

这时候，（5）班的数学平均分已经排在全级第二名。

到了高二下学期，（5）班的数学平均分稳定在全级第二名，最后跃上了第一名。

广州市中学数学教研会在1999学年的工作总结中提到了我的实验：

推介广州市中学数学教研会第六届年会的科研成果，促进教育科研开展。

为推广市属中学数学教研会第六届年会的成果，推进素质教育，促进年会成果的转化及提高全市数学教师的科研能力，在教研活动中，对年会研究成果进行全面推介。教研会素质教育科研组冯旭初老师的论文《数学素质教育初探》。是年会一等奖的论文，也是特约研究员一等奖论文。为总结和推广他的成果，分别在高一、高二、高三均作了推介报告，他对素质教育的观念、总体目标、实施原则进行了研究探讨，对如何在课堂教学中实施素质教育进行了两年多的探索，从举不同颜色的A、B、C、D小牌到分组教学讨论，都有创新意识，还用全脑概念去指导学生制定"全脑动员表"，用脑科学理论去提高学生思维品质。还在教学过程中进行素质发展的自我评估，建立周密的反馈系统，引进激励机制，促进质量提高，还注意面向全体学生，调动"差生"的潜能，使学生素质有明显提高。为数学素质教育如何在课堂教学中实施提供了良好的"示范"。

> 学生真挚热诚的爱减缓了我的肝硬化。

而我也在这时候病倒了，当时医生下的临床诊断是：肝硬化、肝萎缩，必须马上住院。

住院留医治疗的过程中，学生对我的关怀使我十分感动，每天都有一群一群的学生来看我，而且都带来了许多的慰问品，如花篮、果篮，甚至在家炖了汤、煮了饭菜送来替我加营养，他们都在给我打气。

结果，医生告诉我：肝不算硬化，还没有萎缩。于是，我马上出院，并且继续走进了教室。请看看我当时收到的一篇"日记"吧。

没写之前，有许多话想说，可真正要提起笔时，却不知从哪说起。在这两年里，我不仅在您的教导下学到许多新知识，还从您身上学到了许多做人的准则。

您是我遇见到的第一位天天与学生一起吃饭的老师，并能将每个同学的心理、个性了解得一清二楚；您是我遇见到的第一位因工作劳累而住院的老师，并在病床上还想着每位同学应如何努力上进。站在您的病床前，听着您那语重心长的话，大家都十分感动。

我是班长，您为了维护我的形象，从不当众批评我。可我多希望您能经常在旁边给我敲响警钟，每当听着您对她用的激将法时，我都觉得是一种幸福。

这次期末，我终于越过100分这道坎。但听说还有满分同学时，我又冷静下来，我所做的努力还很不够，我希望，冯老师，您能陪我们一起上高三，继续给予我们鼓励和动力，相信终有一天，我们会用理想大学的录取通知书来报答您。

多么令人感动！

也是在1999年，我的一位已经参加工作的学生来看我，知道我在进行"四合一"主体教学模式实验，她很感兴趣，要求随堂听我的课，并和我的学生交谈。结果，她以《数学的喜悦》为题，在广东教育出版社出版的《新空间》杂志上头版报道了我的实验。下面是这篇文章的全文：

数学的喜悦

数学是叫不少人头痛的一门课，但在广州市七中高二(5)班，以前对数学怕而远之或根本没兴趣的同学现在都纷纷说数学是最爱。隋某同学说："原来枯燥的40分钟变得生动活泼，令人回味，令人盼望。"杜某某说："冯老师既没有用严厉来'镇压'我们，也没有用眼泪来'感动'我们，但他就是有办法叫我们特别投入。"这个班自从由冯旭初老师执教后，数学成绩由原来的全年级倒数第一跃升为中上水平，在最近一次数学奥赛选拔中，该班入围的同学占全年级的1/3。

这个课堂不一样

冯老师有什么法宝呢？笔者日前前往一探究竟，遇上那堂是复习巩固课，冯老师事先打好招呼：可能没有讲新课那么"好看"，但笔者还是强烈地感觉到：这个课堂不一样。

特别之一：上课前同学们纷纷换位置，上课时常常"四位一组"交头接耳。

原来是冯老师综合考虑几次测试成绩和平时的表现，将数学成绩差的和好的互相搭配，把全班同学4人一组地分成13个水平相当的互助合作小组，由成绩最好的担任组长，以群

> 原来枯燥的40分钟变得生动活泼，令人回味，令人盼望。

体为主进行教学。

特别之二：课室内时时彩"旗"舞动。有一次老师刚把题目写完，同学就纷纷亮牌，不过各色都有，一时难分对错，但只一会儿，其他颜色纷纷"易帜"，剩下一片红，煞是有趣。但也有各执己见的时候，一次一个小组内红、黄、蓝、绿全亮齐了，逗得冯老师哈哈大笑，于是马上组织小组讨论。同学们不仅在组内热烈讨论，还跟老师辩论起来，这时课堂又像一锅烧开了的水。这可谓特别之三：课堂气氛竟可以这样活跃，同学们竟可以这样投入，既轻松愉快又毫不松懈。

特别之四：每个学生都有一本数学日记，里面记载着他们的苦与乐，困惑与豁然开朗。

教出学生的水平

这些特色当中，亮牌答题最受学生称道。在以往的应试教育中，老师一味地灌，学生也只能被动地接受知识，冯老师则要变单纯的讲授为有讲有学，创造机会让每一个学生都积极地参与教与学，使他们从不爱学到爱学，从不会学到会学，从只会死记硬背到创造性地运用知识。亮牌答题是个成功的设计。王某某同学说："举牌答题使上课变得很好玩，而且使人人都你追我赶不甘落后。这是数学课的'经典'，班主任都有意'翻版'呢！"岑某某说："以前做题，要有时间我会慢慢地来，而且从不检查，但自从做完要举牌后，我逼着自己改掉了慢吞吞的习惯，速度和准确率都有了提高。"吕某说："当发现自己举牌与别人不同时，我会马上检查，然后再看看别人的解答过程中与自己有什么不同，无论是自己出错还是别人出错，都会谨记以后不要再犯。"

同学们欣喜地称数学课花样百出，其实冯老师目标只有一个：实施数学素质教育，把素质教育落实到具体的课堂教学。

什么是素质教育?从教36年，被评为广州市特级教师的冯旭初老师说："就是促进学生全面发展的教育。"

素质教育是针对应试教育的弊端提出来的。应试教育只着眼于单纯的选拔，以应试为目标，考什么就教什么，考什么就学什么，方法是题海战术，死记硬背。在以分数论英雄的情况下，学生被划分为两部分，一是可以升学可造就的，

> 课堂气氛竟可以这样活跃，同学们竟可以这样投入，既轻松愉快又毫不松懈——这不是公开课，而是常规课。

> 老师应该教出学生的水平而不仅是体现老师的水平。

一是不能升学不可造就的，把尚处于发展阶段的学生一棍子打死，教育资源被主要用来为升学有望的学生服务。冯老师深情地说："我喜欢成绩好的，也不放弃任何一个'差'的学生。学生的潜能是无限的，老师应该教出学生的水平而不仅是体现老师的水平。素质教育就是要面向全体学生。"

互助合作小组是这一思想的体现之一，组员们在组长的带领下互助互学互相影响。冯老师认为中、差学生除了知识基础差等因素外，心理素质差也是重要原因，所以在教学中特别注意保护和调动他们的学习兴趣，培养他们的自信，训练他们注意力的集中性和稳定性。在进行课堂练习时考虑差别设计出不同层次的练习，而在答题得分方面采取个人计算成绩、小组合计总分的方法，计分时向"差生"倾斜，由组长答对的组长个人得分，由组员答对的则全组成员得分。

数学曾令许多女生望而生畏，但自从冯老师任教后，活泼多样的教学、轻松愉快的气氛，激发了她们的兴趣；老师适时的引导、鼓励和同学之间的互帮互助使她们掌握了有效的方法，找到了自信。这批女生的数学成绩一下子上来了，其中黄某某更是从原来的"差字辈"一跃而为中上水平，令人刮目相看。

> 课堂教学的目标具有双重性：显性和隐性。

要促进学生的全面发展，不能只偏重智育，冯老师认为课堂教学的目标具有双重性：显性和隐性，前者主要是智力因素，如数学知识和能力的培养，后者则主要是非智力因素，如情感、意志、合作与竞争等人际关系、行为规范的训练。于是冯老师在教学中设置一定的难度障碍，以激发学生克服困难。而在遇到一些比较复杂的或有争议的问题时，冯老师让组长来组织小组讨论。通过互相充实来激发他们的思维、澄清他们的观点，学会对照别人来检验自己的观点，既帮助学生克服以自我为中心，又克服幼年时代养成的那种把成人的观点看作判断真理的标准思维习惯，学会客观地了解自己和别人的意见。

冯老师还特别强调提高学生的心理素质。班上有位男生是以优秀的成绩被保送直升高中的，但他未能很快适应新阶段的学习，心里一慌，就更找不到北了，成绩明显下降。他认定是老师没有教好，于是愤愤不平地跑去质问老师：你这种教法能保证考上大学吗?! 说着说着眼泪都流出来了。冯老师一声不吭先让他把"气"撒完，等他情绪平伏后，再耐心地与他交流，详细地分析，让他自己找到问题的所在，现在这位学生有好几次都考了全班第一。而在一次期中数学考试中，全班同学都考砸了，这时冯老师却要求每人以《数学的喜悦》为题写一篇日记。苦想一番后，同学们的眉头舒展开了，他们回忆起曾经有过的进步，收获过的喜悦，总结了有效的方法，拟定新的目标继续向前。

"最TOP最好的老师"

对于挨学生骂，快人快语的冯老师笑言："好老师不要计较。"相反还在许多细节上看出他时时处处对学生关怀爱护的良苦用心，比如要是他坐着就绝不让学生站着与他谈话，他常对学生说："我们是平等的，唯一区别就是我比你们老一点。"他强调要尊重学生的人格，对学生可批评但不处罚，不能让学生留下心理阴影，要让他们的身心都得到健康发展。他最反感老师拖堂，一提起就语带激愤：学生连上厕所的时间都没有啊！那简直是对学生的摧残！

中午他喜欢端着饭与学生一起吃，有些学生毫不客气地从老师碗里夹菜，以至别的学生过来打抱不平，他却说：喜欢就多吃点，正是长身体的时候。当午休铃声一响，他会掉头就走，绝不稍留。素质教育说到底要靠高素质的老师。

在学校刚创办的团刊上，冯老师被学生誉为"最TOP最好的老师"，在题为《数学的喜悦》的日记中，简某某同学写道："最使我喜悦的是我能成为你的学生。"其实这也是全班同学的心声。冯老师不但带领他们取得进步，还让他们认识到素质教育并非一句空话！

现在素质教育还刚刚处在探索阶段，还有许许多多工作要做，包括教育体制、考试制度的改革，整个社会对教育认识的提高等等，复杂而艰巨，但只要我们坚持一个教育理念：以人的全面发展为出发点，就会越来越接近。

到了2000年高考，数学成绩如下表所示：

> 素质教育并非一句空话。

表1-2

广州市B组学校平均分	560.38
广州市第七中学高三级平均分	178.71（排十三间同组学校第一名）
高三（5）班平均分	621.59（排全级第一名，其中700分以上6人，占全级12人的50%）

  2000年，共青团广东省委出版的《黄金时代》以"最TOP的数学老师"为题，头版报道了我的实验情况；《羊城晚报》也以"'怪'老师的绝招"为题，报道了我的"绝招"。

第三节　B组学校出了一位广东省高考数学状元

> 这个世界怎么啦？

  初战告捷，一直关注我的2000届那位级组长对我说："621分已经是广州市第七中学历来数学高考的最高分了，真的不错，你再教一届，如果还能考出这么好的成绩，那就说明你的'四合一'方法真的行！"

  我接了一个新的班：高二（4）班。这个班是按高考X科在高二就全级重新分班，新组成的一个物理班。情况怎样呢？下面是开学之初两位同学的"日记"片断，一位男同学：

78与61

  78与61，这就是第一次几何测验男女生平均分的对比，男生61分，女生78分，男生比女生低了17分。难道我们男生就比女生差吗？不，不是的。我们男生并不比女生差，只是我们男生不努力。

  一位女同学：

第一章　孩子们需要不加班加点的高效课堂

这个世界怎么啦？

　　一直以来，人们都认为男生的理科比女生强，所以在X科班中的物理班上，大家也认为男生比女生强是正常的。但从这一次数学测验来看，我想男生们也不敢大声说："男生的理科比女生强得多！"男女生平均分之比为61:78，相差17分之多，任何人听了都会觉得不可思议。怪不得老师说我们班的男生不够格称为男子汉。本来说妇女能顶半边天，但我怕这样下去，会出现女性只手"遮"天。

　　但说实在话，男生之所以这么差，并不是他们天赋不好，而是他们没有下工夫，没有花比女生多的时间。没有后天的努力，就算天赋再好，也不会有太大的成就，这个世界究竟是怎么啦？男性不肯努力，又不乐意接受自己得到的成绩，只会一个劲地抱怨自己运气不佳。也不想想这个世界哪有这么便宜的事情，努力跟成果是成正比的，只要成果而不付出，是没有可能的。这样的男性，怎么能承担起养活妻儿的责任。

> "这样的男性，怎么能承担起养活妻儿的责任。"

　　我把这段话在全班读了一遍，引起了一片哗笑。
　　以此为起点，针对这个班"阴盛阳衰"的状态，我做了一系列工作，到中段考时，有许多男同学经过努力，数学成绩有了提高。但是，整个班仍然是女生成绩优于男生。而且，严重的问题在于，这个班的数学平均分比同类班低了10分！我在随后召开的家长会上作了检讨，请求家长们不要怪孩子，因为，这完全是我的责任。家长们接受了我的检讨，没有责怪我。我向学生声明我负责中段考的落后，但期末考一定要上去。而且我们不同本校本级的同学竞争，我们要同A组学校竞争！（我们是B组学校）因为名牌大学的招生是有限的。在中段考总结中，有一位男生写了一篇"无题"：

> "我不相信失败会永远属于自己。"

　　就分数而言，我这次的成绩无疑有了进步，靠的是扎扎实实做每一道题，该拿的分基本上都拿到了。不过有一条选择题却因负数相乘没有变号而错，煞是可惜。
　　我很想为自己这个成绩而骄傲，因为这也许是我第一次上100分，可我却笑不出。我清楚地看到自己在解后面大题时所存在的缺陷。

路是一步一步走出来的。我不渴求一次突飞猛进，但我必须前进下去。在这里，我郑重地发出战书，誓在期末考中"打倒"梁某某。

我不相信失败会永远属于自己。

（注：梁某某是一位很老实、很用功的女学生。）

我一方面坚持严格要求男同学，一方面尽量表扬开始上升的男同学。但是那位说"这个世界怎么啦"的女同学，在"日记"中写了一篇"给老师的建议"：

冯老师您教我们这个物理班已经大半个学期，随着日渐的相处，我相信大家都喜爱您，我也一样，我觉得上数学课时课堂气氛很活跃，每逢上数学课，我都觉得非常开心，但是我还是有一些建议想提给老师您。老师您说我有些大女子主义，其实我只不过是在这阴盛阳衰的环境下对男生的一个挑战，反而我觉得老师您上课时有时表现得有些看高男生、看低女生，有一些重男轻女的感觉。我希望老师您面对我们女生的成绩是由衷的赞许、认同，对男生的失败、挫折是接受、承认。其实我们22个女生被41个男生包围着生活、竞争，承受的压力是远远大于男生的。所以，老师在上课时的认可对我们女生是一个极大的鼓舞，希望老师可以做到这一点。

经过一个学期的师生共同努力，终于有了一个比较好的结果。一位男同学在4月23日的"日记"中高兴地写道：

> "如果这样坚持下去，我们会是全级的永远第一！"

今天在班会上，看到了各科的级平均分，我们班的数学平均分赫然地亮在我眼前。啊！足足比级平均分高8分，这是一个不简单的成绩！老师的功劳当然是功不可没，但是我们全班真的是很努力地去学数学的，我十分的有感受。冯老师，您帮我们班调剂好了一个很好的学数学的气氛，如果这样坚持下去，我们会是全级的永远第一！

成绩上来了，全班的信心和热情有了，我也很注意和学生的交流，帮助他们放松心情，下面是"日记"中的一次笔谈：

第一章　孩子们需要不加班加点的高效课堂

(生)：昨天打机时学到首诗：滚滚红尘佛天远，悠悠白云西山陲。碧海深沙埋壮志，宿梦未酬我心悲。这首诗是一位和尚为国捐躯后，主角为他写的悼念诗。现实就是游戏，因为现在我正全心全意打机（目前），打机有好多乐趣。

另附词 [(师)：打机不忘学诗，不错，只是这诗可能也是"网上作品"吧。]

临江仙
春季收获甚少，
夏至又临会考。
四科过后又四科。
上说应知晓，
科科皆重要。　[(师)：这句填得合格吗?]

(生)：至于前途，我唯一想的就是自在。有劳就有逸，用劳换来的逸怎样也比用逸换来的劳好，想以后逸，现在劳一点好了。（师：说得很辩证！）

再附：蝶恋花·"前途"
云淡雾薄晓风疏。
优哉游哉，
睡眼倚红烛。
庭前茉莉雨中姝，
星光月影茶一壶。

(生)：是否很"逸"？劳吧！　[(师)：只见飘逸，不见劳影。]

[(师)：试按词作画，看看是否"逸"。]

(生)：离亭燕·思考。
二九尝浅人面，
马期伯乐垂怜。
九重天外盼飞仙，
日出江河尽艳。
衣沾墨香去，
刀磨千日待尖。　[(师)：谢谢]

(生)：闲暇戏谑之作，仅供茶余饭后谈话之资。

[(师)：前两首皆似网上之词，离亭燕倒是有点味，不过伯乐赏识千里马，不是"垂怜"，别那么自怜自叹！你要是肯

> "有劳就有逸，用劳换来的逸怎样也比用逸换来的劳好，想以后逸，现在劳一点好了。"

千日磨刀,必定尖,不仅尖而且锋利!女孩子嘛,还是别让墨沾衣好,莫似史湘云。]

就是这样,既紧张,又放松,满腔热情,冷静思考,这个班在2002年的高考中考出了很好的成绩。

其中数学不仅以641.84超出了A组学校627.57的平均分,而且还拿到了广东省高考数学状元。全班有13名学生数学成绩在700分以上,占了全级的13/19。

表1-3

	语文	数学	英语	物理	综合	总分
广州市B组平均分	565.74	569.09	603.84	565.03	572.43	595.36
广州市第七中学	597.31	590.86	632.75	562.91	588.31	623.21
高三(4)班	610.88	641.84	635.23	568.76	621.67	645.08
在全级排名	2	1	4	1	2	1

2002年,《羊城晚报》和广东作家协会《少男少女》又分别以"中学教师担纲国家课题"和"'怪'老师的一堂普通课"为题报道了我的"四合一"主体教学模式实验。

第四节 机会只给有准备的人

虽然一连两届都取得了显著成绩,但是反对我的权威只是把说我"运气好"改成"只有他自己才能搞那一套",当时的情况是怎样的呢?

素质教育已经推行十几年,国内有许多研究,发表了不少文章。特别是新课程的推行,带来了新的动力。正如《中国教育报》报道:"新课程无论从标准到教材都受到社会的广泛认同,受到广大教师的热烈欢迎。"但是,《中国教育报》也在2002年5月份连续报道了教育部派出专家工作组到国家实验

课程标准是新的,教材是新的,但不少课堂仍是涛声依旧——教师为何踩不上点儿?

区中小学听课的情况,一位在当地颇有名气的教学能手上了一节公开课,博得教师满堂喝彩,然而,就是这样一节在别人眼里十分成功的课,却遭到课程专家的种种质疑和尖锐的批评。更有甚者,一些实验区提供的竟是经过包装的表演课。并且,这种现象绝非个别。因此记者提出"课程标准是新的,教材是新的,但不少课堂仍是涛声依旧——教师为何踩不上点儿?"折射出许多长期困扰教育发展的老大难问题。

> 新课程和方式正面临着传统教学模式的严峻挑战。

专家们如此说,教师也有说法。2004年2月13日,在基础教育主办的《教师话题》中就有一位教师讲述了"新观念 新方式 想说爱你不容易"的事例。

这位老师的说法是:"新课程和方式正面临着传统教学模式的严峻挑战。"他提出了这样一个事实:"在课堂上应用'自主、合作、探究'方式比较多的教师,虽然课堂气氛活跃,师生双边活动频繁,学生学习积极性较高,但其考试成绩却往往不如采用传统讲授法的教师所教的班级好。"结果,他提出:"中小学教育的改革不仅仅是教材的改革,也不仅仅是教师观念的更新,还应该是评价体系和考试方式方法的改革,尤为关键的应该是广大中小学教师综合素质和教育教学理论水平的提高,等等"。我们可以看到,一提到教学改革,就会提出改革评价体系,好像要改革就不能讲考试成绩,要讲考试成绩就无法改革。再看看图书市场,广州购书中心整个二层都是供中小学学生选用的课外辅导书,而且基本上是和课本配套的练习书,此外虽有少数课外阅读书,也是和课本配套的应试书,需要花一些耐心,你才会发现一些供教师选用的关于教育教学的书籍,可是你却不知道买什么好,因为这些书多数都是理论书,或者是一些特级教师如何上课的音像制品,基本上都是从理论上阐述或者表现教师如何讲课,你看完了,还是不知道自己应当如何按照新课标,新教材去改革教学。即使有人愿意改,按照上海市的调查也显示:多达44.12%的教师多年来追求原有教学技术的成熟,没有对自己的教学策略和方法作重大调整,他们追求的是自己如何讲好课,如何突出重点难点,如何一题多解,而不是研究如何让学生在课堂上学好、掌握好。结果是越来越多的学生不愿意听课,中国关心下一代工作委员会在全国八大城市调查显示：有六成多学生上课无法集中注意力。即使有小学在搞什么"愉快教育"、"成功教育"，其结果却是"语数英全不喜欢，小学生最想睡觉"（《羊城晚报》报道）。如果这些还不足以引起大人们的震动，我们把时间推到今天(2007年)看看，虽然又经过了5年的教改，可是弑母伤父的少年王某涛说的是"我不会像个傻瓜一样坐在教室听别人讲课"。不要以为这只是一个凶恶少年的语言，再听听2007年中考一位考生说的吧："现在还有几个人在读书的，上课要不听MP3，要不就睡觉"。《羊城晚报》在报道这些时用的标题是《弃考混考，这些考生让家长心凉》，我建议改为"这些考生为什么心凉？"

请看看2007年云南宣威的高考情况吧："万名高考生逾四成作弊"。这是我们国家的悲剧！我看了真的感到"心凉"！不是因为那4000多名高中毕业生，而是因为那些唆使他们这样做的师长们！明里暗里没有师长们的安排，这4000多名高考生能够如此作弊吗？也不要跟我说，这是个案。请再看看安徽砀山吧：砀山是安徽省最北方的一个县，高考考生不过5000人左右，可是当警察当场抓获两名替考枪手后，竟有1000多名"考生"马上缺考，有一名高中班主任和一名教育局副局长因为涉嫌参与准考证作假协助替考，而被拘捕。由此，我不由对教育部的官员深表同情和敬意。他们最近规定：今年秋季开学，全国所有中小学生每天都必须跳校园集体舞！正如《羊城晚报》"首席评论"所说："如果只是建议将集体舞、华尔兹作为校园文化娱乐的内容之一，供选择，无伤大雅。但如今定时定刻、定点定量地要求执行，则是令人拍案惊奇的事。"不过我也对"首席评论"辛荷先生说一句：教育部人士也实在是无可奈何，他们花了很大的人力、物力、财力、精力编了一套新教材，却无法得到很好的应用，他们早就在1994年提出学校每天要保证学生有一节体育锻炼，并且逐校检查，结果如何？到今天："女欠营养男过胖"，"学生成了特'困'一族"（皆引自《羊城晚报》）。有一份报纸还把学校第九节补课作为高考成功经验，以大字标题报道。万般无奈，为了孩子们，教育部只好又规定学校每天要跳舞！

> 我们可以在这样一个现实社会中怎样做一个有良心的教师可以做好的事！

第一章 孩子们需要不加班加点的高效课堂

扯远了，总之，我当时一心在想着"怎样大声告诉那些像我一样普通的教师，我们可以在这样一个现实社会中怎样做一个有良心的教师可以做好的事！"一个偶然的机会，让我认识了当时的广东省教育厅普教科研办公室主任任洁博士，她听了我的诉求，热情指点我申报全国教育科学"十五"规划课题，我赶紧把自己五年的努力情况写出来申报，竟然出乎意料地获得了全国教育科学规划领导小组批准立项。2002年7月，广东省教育厅通知我："四合一"主体教学模式被立项为全国教育科学"十五"规划课题，并且告诉我这是广东省第一个也是唯一一个中学教师领到的国家课题，鼓励我好好干。经过努力，我在2002年9月4日举行了课题开题大会，参加的有87人。参加实验的老师都是在广州市中学教师继续教育学习班上听过"四合一"讲座，而又已经报名参加实验的有心人。这里必须提到广州市教育局教研室中数科谭国华科长，他以特别赏识的眼光，在当时只有大学老师才能在中学教师继续教育学习班上开课的情况下，经过特别申报，用自己的名义领到讲课权，让我去给老师们介绍"四合一"主体数学模式。所以，才会有87位老师在2002年9月4日参加"四合一"课题开题大会。在这个大会上，令人感动的是当时的广东省教育厅普教科研办公室主任任洁博士、广州市教育局教研室主任麦曦特级教师、东山区教育局副局长孙建军、广州市中学数学教研会刘仕森副会长都亲自到会，并发表了热情洋溢的讲话，而作为东道主的广州市第七中学校长梁国就不仅全力支持，还拨出1万元作为课题组的经费。我想，一名普通中学教师的一个普通的教学模式，得到五级领导的支持，实在不容易，除了努力做好实验，还能讲什么？还能讲的就是：我们国家还有好领导、好干部、好老师，还有许多想搞好中国教育的人！但是，我总是告诉后来跟我一起实验"四合一"主体教学模式的青年教师：机会只给有准备的人。

> 机会只给有准备的人。

第五节　凡进课室上我的课就是我的学生，是我的学生一个也不落下

自从提出素质教育以来，一直有"素质教育"与"应试教育"之争，好像这是两个对立的教育：搞"素质教育"不能讲成绩，搞"应试教育"就无法讲素质。我却认为：考试成绩好不一定素质好，但是素质好考试一定能好，素质教育应当包括应试教育在内。这就涉及什么是"素质"和"素质教育"。关于这个问题，我们可以找到很多论述。我在我的"四合一"主体教学模式论文中，这样认识："人的素质包括两方面：先天的和后天的。先天素质是指人先天具有的解剖生理特点，包括神经系统、感觉器官和运动器官等方面的特点，主要是指通过遗传获得，也称遗传素质，即所谓'禀赋'。后天素质是指人在社会发展进步和个体生存发展中，改造客观世界和主观世界所必需具备的基本品质，它是在后天环境、教育影响下形成与发展。因此，素质教育就应当是以开发儿童与青少年的潜能，完善和全面提高新一代公民的整体素质为根本目的的教育。它的主要内容可以概括为'两全一主'：面向全体学生，学生全面发展和主动参与。"

> 古往今来，哪有不考试不以成绩为评价的招生。

我按照这样一个认识来设计"四合一"主体教学模式。我每教一个班，第一堂课就给全班学生一个承诺："凡进课室上我的课就是我的学生，是我的学生一个也不落下。"我把全班学生分成每四人一组的互助合作小组，指定组长，选出带头人，大考之后按进步幅度大小奖励小组。这样，经过一年的努力以后，我教的班不会有太差的学生，但却有一批优秀的学生，而且班集体形成得特别好。

这几年，我学习过不少关于教学的模式，可是这些模式有许多是理论论述，缺少可操作性，更缺少关于实施情况良好的数据，或者只是在小学，有时在初中实验，并且一般不提统一考试成绩。很少看到有在高中实验，至于能以高考成绩说明问题的教学模式就更少见了。倒是见过不少关于必须改革考试、改革评价的报告。我想，古往今来，哪有不考试

不以成绩为评价的招生。请看美国通过托福和GRE考试，招去了中国多少高材生。怎么没有人说他们这样的考试评价应当改革，这样的招生形式应当改为推荐？如果靠文字评价推荐一个学生，那么我们国家早就在"文革"时实行了。可惜，"工农兵大学生"变成了一个专有的历史名词。请想一下，如果高考不看考试成绩，而是看学生毕业学校的推荐评价取生，高校同意吗？实行了多年的高级中学保送生制度不是最后也要"暂停"吗？可惜的是，经过这么多年的再努力，人们不是集中精力去讨论如何上好课，考好试，而是加码宣传、加紧实行"综合素质评分"。我不想去争论这种评分的可靠性，我只想举出2006年6月15日《羊城晚报》的两条报道：

报道一：湖南高考体育加分测试中爆出丑闻遐迩3000体育专长生多数是"水货"

报道二：热点快评：高考加分丑相图

各位善长仁翁，诸位读者先生，你们只要注意一点：在测试现场"路两边都停满了车，绵延大约一公里。记者注意到，车牌号囊括了各地从公检法到路政以及其他政府机关的多种型号的小车"。这是省级测试的场景呵！请各位想一想，一间普通中学的老师能够抵抗得住坐着"政府机关"小车来的指令，不写好"综合素质评语"吗？

我是赞成改革的，但是，我赞成的不是改为根据文字评价推荐录取，而是大学要办好不同特色的专业，按考试成绩录取。让成绩优秀的继续在理论上深造，成为学士、硕士、博士。让成绩一般的也可以读专业技术性强的专业，成为企业急需的高级技师。这些技师毕业后参加工作的薪水不会比学士、硕士低。而且可以继续读硕士、博士。同时，大学不要搞"3+X+综合"捆绑成绩，而是语文、数学、英语有基本分就可以，或者任何一门学科达到很高的分数，例如150分拿了148分。其他学科只要达到一个最低分，就可以录取。这才叫做"不拘一格选人才"。

如果我们只是在"不单看考试成绩，还要看平时表现"上去改革高考，其结果是很成问题的。

在我这一名普通中学教师的思考中，认为"评价"并不困难，我们国家每年进行许多考察、验收、评比、表彰，总

> 如果我们只是在"不单看考试成绩，还要看平时表现"上去改革高考，其结果是很成问题的。

> 教师是希望改革的，但希望的是公平的改革，触及问题实质的改革。

有"一票否决"制。这一套办法好像没有什么人反对。为什么教育就不可以采取这样的办法呢？

设想一下，如果上级坚持每年一次统考，三年一次大考（升学试），而且按考试情况表彰，有如广州市的毕业班工作评比那样，但加上实行"一票否决"。就是，如果发现那间学校有人在经过审核的课程表之外再加课时，一经查实，就取消评选资格。这样一来，学校的校长和老师们不用再担心别人都加班加点，自己不加会吃亏；改而集中精神钻研课堂教学。就可能会出现"一切为了每一位学生的发展"、"改善学生的学习方式"的基础课程改革高潮。

另一个问题就是领导的问题，我只想引用教育部主编的《教育文摘周报》（2004年6月9日）上一段报道说明："目前教育行业的一系列制度维护的不是一线教师的利益，而是一些教育管理部门的利益。……教师在学校处于一种被领导管理和监督的地位。……教师是希望改革的，但希望的是公平的改革，触及问题实质的改革。"

再多的话，就不好说了。让我们看看一位广州市政协委员的说法吧：

广州市政协委员、广州市教育局教研室教学研究员李伟成高级讲师以《端正认识，促进中小学教育科研健康持续发展》为题，在《教育导刊》（2004年4月）发表了他在广州市政协第十届大会第二次会议的提案（已被立案），下面是这篇文章：

端正认识，促进中小学教育科研健康持续发展

广州市教育局教研室：李伟成

作为市教研室派出人员，我全程参与了广州市首届人文科学成果展览会广州市教育局展台的筹备和布展工作，时任中共广东省委书记张德江亲临我局的展台，对我局科研工作给予了较高的评价，虽然那天我没有在现场，与张书记亲临我局展台的激动人心的场面失之交臂，但张书记对教育科研应该发挥龙头作用的有关指示，使我们受到了极大的鼓舞。这次人文科学成果展，对我局今年来的科研工作作了一次很好的检验，也是一次很好的小结。如何更好地发挥我局的科

研优势，落实张书记指示的精神，我认为，正视我们的存在问题和采取可行的措施是至关重要的。

我认为，当前我们应该正视的有如下三个问题：

一、对科研兴教的意义认识有差距，当前我市不少中小学特别是等级学校科研热十分高涨，纷纷向各级部门申报了课题。但在认真考虑这些课题对学校发展、教师发展和学生发展的意义及其实际效果上，学校及其上级部门一般还缺乏较深刻的认识，盲目性、随意性较大。有的学校自己申报的课题连同上级部门压下的课题足有一大堆。如某学校只有40多名教师，却承担了国家、省、市、区的11项课题，沉重的负担压得学校喘不过气来。与等级学校课题较多较滥相比，一大批真正需要以科研促发展的一般学校却没有课题，科研贫富不均的现象相当突出。所以，科研部门要正确引导基层学校，真正从自身的发展出发去选择科研课题，注意科研的针对性和实效性，不要以科研作门面，将科研当成花架子，搞毫无意义的形式主义。

二、对中小学开展教育科研还缺乏有针对性的指导，学校的教研科研质量有待提高。目前，虽然我市中小学开展教育科研的工作取得了长足的发展，教育科研的环境有了较大的改观，但总的来说，我市中小学教育科研的质量仍然不太高，缺乏理论的概括和解决实际问题的能力，因此，也缺乏具有大范围影响力成果。究其原因，除了我市中小学的理论积淀较薄弱之外，还与我市教育科研机构对中小学教育科研的指导缺乏一定的力度和深度不无关系。目前，我市对中小学教育科研的指导，主要来自市教育局属下的三个科研机构，广州市高校对中小学的教育科研既存在介入不多参与不够的问题，同时还存在脱离中小学实际的问题。科研人员是中小学教育科研的重要力量，但目前由于主观或客观的原因，可以说有些科研人员对学校的教育科研的指导质量不太高，缺乏帮助学校解决实际问题的能力，也缺乏指出问题实质的勇气。

> 假科研之名"吃学校"的现象，不但造成了国有资产的严重流失，也使教育科研堕落成一种交易。

三、现在有不少来自各方的"专家"，夹带着一些颇有来头的课题或子课题，纷纷到学校抢滩挂牌，把学校列为其"实验基地"，每年收取高额的"课题费"，但极少到学校指导

> 李委员说出了许多普通老师的心里话。

科研；另外，还有些"专家"指导越位，干脆从课题立项到结题都亲自替学校操刀。这些"假科研"对中小学开展教育科研具有很大的杀伤力。某校成为了一项"国家课题"的"孙课题"，连续三年每年得向该"国家课题"交纳9万元的课题指导费，而校长却不无感触地说，我也明明白白知道这项课题费钱不顶用，但要上等级学校，不借助他们的那块牌子，我是过不了关的。这种假科研之名"吃学校"的现象，不但造成了国有资产的严重流失，也使教育科研堕落成一种交易。

为了更好地落实张书记指示的精神，促进我市中小学教育科研工作的健康、持续发展，提出以下几个建议：

一、积极引导中小学对教育科研树立正确的价值观，营造追求科研实效性的氛围。今后我们的科研课题立项和结题工作，要把实效性作为审查或考核课题的一项重要的指标，力求减少甚至杜绝不求实际、夸夸其谈的"无效科研"。

二、建议我市对现行督导条例中有关学校上等级要有国家、省、市课题的条款作出合理的修正。我们认为，只要学校真真正正在开展教育科研，而且具有实效性，督导评估的时候，就不必强求它是什么级别的课题。同时，我们要大力鼓励学校从自身的实际出发，自己选择、确定适应自我发展需要的校本课题。

三、采取有效机制，鼓励教育科研人员努力为教育决策服务，为基层服务。在为决策服务上，建议以后在作出关乎全局的重大教育决策之前，应该首先面向教育研究机构招标，让教育科研机构为该项教育决策作出一个先行的研究；另外，对部分教育决策，也可让教育科研机构作出论证，特别是提出不可行性论证。这样，既能真正使科研人员有位有为，又能使教育决策避免盲目性。

如果你是老师，你会怎样说。我只说李委员说出了许多普通老师的心里话。而且，我要谢谢李委员，因为他还给过我许多支持与帮助。

第六节　刺心的疼痛

是不是教师就真的只能被动地当个教书匠呢？

这几年，我读到过许多报道，每读一次，都感到刺心的疼痛，都在深深的自问：老师有什么责任？看看我记有日期的几篇吧：

> 读完这些报道，您就会感到刺心的疼痛。

第一篇　2004年5月17日《新民晚报》

★一项调查显示：近六成中学生有厌学情绪

（摘要）中国儿童心理卫生专业委员会一课题组对两所中学的调查显示：59.3%的学生有厌学情绪，其中有学习存在困难的学生，也有成绩优良的学生。大面积"厌学症"应该引起教育工作者的重视。

时下中小学校园内，成绩是孩子的标杆、教师的秤砣。成人社会的评判标准就是一张文凭。孩子的大部分时间就是听课背书做题，乏味的学习让他们漠视生机盎然的四季与变化多端的社会，这样的学习与苦役何异？

今日社会越来越格式化，孩子们就算有爱迪生的梦想也难以发展，日复一日的枯燥训练消磨着他们的灵性。令人担忧的是，当孩子们拒绝学习的时候，他们也拒绝了教科书上不少有益的内容。基础教育中有不少文史知识，对学生的思想道德品行有良好的影响。根据中小学生的成长规律，以生动活泼的方式传授知识，把学习变成充满乐趣的过程，已是刻不容缓的大事。

第二篇　2003年12月12日《广州日报》

★中学生：好想多睡一会儿

（摘要）广州近期一项调查显示：中学生中近一半每日睡眠时间少于7小时，八成学生有睡眠障碍现象，近六成因睡眠质量问题而出现日间功能障碍现象（日间感到疲倦和精力不足），而这些会直接影响学生成绩并导致心理问题。珠三角几个城市的教育及心理专家受访时指出，"缺觉"在广东中学校园内是普遍现象，长此以往对孩子造成"隐性伤害"，要提高成绩须先改善学生睡眠。

★中学生每晚"挑灯夜战"上课就犯困

老师在讲台上讲课，一些学生在下面哈欠连天的情景在广东的中学校园里并不罕见。

东莞中学一名初三的学生说："我现在每天晚上最早12时睡觉，早上6时30分起床，满打满算仅睡7个小时。即使这样，我在班里还算是睡觉睡得多的呢！经常有负罪感。而他的同学李婷则因为成绩不太好，晚上经常失眠，每晚只能睡3个小时，每天心情特别沮丧，白天根本没饱满精力学习。

家长：从晚饭忙到半夜真心疼孩子。

广州一位资深媒体人这样告诉记者：真心疼孩子啊。他有一对双胞胎女儿，上小学六年级，"她俩每天6时30分才到家，吃完饭7时开始做作业，一直做到12时才完工，早上6时就起床了。孩子小小年纪竟大呼日子好难挨啊，我只能鼓励她们坚持下去。"

> 孩子写到12时也没做完作业。

上周日晚孩子写到12时也没做完作业，周一受到老师批评，按教师的意见，这位媒体人要在孩子的作业本上批上意见，他终于忍无可忍批道：也许是孩子动作太慢，也许是学校布置作业太多！

第三篇　2004年6月7日《羊城晚报》

★广州"眼镜仔"全国最多

八成高中生近视，课业负担过重是祸根。

据统计，1998年中国学生近视率在世界排名第四；1999年就上升到世界第二，仅次于日本；城市高中学生近视率已超过61%；初中生超过50%；小学生超过20%。目前还有不断增多的趋势。而在广州，根据广州德明医院8年来对296万名学生的调查显示，广州的学生近视率居全国之最，其中小学生视力不良比例为32%，初中生为59%，高中生为80%以上。

第四篇　2003年7月17日　《中国教育报》

★孩子为何如此结束了自己的生命？

就在山西临汾钢铁集团子弟小学的五年级学生恬恬留下"压力太大了"的绝笔自缢身亡不久，南京一名初二的男生坠楼身亡，这位14岁少年没有留下任何遗书，有的仅是裤口袋中尚未做完的试卷。当地公安部门经过现场侦察已排除他杀的因素。

显性的死亡好分析、易判断,究竟是什么样的压力竟让我们的孩子如此坚定地结束自己如此稚嫩的生命?

第五篇　2004年6月20日《羊城晚报》

★公开课上得"漂亮"让我难受

公开课,展示课是校间交流和教育行政部门检查工作的重要方式之一,然而本报近日接连接到家长投诉:为了把公开课上得"漂亮",有的学校竟然不让成绩后进的学生参加,或者用高年级学生冒充低年级学生。家长感到孩子受歧视,当事老师和教育局表示了不同看法。

★不爱发言不能上公开课

广州市荔湾区某小学三年级学生小青(化名)放学回家时交给妈妈一张奇怪的通知单:"我校定于×月×日上午举行新课程实施汇报活动。除了需要上课的同学,其他同学在家里自习。"通知单上还盖有学校的公章。让这位家长更难以接受的是,全班只有十几个学生必须回家自习,而班主任甚至在课堂上当着全班同学的面说:回家的同学都是因为成绩不好、课堂纪律差、上课又不举手回答问题或者回答问题不完整。9岁的小青对妈妈说感到在同学面前抬不起头。

学校的通知令许多家长表示不满,并有家长向荔湾区教育局投诉。在公开课的前一天,小青和同学们又收到另一份紧急通知:全体学生照常上课。

公开课的当天上午,记者在该小学三年级某课室看到,只有不到一半座位上有学生,教室里没有老师,学生们在自习。记者了解到,这个班级的其他同学都到学校另外的校区上新课程汇报课去了,和他们一起上汇报课的还有一部分四年级的学生。当记者问一名学生为什么不去上新课程汇报课时,这名学生低着头,许久才说出一句"我不能去上"。

★公开课如表演屡见不鲜

记者在旁听一些公开课时也发现,上课的学生常常不认识上课的老师,一问得知,不少学生是从各班甚至全校抽调的优秀生。一位多次参加小学教师赛课活动的老师也透露,很多参赛的老师的能力并不代表个人,都是集全校力量一齐准备的课件,比赛时老师只要照课件背诵就行。至于公开课,

> 公开课如表演屡见不鲜。

特别是有上级领导检查和外地同行参观时，更是表演成分远远超过教学成分。

投诉本报的家长们也表示，大多数家长对学校的做法是敢怒不敢言，生怕惹恼了老师对自己的孩子不利。

这五篇仅仅是记了日期的几篇，这样的事情太多了。我想特别提一提"公开课上得'漂亮'让我难受"这一篇，因为这件事发生在一间广州市荔湾区的德育标兵德育名校，尽管区教育局有关工作人员说这问题"与学校不相干"，"希望不要因为一个老师的问题而影响了整个学校的声誉"。而该校校长却说得很清楚，是因为这节四年级的课，"四年级学生都已上过了这堂课，为避免重复和保证课堂效果，学校安排三年级学生作为授课对象。""有一部分同学没有被安排上汇报课，是因为担心他们上四年级的课听不懂，怕他们自信心受到打击。"

我们该听校长说的"学校安排"，还是区教育局说的"与学校不相干"？

我只觉得，这是学生的悲哀，也是教师的悲哀！

请想一想：孩子从小学三年级就开始受歧视、受打击，他们的成长会怎样？！

老师当然有老师的情感和苦衷。我们这个教育强区校长每个月有1000元额外补贴，老师没有；青年教师没有了福利分房，要找钱买房、组织家庭；中年教师上有老下有小；过了50岁也想买辆小车驾驶。但是，只要我们还能有饭吃、有衣穿、有工作，可以负起家庭责任时，我们是不是也应该考虑一下我们教师的责任？

我最不认同的是改掉旧"三字经"的新"三字经"：把"养不教，父之过。教不严，师之惰"。改为"养不教，亲之过。教不学，儿之错"。教师的责任到哪里去了？

苦笑之余，我特别抄下《羊城晚报》（2004年6月12日）的"师生问答"：

师：当别人已经不感兴趣，而他还是一个劲地讲下去的人，我们叫他什么？

生：老师。

师：如果有一天的寿命，你想去哪里？

生：我会将最后一天留在学校，留在这教室。

师：好孩子，竟然如此好学！

生：因为我只有在课堂里才能度日如年呵。

实在开心不起来（这个栏目叫《开心一刻》）。

那么，我能够做什么呢？我在我的论文里大胆地提出："作为长年工作在第一线的教师，通过努力学习理论，勤于实践检验，在素质教育实施的问题上努力做一些实际可行的，经得起推敲和推广的研究，期望为形成一个中国的教学流派和教学模式作出贡献。"

这样说，是不是有些狂？我已经年老，本可以颐养天年，也可以去每个月"炒更"挣一点钱。但是，我只觉得我应该为孩子们努力争取一份快乐，当我向人们宣传陈省身教授的"数学好玩"，要让孩子们玩好数学时，许多人指我是瞎讲。他们说数学需要抽象思维，不是好玩的。我却想，如果数学都可以让孩子们觉得好玩，还有哪门学科不可以让孩子们觉得好玩？

第七节 让孩子觉得学习好玩

如何让孩子们觉得学习好玩，玩好学习？

许多老师是愿意教好学生的，且不说是培养人才，即使是为了自己的名利，他们也想教好学生。问题是如何去教好学生？我们大量的教学书籍和文章，写的是一套套的理论，老师们实在没有时间和精神去钻研那些空洞的说法，也有专业教授下到学校搞课题，但是他们一般都是要学校交钱交材料，有几位是蹲在学校里确确实实指导学校操作三年，取得一届高考辉煌成绩的？我很同意叶澜教授的看法："我们已有丰富的教学论著作，但大多只是从某一侧面或层次切入：传统教学论从教的角度探讨问题，实用主义教学论则从学生

> 我们依然缺乏对"课堂教学"作为一个整体的、师生间相互作用着的动态过程的研究。缺乏整合，缺乏对课堂教学的理性认识。

立场出发；教育心理学的兴趣在心理过程的分析，无论是对"教"还是对"学"；社会学的眼光集中在师生互动、课堂生活、人际关系等的描述上；学科教学法则偏重结合学科内容的教学原则与方法的设计；国外学派林立的教学模式的研究，各自强调一个侧面，或认知、或策略、或行为控制、或情感、人际关系、人格发展。这一切都有助于我们认识课堂教学，但我们依然缺乏对"课堂教学"作为一个整体的、师生间相互作用着的动态过程的研究。缺乏整合，缺乏对课堂教学的理性认识。"但是，我不同意叶澜教授关于需要"新理论"的说法，我们已有的理论实在太多了，而且都说自己的理论是"经典的"，是"创新的"，只是，教师还是不知道到底应该怎么上好一节课。他们在师范大学学的和在工作中看的基本上是"引入新课—讲授新课—巩固新课"，教研活动研究的也基本上是这三项，所以，有"情景教学"、"互动教学"等许多模式提出。但是，怎样设置"情景"，怎样"互动"，就各有各的说法了。现在又强调运用现代信息技术，甚至规定要有多少课是用多媒体上，老师们花大量时间去做课件（其实多数是把课本的东西复制进电脑），结果如何？

请看一位中学生的小评论：

> ★ 论多媒体教学
>
> 现代的教育也够"新鲜"的，一会换课本，现在还"普及""高科技"！也许，当同学看到一幅幅生动图画会更加专心，我只是说"也许"，实际呢，可能只有我们这些学生才知道！
>
> 我认为，多媒体教学根本不合实际，只有表面，没有内涵。说到使课堂生动，不一定要多媒体，多看两个动画又能怎样？课多了，时间长了，也不稀奇了，学生又有什么积极性？课上多提几个问题，多讲有趣的故事不是比这来得实在吗？说到教学效果，比以前的相差多少？教学内容还是一样，学生学习的内容还是一样，多个动画就能多学个知识点？测验还是照样测验，高考还是高考，一试定生死的还是一试定生死，有多少改变了？还有一点，老师总顾着花时间做课件评"先进"拿"奖金"，有多少时间让老师安稳睡个觉，舒服

为什么没有领导规定教师如何上课呢？

吃顿饭，认真批改作业？

为什么没有领导规定教师如何上课呢？恐怕是因为每月发一张表统计教师这个月用多媒体上了几节课是一件很简单的事，教师只要报数字，领导只要看到超过60%就万事大吉。但是，如何上课？我们现在需要的是怎样把一套教学理论运用到课堂教学，让学生学得愉快，学得有效。唉，教无定法，所以，还是不要规定吧。

在学校每周一次的政治学习中，好像没有人组织学习一下这项重大决策。

第八节　给曹诗弟教授的回答

新华社有一篇这样的报道：据新华社电　中共中央5月10日至11日在京召开全国加强和改进未成年人思想道德建设工作会议。中共中央总书记胡锦涛主席在会议上发表重要讲话。他说，我国现在约有18岁以下的未成年人3.67亿，进一步加强和改进未成年人思想道德建设，是中央从推进新世纪新阶段党和国家事业发展、实现党和国家长治久安出发作出的一项重大决策。

战略意义：四个确保
确保我国在激烈的国际竞争中始终立于不败之地；
确保实现全面建设小康社会，进而实现现代化的宏伟目标；
确保中国特色社会主义事业兴旺发达、后继有人；
确保实现中华民族的伟大复兴。
三个树立：寄托希望
树立起热爱祖国、决心为祖国的繁荣富强贡献自己全部力量的坚定信念；
树立起自强不息、不怕任何艰难险阻、勇往直前的奋斗精神；
树立起与时俱进、昂扬向上、勇于创新的开拓意识。
道德建设：四个"做起"

从增强爱国情感做起；

从确立远大志向做起；

从规范行为习惯做起；

从提高基本素质做起。

培育一种伟大精神：

以爱国主义为核心的团结统一、爱好和平、勤劳勇敢、自强不息的伟大民族精神。

培育几种观念意识：

努力培育劳动意识、创造意识、效率意识、环境意识和进取精神、科学精神、团队精神以及民主法制观念、诚信观念。

创造成长良好环境：

增强大众传媒的社会责任感，创造良好的舆论环境；

实施精品战略，提供更多更好的文化产品和文化服务，加大综合治理的力度，创造良好的文化环境；

切实加强保护未成年人权益的立法和执法工作，创造良好的法制环境。

这是一项很重大的决策，我不知道未成年的3.67亿人中有多少是学生？但是我知道：这些学生每天在学校有6~8节在课堂上课，我想：教育他们的主要渠道是否应该在课堂？而不是依靠大力宣传和策划各种课堂教学以外的德育任务。我相信如果每节课（包括必修课、选修课和活动课）都按照党中央的期望进行，希望就能实现，培育就能确保。但是，让我们首先要做到诚信，不要再作秀。

什么是"秀"？请看《教育科学研究》（2004年第6期）的一篇文章：

当今中小学的"教改秀"现象及其出路

"秀者"，乃表演、演出、展示之义。"教改秀"指的是：改革主体借助中介（语言、实物、媒体、人物形象等），把自己的教育行为（或者做法、经验）主动展示于人，以引起关注并求获得积极、正面的评价乃至某种报偿。在中小学教育实践中，这种"教改秀"现象主要表现为：(1) 追求"宏大叙事"。(2) 为求特色而标新立异。(3) 注重形式甚于内

> 教学目标服务于管理目标是导致"教改秀"现象的直接原因。

容。(4) 突出改革的"快餐式"流程。概而言之,"理念没有不先进的,方案没有不系统的,措施没有不到位的,成效没有不显著的"。可谓是此种"教改秀"现象的生动写照。教改实践中"教改秀"现象之所以凸显,显然无法归因于某种单一因素。教育目标服务于管理目标,是导致"教改秀"现象的直接原因。根植于改革主体自身的功利意识,则是"教改秀"现象产生的内在根源。

中国教学研究能否从下到上?

  我同意叶澜教授的分析:"近十多年来,随着教学改革的开展,课堂教学有了不少新的组织形式,开始注重学生的主动投入。但大多数的课以及在教师的教学观方面,在深层次上并没有发生实质性的变化。这一传统之所以具有超常的稳定性,除了因它主要以教师为中心,从教师的教出发,易被教师接受外,还因为它视知识的传授和技能的训练为主要任务,并提供了较明确的可操作程序,教师只要有教材和教学参考书,就能进入规范,依样操作,理论也因此而深入广泛传播,逐渐转化成实践形式,扎根于千百万教师的日常教学观念和行为之中。"

  那么,是不是教师就不愿意改革教学了呢?教师是愿意把教学改革得更有成效的,问题是要有一个像他们学到的"五环节"那样的既有理论,又有可操作性的模式让他们去实践,去从中形成自己的教学风格,最重要的是可以学得愉快,可以取得成效,可以教好学生。

  因此,在当前推进素质教育的新课程改革中,如何构建一种既有系统理论,又有可操作性,可以使在第一线工作的教师容易掌握,能够大面积推广;肯定出成绩的教学模式,就是"四合一"主体教学模式探讨的问题。我只是想通过这个探讨,引起争议,然后有更多的可以提供给教师操作的、可以提高教学质量,取得明显成绩的教学模式出现。

  希望翻阅这本书的读者,会同意下面这位外国学者的意见。

  Stig Tnogersen(中文名:曹诗弟),丹麦奥尔胡斯大学东亚研究系教授,《中国教育:研究与评论》集刊国际编委。他在该集刊第2辑中写了一篇学术寄语,题目是《中国教育研究能否从下到上》：

这一问题的答案可谓一目了然。拥有超过两亿学生和1000万以上的教师，如此庞大的规模，意味着中国体制塑造了中国人口中很大部分人的日常生活。恐怕没有人会否认教育对世界未来发展的重要意义，而中国在21世纪舞台上扮演的角色无疑也将备受人们的关注。因此，可以毫不夸张地说，整个国际社会都会对中国教育的进展表示浓厚的兴趣。但是，关于中国教育的各种论文能否让阅读者产生一种兴奋感，或者说，这类论文又能向大家揭示什么关于中国社会未来状况的真知灼见呢？坦率地讲，很少有论文能够做到这一点。为什么会这样？作为一个连续阅读中国教育期刊长达20年的外国人，我认为原因可以从以下几方面去分析。

在我看来，就方法而言，绝大多数中国教育研究采用的都是一种"由上到下"的理论视野，而且常常在研究者与管理者之间的内部交流中进行。不久前，《教育研究》发表了一篇综述，其中便清楚地指出"大量的文章是解释或综述性的，实证性文章比例很低"（郑日昌、崔丽霞：《二十年来我国教育研究方法的回顾与反思》，载《教育研究》2001年第2期，第17—21页）。换句话说，多数论文所表达的内容都是作者根据一些相关的理论资料和政策文献得出的主观意见，最后的结论往往也在意料之中，不外是告诉你中国教育应该怎么样，而不是描述中国教育的真实状况。当然，当代中国教育研究也有某种令人欣慰的倾向，这就是越来越多的统计方法被引入教育研究，并且呈现出日益完善的趋势。很明显，可以将此倾向看成是研究方法上重大突破，但是，必须指出，其中所使用的基本数据和概念框架仍是来源于行政机构。从近年来掀起的"素质教育"浪潮中，不难看出这一点：主管部门决定实施"素质教育"。于是研究人员就以"素质教育"为题，写了大量的文章，涉及素质教育的定义、如何落实素质教育，等等。总之，几乎看不到从教育消费者包括学生和家长的观点出发，来分析教育问题的论文：他们怎么看教育？当他们计划未来时会考虑什么？促使他们作出选择的动因又是什么？就素质教育而言，不同的学生是如何看待它的？对

> 专家教授们能够多提出一些对中国教育的可操作、可检验的建设性意见吗？

于知识基础及社会背景明显存在差异的广大学生来说，教育上的变革到底意味着什么？

我希望："四合一"的故事能够让曹诗弟这样的教授们听到"平凡人物的声音"，专家教授能够多提出一些对中国教育的可操作可检验的建设性意见，有助于中国教育的改革和发展。

第二章

全脑激发的高效课堂

第一节 什么是模式

什么是模式？
有一个公认的
说法吗？

首先，什么是模式？关于模式有许多专门的论著，仅从国内而言，我手头就有：查有梁先生的《教育建模》、吴立岗先生的《教学的原理 模式和活动》、高文先生的《教学模式论》以及柳思俭和淳于新主编的《实用中学学科课堂教学模式》等，这四本书除了《教育建模》是388页以外，其余三本都在500页以上，此外，还有诸如《语文课堂立体教学模式》等许多学科类的模式书籍。但是，到底什么是模式？先看查有梁先生的说法（引自《教育建模》）：

什么是模式？至今在《大英百科全书》、《中国大百科全书》等权威工具书中没有设置相应的条目。

下面作者从模式论的高度，对什么是模式给出一个全面性的定性的叙述：

模式是一种重要的科学操作与科学思维的方法，它是为解决特定的问题，在一定的抽象、简化、假设条件下，再现原型客体的某种本质特性；它是作为中介，从而更好地认识和改造原型客体、建构新型客体的一种科学方法。从实践出发，经概括、归纳、综合，可以从理论出发，经类比、演绎、分析，提出各种模式，从而促进实践发展。模式是客观实物的相对的模拟（实物模式），是真实世界的抽象描写（教学模式），是思想观念的形象显示（图像模式和语义模式）。

下面是吴立岗先生的说法（引自《教学的原理 模式和活动》）：

教学模式（Model Teaching）一词最初由美国学者乔伊斯和韦尔（B. Joyce & M. Weil）等人提出的。1972年他们出版了《教学模式》一书，系统地介绍了22种教学模式，并用较为规范的形式进行分类研究和阐述，"试图系统地探讨教学目的、教学策略、课程设计和教材，以及社会和心理理论之间的相互影响的，以设法考察一系列可以使教师引为模式化的各种可供选择的类型……。从教学实践来看，教学模式是将教学方法、教学手段、教学组织形式融为一体的综合体系，它可以使教师明确教学应先做什么，后做什么，先怎样做等一系列具体问题，把比较抽象的理论化为具体的操作性策略，教师可以根据教学的实际需要选择运用。"

两位教授的说法不同，但有一点是相同的，就是模式有不同的分类和体系，分别适用于不同的目标。教师应当从实际出发，选择不同模式进行教学。

在《实用中学学科课堂教学模式》一书中，仅是 [语文]就介绍了"中学语文自读课文教学模式"、"中学语文记叙文教学模式"、"中学语文议论文、说明文教学模式"、"中学语文文言文教学模式"、"中学语文作文课教学模式"、"中学语文单元复习课教学模式（一）、（二）"七种之多。在《教学模式论》中则用四编十二章的篇幅介绍了四组共十种教学模式和理论基础及实施方式，它们分别是：第一组：基于知识与表征的学习与教学；第二组：基于问题解决的学习与教学；第三组：基于情景认知与意义建构的学习与教学；第四组：基于活动的发展性学习与教学。在夏惠贤著的《当代中小学教学模式研究》一书中，他发现我国中小学综合性的教学改革实验项目有17项，语文、数学、外语三门学科的教学改革实验的项目共有2000项，其中语文学科86项、英语学科46项。

专家们把模式分得这么细致，这么复杂，一个普通中学教师如何学习与实施？就以语文而言吧，教自读课文一个模式，教文言文又一个模式，作文课再一个模式，另外，还要分开"逻辑型、操作型、艺术型、交往型"，等等，无奈，教师只好还是用"讲授、接受"的教学模式，这是最好掌握的，只是问题在于，当教师讲授不得法时，学生就接受不了，因此出现了许多问题。

我一开始也是学习了许许多多的模式论，结果不知道自己到底该怎么办？

> 专家们把模式分得这么细致，这么复杂，一个普通中学教师如何学习与实施？

第二节　找到了《全脑革命》

　　我于1996年3～6月参加了广州市教育局教研室主办的"市属中学教导主任教学设计理论和实践研修班"的学习，结合学习，我认同了"教学模式是依据教学思想和教学规律而形成的，在教学过程中必须遵循的比较稳固的教学程序及其方法的策略体系"的说法。因此，我就想去寻求建立一个这样的过程与方法，并且初步写出了"数学素质教育实施纲要"。这一纲要马上得到当时的广州市中学数学教研会全体理事的认同，他们鼓励我："你去做就行了，将来做出成绩来，我们请人来帮你总结。"可是，我发现，真的去做，单单靠一个"纲要"是不行的，而是要有一套比较完整的策略，刚好《教育导刊》到广州市第七中学组稿，我请主编郑其恭教授审阅了"数学素质教育实施纲要"，他热情地鼓励了我，并以"数学素质教育实施的构思"为题帮我发表于《教育导刊》1998年第10期上，我拿到这期导刊高兴的不仅是自己的"构思"得到确认，而且是看了同时发表在这一期的"创建教学模式的几点思考"一文，作者提出的几个小标题：一、要知晓教学模式的基本概念；二、要学习前人教学模式的研究成果；三、统整他人经验，完善、发展自我；四、明晰发展方向，建构课堂教学模式。对我有很大的启发作用，我照他提出的这些又努力了一年。在此期间，包括读一些书，例如查有梁先生的《教学建模》、吴立岗先生的《教学的原理模式和活动》、柳思俭等主编的《实用中学学科课堂教学模式》等，在此期间有一个重要的收获就是，我买到了美国奈德·赫曼所著《全脑革命》一书。

　　我常常会抽时间去新华书店和购书中心看看，有一段时候，特别喜欢去浏览购书中心四楼的许多小书店，沿着三面书橱走一圈，《全脑革命》就是在一间小书店的经济类书籍中发现的。

> 《全脑革命》就是在一间小书店的经济类书籍中发现的。

第三节　什么是"四合一"

"四",是一个极为普通的数字,但是却与人和自然的关系极其密切:人体有四肢,一年有四季,指向有四方。

上网查一查,有许多"四合一"的产品,例如:

"四合一"是把"金钥匙"

"四合一"标准综合考评体系

全国英语等级考试口语·阅读·写作精编四合一

国际上最成功的四合一综合疗法(心理、医学、营养、运动)

玄机四合一

品牌四合一理论:"按照四合一理论的方法进行品牌操作,品牌竞争力在很短的时间内有一个质的飞跃。"

…………

太多了,有140万条之多!大概是因为"四合一"符合某种客观规律吧。

"四合一",就是把四个元素合成为一个目标。

教育的主阵地是课堂教学,所以,我们把教学目标、教学生理、教学组织、教学手段这四个元素合成为一个目标:素质教育。每一元素又由四小元素组建而成,而这些都有相应的四种表现贯穿在教学过程中,因此叫"四合一"主体教学模式。

> "四合一"就是把四个元素合成为一个目标。

"四合一"主体教学模式框图

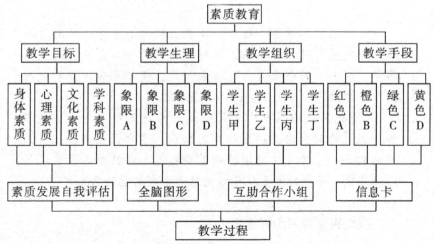

第四节　高中生的情感和意志

学习的过程中，我发现许多模式都是"几步"、"几段"、"几环节"等或者是"启发"、"探究"、"导读"等。这里面有没有一些共同的东西，可以让老师们都来学习、探讨、掌握的呢？凯洛夫的"五环节"教学模式："组织教学→复习旧课→讲授新课→巩固新课→布置作业"之所以到现在还被许多老师运用，恐怕就是因为他提出了一个各学科都可以遵循的比较稳固的教学程序及其方法的策略体系。而这一体系实在已经不适用于素质教育，更不适用于新课程与新教材。

> 智商（IQ）已不足以说明教育的问题。

现代社会是一个资讯发达的社会，环境对学习者有着不同一般的影响，我们过去所熟知的智商（IQ）已不足以说明教育的问题。我发现1997年以来有了许多关于情商（EQ）的提法，甚至《情感智商》一书封面印上了20%的IQ+80%的EQ=100%的成功这一"成功方程式"。在另外一本书《EQ之门》中，作者在介绍了关于情商的问题以后，提出了"培养孩子自己解决问题的能力"和"培养孩子的社会技能"与"自我激励，走向成功"等具体做法，强调了"情感的无比威力"。这些说法都对我产生了影响，我想特别提一提《高中生心理学》这本书，其中第六章"高中生的情感和意志"给了我很大的启发与支持，我在这里比较详细的引用其中一些说法：

★"高中生情绪、情感的发展，既与高中这个年龄阶段的生理发展的特征相联系，同时也带有社会历史的，时代的烙印，……以高中生需要的发展为例，便可见由需要引起的高中生情绪、情感的体验的丰富多彩性。"

"一般学校的高中生的强度最大的前五种需要：①交诚实、正直的朋友需要；②对丰富知识、多方面能力、优秀品质的需要；③升入理想学校的需要；④对维持生存最基本的水、空气、阳光的需要；⑤对父母和老师的爱的需要。"

我们再看看两份调查表：

表2-1 高中生道德情感发展水平（%）

	高一（90人）			高二（90人）			高三（24人）		
	积极情感	中性	消极情感	积极情感	中性	消极情感	积极情感	中性	消极情感
爱国主义感	77.8	10.6	11.6	78.9	11.7	9.4	72.9	10.4	16.7
集体主义感	87.8	10	2.2	83.3	10.6	6.1	79.2	16.7	4.1
荣誉感	81.7	16.1	2.2	84.5	11.7	3.8	75	18.8	6.2
责任感	38.3	50.6	11.1	40	45.6	14.4	60.4	35.4	4.2
友谊感	87.2	8.9	3.9	80.6	11.7	7.7	89.6	8.3	2.1

表2-2 高中生理智感发展水平（%）

	高一（90人）			高二（90人）			高三（24人）		
	积极情感	中性	消极情感	积极情感	中性	消极情感	积极情感	中性	消极情感
疑问感	47.8	52.2	0	60	37.8	2.2	50	45.8	4.2
求知感	70	17.8	12.2	75.6	18.9	5.5	87.5	8.3	4.2
喜悦感	64.4	27.8	7.8	74.4	14.5	11.1	79.2	20.8	0
坚信感	58.9	21.1	20	74.4	12.2	13.4	62.5	4.2	3.3

作者对这两份统计表作了一个解说："在强调集体主义的同时，也要激励学生发挥个人的责任感"，"学生在教学过程中，既进行认知性的学习，也进行情感性的学习，两者相辅相成。教师在教学中如能把情感因素与智力因素结合起来，可使学生在乐学的气氛中，智力与理智情感得到共同的发展。"

作者还有一个很重要的调查，"高中生学习情绪的动因及调控"；"高中生的学习情绪受多方面因素的影响，归纳起来看有如下四类：

第一类，学习成败与自我期望的影响。

第二类，情绪的人缘因素的影响。它包括教师、同学、家长的理解和认可，其中尤以同学认可最重要。高中生学习情绪的人缘受影响居四类原因的首位，这与以往的研究结果（张承芬，1986），即"初中生人际关系原因占首位"相一致。

> 把情感因素与智力因素结合起来，可使学生在乐学的气氛中，智力与理智情感得到共同的发展。

这说明初、高中学生的学习情绪的原因有共同之处,学习环境的愉快与否最能牵动年轻人的心。

第三类,情绪的兴趣方面的影响。

第四类,情绪的道德荣誉方面的影响。

经统计,这四类影响因素的选择率的高低顺序(见表2-3):第二类因素最高,第一类次之,第四类居第三,第三类最低。"

> 学习环境的愉快与否最能牵动年轻人的心。

表2-3　影响高中生学习情绪的四类因素的百分比分布

	I %(排序)	II %(排序)	III %(排序)	IV %(排序)
高一（60人）	44.10 (2)	45.82 (1)	30.4 (3)	39.68 (3)
高二（55人）	51.15 (1)	44.29 (2)	40.73 (2)	50.26 (1)
高三（48人）	40.35 (3)	43.35 (3)	45.33 (1)	43.46 (2)
加权平均	44.57	44.61	37.94	43.54

作者跟着提出了"高中生学习情绪的调控"问题,他们列了一个调查表:

表2-4　高中生选择率居前4位的原因的情绪体验情况(%)

年级	原　因	良好情绪	不良情绪	混合	中性或无法选择
高一 60人	1.考试分数	8.3	65	20	6.7
	2.父母期望	6.7	75	8.3	10
	3.同学认可	68.3	1.7	11.7	18.3
	4.集体利益	41.7	20	15	23.3
高二 55人	1.同学认可	68.6	0	2.9	28.6
	2.老师态度	14.3	51.4	17.1	17.1
	3.兴趣爱好	37.1	11.4	2.9	48.6
	4.集体利益	48.6	11.4	17.1	22.9
高三 48人	1.考试分数	4.2	72.9	12.5	10.4
	2.同学认可	62.5	12.5	6.3	18.8
	3.兴趣爱好	72.9	6.3	12.5	8.3
	4.集体利益	50	6.3	8.3	35.4

我们可以看到：高中生非常重视"同学认可"与"集体利益"。这些是影响他们学习情绪的重要因素。而"考试分数"与"父母期望"以及"老师态度"都会给学生带来不良情绪体验。为此，作者提出：我们有必要加强对高中生学习情绪的调控。

(1) 树立全面的教学观，使学生学有乐趣。
(2) 改善师生交往关系，使课堂气氛民主活跃。
(3) 指导学生正确对待同伴与小群体。
(4) 家长要对自己的孩子加强了解。

其中的第二、第三点提到：

师生间的交往影响学生的情绪，高中生喜欢公正、理解自己、平易近人的老师，而这种老师一般属于"交流型"的老师。学校的师生交往主要表现在课堂上，故有必要加强课堂民主，既要让学生的主体作用得到发挥，又要让教师的主导作用得以运用。为此，教师首先要了解这一特定年龄阶段的高中生，摸清他们的喜怒哀乐，以求达到情感上的共鸣。其次，要尊重学生，不损害学生的人格和自尊心。因为高中生的自我意识较强，应该平等地对待他们，听其言，观其行，与其共同研究学习、生活中的问题。最后，要启发他们的主观能动性，使"知之者"变为"乐之者"与"好之者"，这样，高中生上课时便能如沐春风了。

> 高中生喜欢公正、理解自己、平易近人的老师。

高中生的学习情绪常为同伴与小群体所左右，例如，当有的学生在学校里受到同伴的欺负或遭到小群体的排挤时，便会引起对学习环境的不愉快的体验而影响学习。所以，要指导高中生正确对待同伴的友谊，处理好与小群体的关系，使他们获得良师益友相伴的愉快情绪。

第五节　传承与创新

依据一年的学习探究与实践，我把"数学素质教育实施纲要"发展成"四合一"主体教学模式，我想努力探寻一套可用的方法去解决已经提出的实际问题，而不是仅仅仿照某一点。在这里，要特别感谢我所引用的著作的作者，我从他们那里学到了许多知识。我的"四合一"主体教学模式，可以从他们那里和中外前辈的学说中找到根据或者影响。

我觉得，不能只是去研究一节书本知识如何讲，而应当多些考虑怎么让学生在堂上学会并且掌握这节课的东西，更重要的是学会思维和有关的东西。知识越来越多，诱惑也越来越多，孩子们不能够整节课由头到尾都是听老师讲，老师讲得再好，他听不进去有什么用？为什么陈景润当得了大数学家，当不了中学老师？恐怕就是因为他讲的东西学生听不进去。

我们许多老师往往责怪学生：我这么用心备课，用心讲课，你都不听，孺子不可教！

《人民教育》（2006年第17期）在教学日常生活批判中提出：如何让学生"流浪的心"回归课堂？华东师范大学的周林德先生问道："对于每一位教师来说，你能够保证你上的每一堂课都有助于学生吗？""教师的口若悬河，是学生在短短几天内学得来的吗？"

> 我们在课堂教学中应当让孩子们体验兄弟姐妹的情谊。

现在的学校，还有一个必须注意的问题：学生基本上是独生子女，"兄弟姐妹"和睦相处的要领和体会已经没有了，我们应当让他们在学校这个大集体中学会和别人像兄弟姐妹一样相处，这是很重要的问题。我认定我们在课堂教学中应当让孩子们体验这种兄弟姐妹的情谊，养成互助互爱的情感。中共中央总书记胡锦涛在全国加强和改进未成年人思想道德建设工作会议上的重要讲话提出了四个确保、三个树立、四个"做起"，要求培育一种伟大精神，培育几种观念意识，创造成长良好环境。我是很拥护的。问题是我们怎样去做？我看到许多文章都强调加强德育，我觉得，学生每天起码有6~7节课在教室学习，我们不在这6~7节课为他们创造一个良好的成长环境，实行四个"做起"，从而努力培养他们的伟大精神和观念意识，难道就靠课外一些时间行吗？我非常认同顾明远教授的说法："课堂教学才是推行素质教育的主渠道。"所以，我们应当努力想办法在课堂教学实施素质教育。

自从谭国华科长带我举办广州市中学教师继续教育学习班讲座以来，我发现不断有除了数学以外的其他学科老师参加"四合一"主体教学模式学习班，于是，我加强了对其他学科的关注，特别在2002年，广州七中新的领导班子上任后，数次在全校大会上明确表态支持"四合一"主体教学模式的实验，并且由语文高级教师谢小萍副校长亲任"四合一"主体教学模式课题组组长，七中课题组一下子就由一科一人发展到九科32人，现在则已经是十科42人。我深感自己责任重大，差不多每天都去听课题组老师的课，其中把重点放在和举行公开课的课题组老师的共同探讨，我会毫无保留地讲自己对课的处理意见，会详细记录观课的情况，会在课后与学科组的老师一起反思。遇到特别好的课或者科组发展性评价课，我会即时请电教组到场录像。到其他实验学校去听课，我也注意学习"四合一"主体教学模式在其他学科的应用。这样，到2003年6月，在课题组出版的刊物《实验（反思）课例》中已经编进了五个学科的30个课例，发给课题组每一个老师。这对于课题组老师是一次很大的鼓舞与触动。因此，才有2004年正式出版发行的9间学校33位老师的《我们这样上课》一书与7个学科12位老师的VCD音像制品。

广州市第七中学的古春华老师说过这样一段话：我曾十分困惑于一些公开课教学，充满了刻意雕饰、重复排练的痕迹。我听了冯旭初老师的课，给人最深刻的印象莫过于他的自然宽松、质朴随和。他的课充满了生活般的互动交流，跃动着真实的对与错，那么平实，那么自然而然。也许有的教师会感到失落，大部分的时间都是学生们在那里学，在那里做，教师只是点拨诱导，设置疑问，几乎不讲多少课，这样的课我们也能办到嘛！我经过近一个学年的学习和实践，再往深层追问，情况全然不同了。我们的教学我们的课，宗旨究竟是什么？我们的课是要在追求教学之内涵的超越境界里，淡化某些惯例形式的课；突破那种教师讲得尽善尽美，学生蛰伏于教师权威而被动、压抑的惯例；突破那种只重视"双基"却淡漠基本品质养成的惯例；突破那种单向授受几无反馈调节的惯例；突破那种学生在课堂上只吸收不消化，留待课后承受负担的惯例；是一种追求自然的返璞归真的课。在观摩公开课的时候如果我们不是有意强化自己的观摩者的角色意识，我们就会很自然地转化角色，像学生一样融入他们

> 我们的教学我们的课，宗旨究竟是什么？

的学习生活，融入他们的课。我还必须强调一点，我们的课堂教学之轻松与课前一丝不苟、精益求精的备课、研究课、相互交流是分不开的，而这里更潜隐了多少教师成长的艰难。

看看她在2004年的高三复习中一堂"仿写句式"的录像吧：当你看到她的学生们那样自然宽松、纯朴友爱的情绪和表情，再看看她的学生的高考成绩，你会很感动很欣慰。相信古春华老师正在实现她的追求。

令人欣喜的是，在《我们这样上课》之后，我编著的《教师能够做什么》得以出版，以七中副校长谢小萍为负责人的广州市教育科学"十五"规划重大课题：《新课程教学实施方式研究——"四合一"主体教学模式在各个学科的应用》也进入了结题阶段，出版发行了《课堂教学变革之路》，书中除了选登了11个学科老师的论文之外，还特别选登了香港明爱圣若瑟中学的两篇文章，具有很强的实用性、可行性和有效性。

第六节 全脑激发的"四合一"主体教学模式

在推进素质教育的新课程改革中，如何构建一种既有系统理论，又有可操作性，可使在第一线工作的教师容易掌握，能够大面积推广和面向全体学生的教学模式，是"四合一"主体教学模式探讨的问题。

> 课堂40分钟解决问题，不搞加班加点，学生学得高兴，素质全面发展，是"四合一"主体教学模式实践的教学理念。

"大容量，强节奏，高效益，活全体"，是"四合一"主体教学模式的课堂教学特点。"课堂40分钟解决问题，不搞加班加点，学生学得高兴，素质全面发展"，是"四合一"主体教学模式实践的教学理念。

一、教学目标

人的素质包括两方面：先天的和后天的。先天素质是指人先天具有的解剖生理特点，包括神经系统、感觉器官和运动器官等方面的特点，主要是通过遗传获得，也称遗传素质，即所谓"禀赋"。后天素质是指人在社会发展进步和个体生存发展中，改造客观世界和主观世界所必须具备的基本品质，它是在后天环境、教育影响下形成与发展的。

因此，素质教育就应当是以开发儿童与青少年的潜能，完善和全面提高新一代公民的整体素质为根本目的的教育。它的主要内容可以概括为"两全一主"：面向全体学生，学生全面发展和主动参与。

素质教育首先应当对生理素质给予特别的关注，承认人的先天潜能的丰富性，现代脑科学研究表明，人脑是一个统一的整体，蕴藏着巨大的学习和创造的潜能，有待于教育者去开发。开发潜在的智能，还必须培养健康的心理和健全的人格，即注意心理素质的培养。此外，文化素质的教育包括精神文化和科学知识的教育，也是素质教育的重要部分。因为人类长期积累的科学文化知识是不能依靠遗传传给下一代的，它必须通过教育和环境传给下一代。

> 人脑是一个统一的整体，蕴藏着巨大的学习和创造的潜能，有待于教育者去开发。

（一）身体素质

1. 培养良好的卫生习惯，提高自我保健意识，加强锻炼身体的自觉性。

青少年处于青春发育期，年龄又小，他们本身不会觉得自己的健康有什么问题，作为师长，应当多点关注他们。仅以眼睛而言，据统计，1998年中国高中学生近视率在世界排名第四，1999年就上升到世界第二，仅次于日本，城市高中学生近视率已超过61%，初中生超过50%，小学生超过20%，目前还有不断增多的趋势。广州的学生近视率更是居全国之最，其中小学生视力不良比例为32%，初中生为59%，高中生为80%以上，许多媒体都一再报道这一情况，并且说，造成这种现象除了少部分是遗传因素所致外，大部分是学生课业负担过重，近距离用眼时间过长而引起。现在青少年在室内坐较多，户外活动较少，平时以看书写字为主，休息时也是看电视、玩电脑游戏多，这就使眼睛的功能与结构发生适应性的变化，眼球前后径逐渐变长而产生近视眼，这样一个说法，学生都知道吗？我们应当告诉他们。而且老师可做的绝不止于此。例如在有些地区，有关领导就规定：教师必须有60%的课应用多媒体教学，并且每月发表登记。学校的多媒体设备如何，在校的人都清楚，好不到哪里去，电子荧屏是一种闪跃的光点，请设想一下，一连上五节课下来，学生的眼睛累不累？其实对于教师而言，花许多精力和时间去完成60%的规定也是不切实际的，真有那么多时间做课件吗？倒不如拿出三分之一的时间去加强备课。

2. 积极参加文体活动，每天体育锻炼半小时，听听音乐唱唱歌，发展一门课余爱好，保证有健康的体魄和旺盛的精力。

青少年正处于长身体的时候，每天给他们一些舒展身体的时间是很重要的，我们应当确实做到上课不拖堂。一些老师打了下课铃就是不愿意下课，一直讲到下一节的老师在门外等着进课室还不停止，学生连上厕所的时间也没有，一些安排连堂的课干脆中间不休息，学生已经"不习惯玩"了。至于课程规定的体育活动时间，许多学校都无法实行。利用所谓的课外活动时间抓住学生补课的现象就更多了。把课外活动时间还给学生才能让学生身体强健起来。

> 把课外活动时间还给学生才能让学生身体强健起来。

（二）心理素质

1. 树立爱国主义和集体主义思想，培养民族自尊心和自信心，建立振兴祖国改变家乡面貌的使命感和责任感。

我曾从一个电视节目中看到，中国西部一间有名的中学，20年内培养了500名硕士、博士，却没有一位回到家乡工作，不管是家乡不要他们还是他们不要家乡，我觉得这是教育的失误，谁去改变和建设落后的地方呢？难道就是靠外部支援、社会义工？我们应当在学校的教育中，培养孩子的使命感和责任感。

2. 正确认识和评价自我，培养诚实和正直的品质，发挥乐于助人、善于思考的天性，形成积极向上、坦率、开朗的性格。

美国学者劳伦斯·沙皮曼指出："善良和体贴是孩子遗传基因中就具备的天性。但如果后天得不到很好的培育，那么就会消失。"他举了一个例子：高尚的人意味着一种责任心，将同情心和自身的需要让位于他人的需要。高尚的人能克制自己，谦卑有礼，对别人的情感和思想非常敏感。我们能感受他们减轻他人痛苦，替他人分忧的纯真情感。他把这归因于父母降低对子女的期望，因此，他提出："要想让孩子有思想、体贴人、富有责任心，有一件事你必须做到：降低对孩子的期望"。

（三）文化素质

1. 培养广泛的学习兴趣，养成读书的习惯，注意文化积累。

现在的孩子负担太重，上不完的课，做不完的作业，使他们没有时间去图书馆，没有时间多看一本课外书，特别是中外文学名著，他们习惯的是一种快餐文化，吃的是精神"压缩饼干"，当然，也有坚持自己爱好读书的，如韩寒。而整体的状态，从全国青年歌手大赛的"综合素质"的测试中就看得很清楚，大多数脱颖而出的优秀歌手对那些"综合素质"题基本不懂，难道他们都只有小学文化？我想，这是中学教育的缺失。

> 难道他们都只有小学文化？
>
> 这是中学教育的缺失。

2. 养成良好的审美情趣，培养较强的动手能力和适应能力。

现代社会资讯发达，学校都开设了计算机课程，学生通过上网可以获取各种信息，只有培养他们良好的审美情趣，才能使他们具备选择能力，从繁纷的外部世界中，择其善者而从之，择其不善者而不从。在日常的学科教学中总会涉及美学概念或意识。这就需要我们通过课堂教学活动注意培养学生的良好素质。

（四）学科素质

1. 每一门学科都有其基本的知识和能力培养。我们应要求学生正确理解有关概念，掌握基本规律，学会灵活运用。

2. 学会科学思维方法，通过进行观察、分类、归纳、猜想、证明、类比、迁移、转化、表述等思维训练，培养学生形成多种能力。

3. 养成独立思考和自学的能力，学会生动活泼和主动学习，能够及时检查和发现自己的问题，明确努力方向。

（五）素质发展自我评估表

我给每位学生发了一张"素质发展自我评估表"，让学生用A、B、C、D 四个等级评估各项情况，以便他们自己和我对他们的发展有一个大概了解，这里要注意的就是，相当一部分女学生不愿意填写"胸围"，我也不勉强，只是讲明为什么要填写"身高、体重、胸围"，如果不填，就请按照威尔维克指数公式计算，把结果告诉我，这个公式据说是京津学校

表2-5 主动学习　积极参与　单元过关　坚持进步

素质发展自我评估

> 栏目是否可以再精简一些呢？

姓名			性别		出生年月		
父母职业					电话		
	项　目		高一（上）	高一（下）	高二（上）	高二（上）
身体素质	身高		厘米	厘米	厘米	厘米
	体重		千克	千克	千克	千克
	胸围		厘米	厘米	厘米	厘米
	视力	左				
		右				
	体育成绩					
	疾病					
心理素质	情绪饱满 活泼开朗					
	爱学习 爱思考					
	有自信心 积极进取					
	不怕挫折 不灰心					
	乐于助人 善于学人					
	有自制力 勇于改错					

续上表

项 目		高一（上）	高一（下）	高二（上）	高二（上）
文化素质	勤学好问讲求效率				
	不作假不抄袭				
	分析综合能力				
	判断能力				
	审美能力				
科学素质	概念				
	运算				
	逻辑				
	空间				
	应用				
	爱好				
	自我评价				
学科素质	数学 作业				
	测验				
	中段				
	期末				
	总评				
	问卷				
实践素质	独立完成学习任务				
	积极参与课堂讨论				
	上课积极回答问题				
	主动学习课外知识				
	做好笔记加强练习				
	获奖情况				

很想多知道一些关于威尔维克指数的知识。

评估学生体质的一个数据，公式为：（体重+胸围）÷身高×100。

这里的"学科素质"一栏，是关于数学的，不同的学科，应当有不同的要求。

二、教学生理

现在所讲的科学，以笛卡尔的"要素还原论"为主导进行研究，其基本方法是在理解事物时，进行不断地分解和理解，分解到极限的时候，要素就全部明确了。原来不清楚的东西也就清楚了。循此方法有了20世纪高速发展的科技。但是，由于它本身的特性是"分解"的方法，不同专业领域的研究缺乏联系。进入21世纪，科学发展需要各领域之间的"搭桥、融合"。需要将要素分解重组进行宏观、全面的研究，需要进行跨学科领域的研究。

在科学家的积极倡导下，世界各国政府都十分重视脑科学的研究，加大了对脑科学研究的投入。20世纪80年代末与90年代初，美国与欧洲分别提出各自的"脑的十年"计划。1986年，日本制定并实施了《人类前沿科学计划》，1996年推出为期20年的"脑科学时代"计划，总投资2万亿日元。同时日本文化部科学省把"脑科学研究与教育"作为科学技术振兴机构的重点研究课题之一。1999年，我国科技部启动了国家重点基础研究规划"脑功能和脑重大疾病的基础研究"，我国科学家进一步提出开发脑的思想，强调对人脑自身的开发，力图将脑科学研究与旨在开发人的智力的教育之间联系。

> 我们应当努力将脑科学、心理学的研究成果，应用于学校的学生和教学实践中。

脑科学研究以及认知神经科学研究的成果，对于教育、教学的启示是十分重要的。传统的课堂教学所提供的过于抽象、刺激贫乏、缺乏足够的活动机会的学习环境，不可能最大限度地发掘学生的潜力，更谈不上全面提升素质。我们应当努力将脑科学、心理学的研究成果，应用于学校的学习和教学实践之中。我国1990年进行的相关统计调查结果显示，只有大约不到5%的人由于种种原因而表现出脑遗传的特殊变异。这说明，每个正常人身上蕴含着有待开发的巨大潜能，这正是面向全体学生的素质教育得以开展的重要前提与依据。

更何况，随着研究的深入，许多所谓的"神经功能紊乱"并不是所谓的"机能障碍"，而是另类方式的功能作用。这也说明科学家对人的个体性、个性、多样性所给予的尊重，作为教育工作者，应该从中获得启示，确立对学生多样性的尊重和信任，并以此作为教育教学的前提。

（一）智商和情商

人的智力高低，常常用一个商数来表示，称为智商。智商所表示的是一个人在他的同龄人中的相对位置。有这么一个说法：许多人在他的一生中，平均只使用了自己脑神经能力的15%～20%或者更少。左脑和右脑各有不同的功能，教师的责任之一就是努力开发学生左右脑的功能，发展他们的智力。在个体智力的发展过程中，个人的努力和环境的支持都会起到很大的作用，而教师和家庭对学生的殷切期望，作为教学主要的一部分，更有着不可估量的作用。情商的含义则比较模糊。情感智力一词首次出现在1990年，由哈佛大学的彼得·萨洛瓦和新罕布什尔大学的约翰·播耶两位心理学家提出，他们提出了情感特征，但是认为情商无法测定，例如友爱、坚持不懈等品质。实际上，我们如果在潜意识中理解情感智力的蕴含及重要性，也就认同情商论的同义简称，就像智商是认知智力的同义词一样。

情商与智商在概念上、在现实世界中都可以能动地互相作用，但两者相比，情商的遗传成分要少得多。如此，我们有机会弥补孩子性格的不足，为他们日后的成功奠定基础。

> 我们有机会弥补孩子性格的不足，为他们日后的成功奠定基础。

对于智商（IQ）和情商（EQ）已经有了许多研究,但是结合到教育,特别是中学教育则不多。"情商"靠后天培养，具备情感技能的孩子比一般孩子更加自信、幸福，在学校表现更好。要想把孩子培养成负责任、有爱心、能力强的一代，实施情感教育是不可或缺的。而实施情感教育首先应当想到改变孩子大脑的化学组成，更确切地说，是教给孩子自己改变大脑功能的办法。因为情感并非心理学定义的抽象名词，而是具体的存在。它们有由大脑产生的，身体对其发生作用的特定生物化学形式。例如"味道好极了"的咖啡，就能使大脑释放一种生物化学物质血清素。血清素对孩子情感的作用是极其巨大的，它能够影响体温、血压、消化、睡眠等许多身体机能，能抑制对大脑的过分输入，从而有助于孩子们应付各种压力。血清素的增加还可以减少侵略性和冲动性。

大脑的思维部分（大脑皮层）和大脑的情感部分（大脑边缘）虽然在决定人的行为时功能不一，但都是相互作用的。情感部分反应更快、更强烈，而大脑皮层尤其前脑叶，能充当调节的作用，在人们对新情感情况作出反应前，先进行分析并赋予其意义。研究证明，尽管孩子出生时有其特定的情感模式，但他们的大脑有可塑性，他们可以创造新的神经通道以及适应性更强的生物化学模式。这里还有许多新的问题需要脑科学和心理学家去研究。

智商的提高与学习、教育也密切相关。日本学者叶羽睛川在《智商教育》一书中分析了左右脑功能后就提出："在教学和训练中，有意识记是更重要的，系统的科学知识和教学训练的内容，都必须靠有意识去记住"而"要提高学生的识记效果必须提高他的积极性并组织积极的活动"。所以"学习必须有'四到'："眼到、耳到、口到、手到。"总之，"后天的社会教育尤其对儿童智力的发展有一种导向作用，影响着儿童的智力结构。"个体智力的后天发展"无时无刻不受到其个性构成中非智力因素——诸如兴趣爱好、意志毅力、事业心和求知欲等——的影响。一个天资聪颖的儿童，可能会因为没有能培养起强烈的求知欲和良好的学习习惯而逐渐变得平常，甚至迟钝"。"多说和多想'我能够'，少说和少想'我不能'，大胆地、不断地去实践、去学习、去尝试新东西，那么，你就会变得越聪明，你的天赋会因你的努力而焕发出更灿烂的智慧之光。"

哈佛大学教学学院的心理学家嘉纳告诉我们："时代已经不同，我们对才华的定义应该扩大。教育对孩子最大的帮助是引导他们走入适应的领域，使其因潜能得以发挥而获得最大的成就感。今天我们完全忽略了这个目标，我们实行的是一视同仁的教育，仿佛要把每个人都教育成大学教授，对每个人的评价也都是依据这个狭隘的标准。我们应该做的是减少评比，多花心力找出每个人的天赋加以培养。成功可以有无数种定义，成功的途径更是千变万化。"

> 要提高学生的识记效果必须提高他的积极性并组织积极的活动。

嘉纳以他在1983年出版的影响深远的《心理架构》(Frame of Mind)明白驳斥了IQ决定人的一切的观念，指出人生的成就并非取决于单一的IQ，而是多方面的智能，主要可分为七大类；其中两类是传统所说的智能——语言和数学逻辑。其余各类包括空间能力（如艺术家或建筑师）、体能（如体操的优雅或魔术的灵活）、音乐才华（如莫扎特）。还有两项是所谓"个人能力"的一体两面，即人际技巧与透视心灵的能力。当然，这里有大师与群众的区别，表现在我这样凡夫俗子的身上，就只是能够敏锐地掌握自我内心的感受，从生活中得到平静与满足。嘉纳也指出，将智能分成七大类只是一种方便的做法，人类才能的多样性是无法简单分类的。嘉纳及其同僚曾经尝试将这七类再细分为二十类，例如将人际技巧再分成四类：领导能力、交朋友的能力、解决纷争的能力、分析社交生态的能力。

> 人类才能的多样性是无法简单分类的。

嘉纳最重要的观点是多元化，他曾经让实验班学生做过两种测验，一种是传统标准的史丹福毕奈儿童智力测验，另一种是嘉纳的多元智能测验，结果发现两种测验成绩并无明显的关联。IQ最高的儿童（125～133分）在十类智能的多元测验中表现各异。例如，IQ最高的五个孩子中，一个在三个领域表现优异，三个在两个领域表现不错，另一个只有一个领域较杰出。且各人突出的领域相当分散：四个音乐较佳，两个特长在视觉艺术，一个是社交领会能力绝佳，一个特长是逻辑，一个是语言。五个高IQ的孩子在运动、数字、机械方面都不太行，运动与数字甚至是其中两个孩子的弱点。

高曼教授有一段关于IQ与EQ的说法：

IQ与EQ虽互异但不冲突，每个人都是两者的综合体，IQ高而EQ奇低，或IQ低而EQ奇高的人都很少见。事实上，IQ与EQ虽判然分明，二者之间确乎有一定的关联。

大家都很熟悉智力测验，但目前尚无所谓的EQ测验，将来也可能不会有。今天关于EQ的研究虽然日益丰富，但有些能力（如同情心）必须透过实况反应才能测验出来，例如让受测者从一个人的表情判读其情绪。不过仍然有人尝试比较IQ与EQ的差异，加州大学伯克利分校心理学家杰克·布拉克

(Jack Block)采用一种近似EQ的"自我弹性"为标准，比较高IQ与高EQ型的差异，发现两者确有天壤之别。

纯粹高IQ型几乎是一种夸大可笑的知识分子型，知识的巨人，生活的白痴，但男女略有差异。男性的特征是具有广泛的知识上的兴趣与能力，有抱负有效率，呆板而顽固，不易为自身的问题困扰。此外也较骄傲好评断，一丝不苟自我压抑，面对性与感观享乐无法自在，疏离而淡漠。

反之，EQ很高的人多是社交能力极佳，外向而愉快，不易陷入恐惧或忧思，对人对事容易投入，正直，富同情心，情感生活通常较丰富但不逾矩，自处处人都能怡然自安。

高IQ的女性对自己的智力充满自信，善于表达自己的看法，具广泛的智识与美学上的兴趣，通常较内向，好沉思，易焦虑愧疚，不易公开表达愤怒（通常采用间接表达的方式）。

EQ较高的女性较能直接表达感受，富自信，觉得生命有意义，和男性一样外向合群，能适度表达感觉（而不会突然爆发情绪后又后悔），善于调适压力，容易结交新朋友，无处不自安，能表现幽默的创意，能坦然享受感官的经验。与高IQ女性不同的是，这种人甚少觉得焦虑、愧疚或陷入忧思。

这几种典型当然是很极端的，多数人都是IQ与EQ的不同组合。但上面的叙述可帮助我们分析与了解人的特质。而两者相较，EQ仍是使我们成为完整个人的更重要的因素。

> 偏好没有什么高低之分，就像你能说喜欢吃辣和喜欢吃甜谁好谁不好吗？

我觉得不管是IQ或者EQ，都需要一套复杂的测试，而且好像有高低之分。我看了赫曼的《全脑革命》以后，觉得他的"全脑偏好图"不同于IQ与EQ，因为偏好没有什么高低之分，就像你能说喜欢吃辣和喜欢吃甜谁好谁不好吗？

赫曼的"全脑偏好图"是专为商业而设计，他的对象主要是成功人士、董事长和总裁们，他主要研究以全脑技术能解决今日企业经营的问题。但是，如果把他的一套照搬到研究学习是很困难的。例如，他的全脑偏好图（图2-1～图2-4）是这样的：

然后，他用了两个图来说明大脑优势和思维偏好之间的关联，这两个图分别是：

赫曼把大脑优势和兴趣与能力之间列了一个这样的表：

第二章 全脑激发的高效课堂

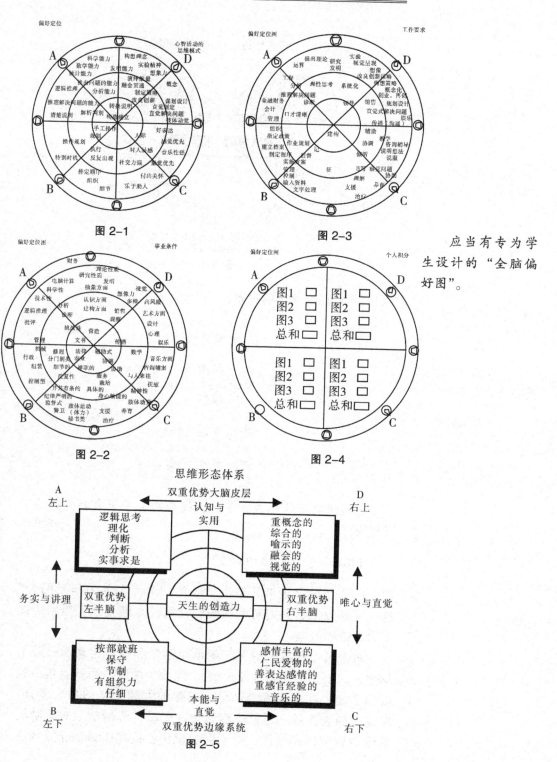

应当有专为学生设计的"全脑偏好图"。

图 2-6

用来比喻四大类思维偏好,以及其与大脑建筑体的关系。

它们之间可以有这样的关系:

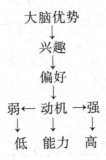

"心是一个,大脑为何是两个"。

我认同赫曼这个表,于是,我开始了关于大脑优势的学习与探讨。

(二) 关于大脑的研究

自从16世纪笛卡儿提出"心是一个,大脑为何是两个"这一问题以来,人们对大脑的研究就没有停止过,提出了许多的理论和假设。

对大脑最早的研究见于解剖生理学和神经生理学。解剖学把人的脑分为端脑(即大脑)、间脑、中脑、后脑(包括脑桥和小脑)和延髓五个部分。其中的大脑是脑的最大部分,覆盖大脑表面的一层灰质称为大脑皮质,解剖学上对大脑皮质的功能定位和分区,有不同的说法,按照Brodmann分区法即有52区之多，其中为人类所特有的优势半球——语言区，是在1836年，由医生戴克思发表了丧失语言是由于左大脑半球受到破坏造成的报告引起，1861年，医生P·布罗卡通过病人遗体解剖所肯定的。在前人研究的基础上，美国医生史培利于1962年进一步揭示了大脑两个半球功能的不对称和右半球的许多高级功能，为此获得了1981年诺贝尔医学和生理学奖，按照史培利的理论，人脑左右半球具有两个相对独立的意识活动，又"具有一种合作关系，即左脑负责语言和逻辑思维，而右脑则做一些难以换成词语的工作，通过表象代替语言来思维"。具体地说，左脑主管抽象思维，同象征性关系和对细节的逻辑分析有关，具有语言的、分析的、连续的和计算的能力。右脑主管形象思维，与知觉和空间判断有关，具有音乐的、图像的、整体性和几何——空间鉴别能力。这一左脑/右脑二分的观念就一直持续下来。

英国《每日电讯报》在2002年5月23日报道了一个这样的事例：荷兰一名7岁女孩的半个大脑（其中包括她的控制语言表达的部分）在3岁时被切除，之后医生发现她仍然能够精通两种语言（荷兰语和土耳其语），此举令她的医生惊讶不已。医生们认为，她的右半球大脑已经完全弥补了缺失的左半球大脑的功能，她的大脑的恢复证明了人类大脑的灵活性。给她看病的伯斯坦医生十分感慨地说："要是这名小女孩能够只用半个大脑学会这么多东西，那么为什么我们这些拥有健

> 这名小女孩能够只用半个大脑学会这么多东西，那么为什么我们这些拥有健全大脑的人不能呢？

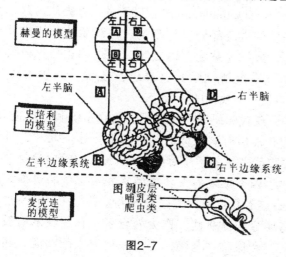

图2-7

全大脑的人不能呢？"

事实上，1998年，美国密执安州立大学两位心理学家就撰写了题为《人脑功能一侧化的认知神经科学：裂脑研究的教训》一文，该文例举大量相互矛盾的科学事实说，科学家们在过去30多年的研究中，尝试过许多归纳途径，如语言半球与非语言半球、抽象思维与形象思维、细节加工与全息加工等，然而，这些两分法的研究结果都会在几年以后出现反例的报告，甚至反例意见是同一位学者深入研究的结果。

20世纪90年代以来，利用多种无创性脑成像技术，实验性分离多重脑功能系统（模块）已成为当代脑科学研究的热门课题。这些研究表明，大量脑功能系统不是唯一按左右分工原则组装，更多是皮层与皮层，后头部与前头部，乃至背侧与腹侧系统等多种形式组装模块。这就极大地改变了简单脑机能定位和两半球分工的理论。

直到20世纪70年代中期，美国国家健康学会的麦克连提出了"脑部三分模型"，依照人类进化历程划分人脑的功能区：爬虫类脑、哺乳类脑和新皮层。虽然有这种新理论出现，但一般仍流行左脑/右脑二分法。

到了20世纪80年代初期，美国的奈德·赫曼提出了"全脑模型"。虽然只是一个类比式的全脑模型，但却不是心理学的构建，而是有事实基础的。

> 在大脑半球的内侧，还有一个"边缘系统"。

根据解剖生理学可知，在大脑半球的内侧，还有一个"边缘系统"（Limbic system），只不过，过去认为这一系统在进化上是脑的古老部分，与嗅觉、内脏活动、情绪反应和性活动有关，所以又称为"内脏脑"。图2-8就是我在我女儿的医学课本《系统解剖学》（郑思意主编，人民卫生出版社1989年第3版）中找到的。

> 边缘系统和记忆很有关系，它和大脑新皮层有同一样的思维功能。

但是，现代的研究开始发现，边缘系统和记忆很有关系，它和大脑新皮层有同一样的思维功能。这一发现，对于正在学习并要接受考试的学生是特别重要的，奈德·赫曼根据经济需要建立了四个象限的大脑模型来表示整个的思维大脑。而且，奈德·赫曼只是根据对企管界人士进行的实验来思考和设计，带有明显的商业性。作为教育者，在实施素质教育时应当仔细研究和借鉴"全脑模型"来研究大脑功能，建立大脑

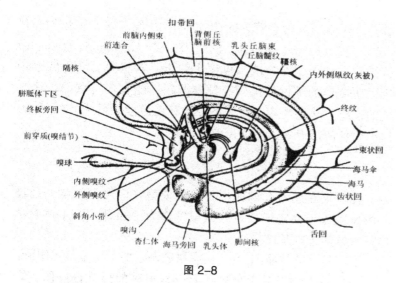

图 2-8

优势，按照这一模型和理论，可以帮助每一位学生描出一张全脑式图形，以了解每个人的心智偏好，发展兴趣，进而发展成特长，即所谓心智优势，而又不受制于这一偏好，可以根据自己心智选择的幅度制定长程目标和短程目标。

（三） 脑科学与素质教育

"脑科学与素质教育"是一个大课题，绝不是我这样一名普通的中学教师所能研究的。为什么我又要提出来呢？这是因为当今对脑科学的研究已不仅仅是医生，而是有了教育工作者，有了跨学科的研究。例如温容江、连瑞庆主编的《开发右脑——发展形象思维的理论和实践》，是北京市哲学社会科学"八五"规划重点课题。书中的第二编"发展形象思维学科教学实验与研究"就列举了语文、数学、工程图学教学，历史、地理教学，物理、化学教学，体育、音乐、美术教学和幼儿教育。我读了以后，还是心中无数，因为许多课例举的都是老师怎么讲，怎么教，然后就说这是什么思维，遇到其他课，又怎么办？

奈德·赫曼所著《全脑革命》，我特别感兴趣的章节是："大脑优势和思维偏好之间的关联"、"循全脑模型提出大脑优势特质"和"团队——经由心智歧异放大成果"。我读完之后，有一种想把这些看法马上应用到教学中的冲动。但是，

> 可以根据自己心智选择的幅度定长远目标和短期目标。

赫曼"这本书是为企管界的读者而写",他"以全脑作为心智运作历程(mental process)的组织原则(organiling principle)这是一种独创的新方法,可用来解析经营状况,使一些至今还无法度量的关键性经营及领导课题,能有多一点的了解",他的这些方法的应用"一直不断地针对事业领导人、经理人、组织内各阶层专业人员的需要而调整"。

(四) 全脑式图形

我一直在思考:如何把"全脑模型"应用于教学?经过一段摸索,我决定把"全脑模型"作为"四合一"主体教学模式的教学生理基础。

> 我决定把"全脑模型"作为"四合一"主体教学模式的教学生理基础。

下面是参照赫曼HBDL剖面棋格图制定的学生全脑式图形:

用这一棋格图对学生进行调查描出来的思维偏好图,客观地反映了每位学生的偏好和自我评量,当然,这只是一种心智偏好,而不是天资或能力。但是,偏好和能力之间有很大的关联。如果我们能正确了解学生的心智偏好,我们就能更好地进行教育教学,并且帮助他们每一个人制定自己的"全脑动员"表,以进行针对性的训练。

> 如果我们能够正确了解学生的心智偏好,我们就能更好地进行教育教学。

下面具体解析一下"全脑式图形"的运作:

首先请学生填"偏好指标图":图2-9为"学习方式",请在32个元素中圈出8个你最偏好的元素;图2-10为"学习条

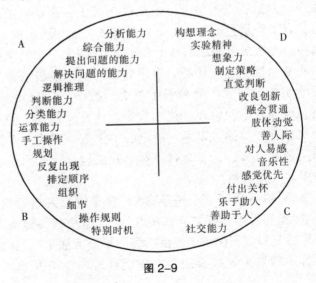

图2-9

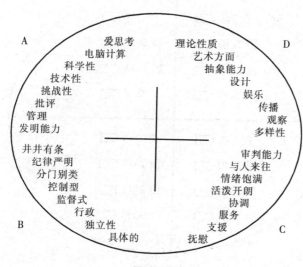

图 2-10

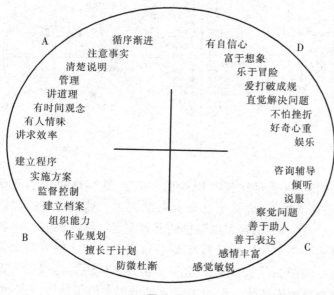

图 2-11

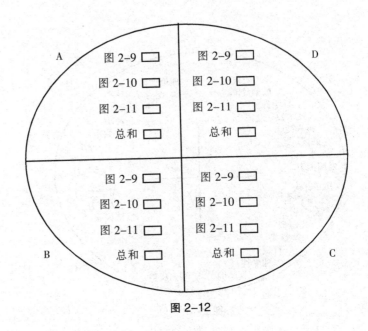

图 2-12

我们四大不同的本体

图 2-13

件",请圈出8个对你最有影响的元素;图2-11为"学习状态",也请圈出8个你认为必须具备的元素。然后将每一幅指标图中A、B、C、D四大象限里的元素数目,填入图2-12中各自所属的空格里面,然后算出每一象限的总和,便可看出你是以哪一象限为最大优势。这一"偏好指标图"是以一个四象限的棋格图来表现,模拟的是人脑的四大思维构造。东/西对分的这两部分,一般称作左脑/右脑思维模式;北/南对分的这两部分,则是称作"北/南边缘系统"。大脑模式包含的是"认知和理解"的思维,边缘模式包含的是"本能的、组织的、直觉式"的思维。下面是赫曼在《全脑革命》一书中选登的一幅HBDI剖面图的范例。

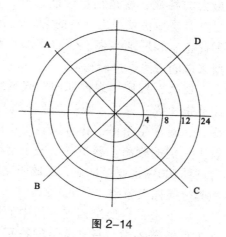

图 2-14

有了以上的数据以后,就可以请每位学生按数据在"剖面棋格图"中描出自己的"全脑偏好图"。(图2-14)

根据全脑偏好图,我们可以了解一个人的兴趣爱好与能力发展,我由1998年开展这个全脑实验以来,指导过无数的老师、学生,还有一些对此感兴趣的人画出全脑偏好图。每次都可以随意描述某一位的全脑偏好情况,人们都会很兴奋地说"很准",往往博得全场热烈掌声。

附:一对双胞胎的全脑图形(图2-15)

之所以要为每一位学生描出"全脑式图形",并且作为编组依据,是因为按照赫曼的研究,全脑式图形相同的人,心智偏好也差不多。如果这些人组成一组,作为一个同质小组,

> 根据全脑偏好图,我们可以了解一个人的兴趣爱好与能力发展。

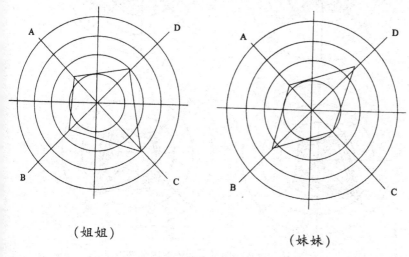

(姐姐)　　　　　　　(妹妹)

图 2-15

最大的特征,就是很快便能达成共识。因为想法相同的人,自然容易很快就得出一致的意见。由于他们都有相同的观点,因此也有相同的兴趣。他们话语的意义会一样,对某一情况所采取的做法也可能相似。

那么,按照"组内同质"来编组好不好呢?好处就是小组能很快统一意见,问题在于小组与小组之间的距离会拉大。而且,对学生来讲,我希望各个小组都得到发展,而不希望拉大他们的距离。赫曼举了一个这样的例子,他把出席研讨会的约100位企业经理人,组成四支队伍,每支队伍的首要特质是分属四大象限。(见图2-16)

接下来,他要求四支队伍中的每一个人,说明他们对什么工作最感兴趣,每支队伍的答复大概会一致,但是每一支队伍和其他队伍的答复,可能就完全不同了。

例如:

A象限小队很快便会得出共识,他们的工作必须合逻辑、

> 对学生来讲,我希望各个小组都得到发展,而不希望拉大他们的距离。

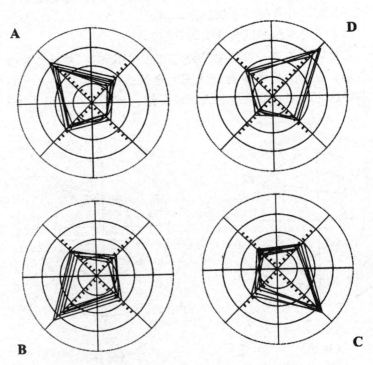

图2-16 同质的团队于四大象限的图形

用分析、要量化、还要用理智。

B象限小队就不一样了，他们的意见很快就会统一在有组织、有条理、仔细的、管理类的工作上。

C象限小队则会提出，与人合作绝对是必要条件，他们会说他们的工作一定要能有机会发展人际关系，表达他们的感情，与别人合作。

与之相对，D象限小队就会形容自己是有创造力、善于概念思考、好实验的冒险家。

而且，如果要求这四支小队做这件事时，只要让他们分别在四间会议室里，给他们15分钟讨论出一致的答案，然后回到大厅，这结果就会很不一样。最早回来的队伍，可想而知应该是A、B两象限的队伍，C象限一般会晚几分钟，但是，D象限这一组会有50%的机会要你去请，因为D象限趋向的人最难做到限时的要求。

我在广州市第七中学后任领导的支持下，聘请了中山大学第一附属医院的三位医学教授做顾问，选了高一级的一个班进行关于全脑式图形的实验，一位年轻的心理学女教师负责这一实验，有了一个初步的报告，下面是其中两张统计图，也能说明"同质"的特征。

我是主张"组内异质"的，虽然这样一来，当你给出同样的问题时，每一支队伍要达成共识，便会极为困难。若不

> 邀请了中山大学附属第一医院的三位医学教授做顾问，进行全脑式图形的实验。

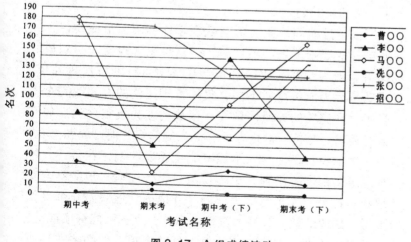

图2-17　A组成绩波动

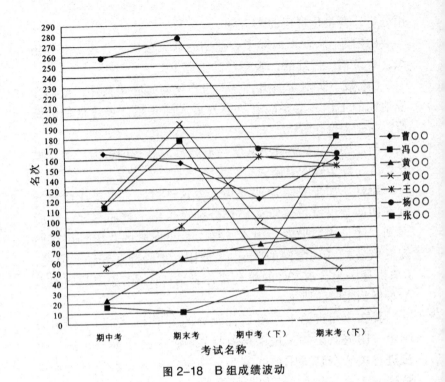

图 2-18　B 组成绩波动

限制他们太严格的时间，他们便可能得出不同的方法而且这些方法，往往比同质队伍提出的一致方法更出色。诸如"有创意"、"创新的"这类用语，都可以用来形容异质队伍提出的做法。而"直截了当"或"四平八稳"则是同质队伍所提出的方法的可能特色。

　　所以，虽然同质队伍的功效在于能够快速形成共识，在时间第一的要求下是一项优势，但这种做法也无法得到最好的结果，因为快速达成的共识会把其他可行的方法排除掉。异质队伍因为成员特质不同，集体处理问题的方式就完全不一样了。在完美的异质团体里，成员的差异是很大的。如有一人对逻辑、分析、量化处理有极强的偏好，但讨厌和感觉、情绪有关的事；而另一人可能有完全相反的偏好；再一人可能具有极高的实验精神，勇于冒险、积极进取，却最不肯安于现状；再另一人却是极为守旧、守成的。这些差异可以相得益彰，形成综效，有好的效果。当然，也有可能造成混乱，甚至敌对。为此，若要这些团体有好的表现，便必须在异质

> 同质队伍的功效在于能够快速达成共识，但快速达成的共识会把其他可行的方法排除掉。

队伍里营造出良好的气氛,不但要能够包含差异,甚至还要发扬差异。

为了营造良好的气氛,我制定了一套互助合作小组的编制和激励机制,小组有一致的目标和共同的准则,他们可以全身心地、热忱地投入一个共同的追求,这样就能造就一个高绩效的小组,使小组有优越的表现。如果这个小组里有一个富于创造力的领导人,或是老师们给予足够的支持,那么这个小组成功的机会就会更大。

全脑式图形可不可以改变呢?按照我的观察,这是可以的。下面是四位学生在高一入学时和高一下学期末所做的两次全脑偏好图,与他们学习状况的改变完全一致。问题是,有没有必要去改变,怎样去改变?我觉得四个象限的不同优势,有不同的好处,没有必要去改变。但是,如果我们有意发挥优势,则可以进行下面介绍的"全脑动员表"所建议的一些活动。

> 全脑偏好图有没有必要去改变?怎样去改变?

当然,鉴于我的水平和条件,关于"全脑偏好图"的研究还只是一个开始,但是,就是这么一点开始,已经看出全脑激发的高效课堂是如何的不同,我真诚地希望和祈求有更多的老师,特别是有专家学者能够进行这种全脑激发的高效课堂实验研究。

(五)全脑动员表

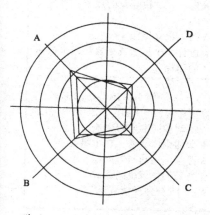

学生 A 全脑偏好图的变化

图 2-19

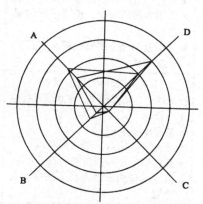

学生 C 全脑偏好图的变化

图 2-20

79

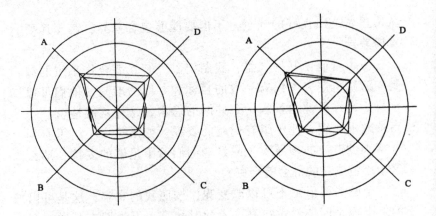

学生 B 全脑偏好图的变化　　　学生 D 全脑偏好图的变化

图 2-21　　　　　　　　　　图 2-22

表 2-6　学习活动
协助你多加运用，发展你原本比较不喜欢的模式

如果全脑动员表能为每一部分设计出十个活动就会好很多。

右脑优势的人可以多做，学习去克服的事情	左脑优势的人可以多做，学习乐在其中的事情
A 左上部分大脑的活动 进行理念思考，逻辑思维，注意个案讨论 ★分析和解决一些数学难题 ★仔细阅读一些现代应用题解析，力求理解并寻求不同解除发法 ★分析一份低分的试卷，找出症结 ★总结本周的情况，说明下周的努力 ★对小组和班中的情况提出自己的看法和建议	右上部分大脑的活动 D 发掘自我，重视直觉，注意自我设计 ★闭着双眼想象自己 10 年以后的生活 ★布置自己的书房和桌子，体现创意 ★想一个"疯狂"的点子，有益身心 ★画一幅立体图 ★设计一个班徽或是自己未来公司的商标
B 左下部分大脑的活动 检测理论，重视程序，注意实践技能 ★写日记 ★整理学习笔记 ★每天依时作息，不迟到早退 ★看看学生守则，检查自我 ★拟订一份期末您考试分段为目标计划	右下部分大脑的活动 C 倾听想法，追求和谐，注意团体互助 ★主动和同学亲切交谈 ★参加集体活动，在小组发言 ★课堂上主动回答问题 ★帮助同学解决问题 ★听 15 分钟抒情音乐

学习表：建议每一象限学习可练习的事。

表 2-7　课外活动
协助你多加运用，发展你原本比较不喜欢的模式

右脑优势的人可以多做，学习去克服的事情	左脑优势的人可以多做，学习乐在其中的事情
A　左上部分大脑的活动 ★想象一下明天会有什么事 ★玩几题智力游戏 ★检查一下近日有没有一时冲动，找出其中理性部分 ★为一位同学或朋友提一份好建议 ★玩玩电脑或打打电话	右上部分大脑的活动　D ★自己做一道菜 ★玩玩橡皮泥 ★快跑一次 ★想象一下自己最大的梦想 ★作作写生画或照像
B　左下部分大脑的活动 ★玩一次组装模型 ★慢跑一次 ★整理光碟、CD碟等 ★整理相簿 ★做家务	右下部分大脑的活动　C ★跳跳舞、听听音乐 ★午休半小时 ★想一想自己最感动的事 ★欣赏一下花草树木 ★想想应该怎样谢谢帮过自己的人

活动表：建议四大象限在学习之外可以练习的事。

"教不学"是"儿之错"吗？

三、教学组织

近20年来，许多国家都在寻找一条切实有效地大面积提高全体学生学业成绩的合理途径，出现了"小组互助合作学习"这一创新策略。美国学者说："运用合作学习是教师跟上当前教育趋势的一个出色标志。"

劳伦斯·沙皮曼要求我们牢记的是："尽管思维大脑中的语言和逻辑能力对培养孩子的价值观非常重要，但它们不能塑造孩子的行为，这一任务只有成为照顾帮助他人活动中的一员的自豪感和归宿感才能完成。"

（一）儿童是天生的学习者

在我们的中小学教育中，长期以来都是以教师为中心，以课堂为中心，以书本为中心，实质上是以教师的"满堂灌"、"填鸭式"为主要形式，学生只能乖乖地当听众，这样一来就出现了"教不学，儿之错"的指责。我们并没有很好地研究一下，为什么相当一部分学生"教不学"。

在2004年的广州市中考中，出现了多人弃考现象，媒体还报道了近年出现的"白卷族"每年递增。记者采访了多名"白卷族"考生，发现他们不满学校、老师都重视尖子班、实验班，对他们疏于照顾，于是自暴自弃。而一位在重点中学初中部当了6年班主任的老师则认为，学生成为"白卷族"最直接的原因，在于学生的学习基础差，容易出现厌学情绪。但是，这位老师也提出了"为什么有的同学能够学得好，而有的同学却成了'白卷族'呢?"可惜这位老师把原因归结为"最主要还是看学生本身是不是愿意学"。他认为"一些学生之所以成为'白卷族'，是因为在小学的时候就没有打好学习基础、养成有效的学习习惯，而上初中以后学习难度必然会有所提高。一旦出现畏难情绪，他们就觉得再也学习不下去了"。

> 大人们把不学习的原因都归到了孩子身上，为什么就不想想大人们应该负什么责任呢?

在广州一所大学任教的一位教授更是认为"小学时候的'快乐教育'不但没有帮助孩子很好地形成学习习惯，而且也没有让孩子意识到学习过程中也有竞争存在。所以当升学和竞争的压力同时出现的时候，心理承受能力较低、成绩不理想的孩子就往往会逃避学习"。

我不知道这位广州一所大学的那位教授有没有看过《广州日报》2003年12月12日那篇报道"中学生：好想多睡一会儿"。

这篇报道还附了一份"调查报告"。

不久前，由广州市中小学卫生保健所等多家单位在广州市区几所中学抽取600多学生作为研究对象，调查中学生睡眠质量，结果发现中学生睡眠质量存在问题较严重。

在每天睡眠时间方面，48.3%的学生少于7小时，2.7%的学生少于6小时，0.5%的学生少于5小时。缺觉这么严重，到该睡的时候却又睡不着。

调查显示，81.9%的学生有睡眠障碍的现象，3.7%经常出现睡眠障碍，个别学生则需要服用安眠镇静类药物。近六成的学生较常或经常出现日间困倦和精力不足等日间功能现象。

实际上，还有比这更严重的问题。《中国教育报》在2003年7月17日的一篇"热点难点透析"中报道说"山西一小学生因'压力太大'自缢身亡"。

新华社记者华卫列指出:"自20世纪90年代以来,我国的奥林匹克数学热,逐步扩张到了物理,化学以及英语,在一些比较发达的城市里,中小学生上过各类奥校班的达到54%以上,许多人还同时上两三个班。"

"南京市小学生的一次调查发现,大多数孩子在家长的督促下都在课余参加了家教或辅导班,其中语数外各57.3%,艺术类各10.1%,体能训练各4.85%,棋类各3.85%。而随着年级的升高,参加语数外辅导班的比例明显增加,三、四年级参加的占47.9%,到五、六年级则高达66.8%,三年级参加艺术类还有11.3%,到六年级参加艺术类的只有3.9%,参加棋类的只有0.7%。"

华卫列记者看到一点:"因失败逐渐产生的压抑,慑于父母威严而撒谎后的负疚,对于前程的恐惧……种种不断的心态扭曲,最终由伤害自我来表达根本就肩负不起父母设定的近期及未来目标的责任。"这是对大人们说"学生弃考的行为,起码对自己是很不负责任"的说法的一个回答。

我曾经问一位老师:"你知道你这节课有10位学生睡觉吗?"她说:"我知道,这10个学生不学习,所以我不理他们。"这正如华卫列记者所报道的:"调查发现,以育人为理想,以塑造人的美好心灵为己任的导师越来越少,不少教师对自己职责的理解只是一种职业。有相当数量的教师已堂而皇之地把知识的传授与商品的价格放置一起进行等价交换的交易。"这能怪老师吗?广为宣传的新《三字经》不是就把在中国文化史上很有地位的《三字经》中的"养不教,父之过。教不严,师之惰"改成了"养不教,亲之过,教不学,儿之错"吗?

> 不少教师对自己职责的理解只是一种职业。有相当数量的教师已堂而皇之地把知识的传授与商品的价格放置一起进行等价交换的交易。

(二)组建的基本原则

我是相信"人之初,性本善。性相近,习相远。苟不教,性乃迁"的。所以,我主张在课堂教学中让孩子们互助合作学习。

传统的课堂教学,在教学方式上以教师讲解为主,在组织结构上,以全班集体听课为主,在评价上以全班或个人奖励为主。在这种模式下,学生常处于一种极度的焦虑之中,你如果想获胜,就必须超越所有同学,而被抛在后面的学生,就渐渐对学习失去信心,失去兴趣。

那么,是不是像现在已被许多教师应用的那样,课堂上让坐在一起的几个学生议论讨论,就是小组互助合作学习了呢?这样的议论其实很多的时候只是形式,有时甚至还没有合作学习,老师就已经叫"坐好"了。

我认为要真正开展小组互助合作学习,首先就要组建好小组,这并不是仅仅按照高矮排列的组合,也不仅是按照成绩好坏组合。组建的基本原则是以"全脑偏好图"为依据的"组内异质,组间同质";具体的做法是:假设全班有52人,那么按以下步骤进行:

> 组建的基本原则是以"全脑偏好图"为依据的"组内异质,组间同质"。

(1) 把前13名成绩最好的学生排出来。(这个成绩可以是总分,也可以是数学成绩。)

(2) 把后13位成绩排后的学生排出来。

(3) 分别从两组13人中各抽出一位出来并在一起,注意这两位并不一定是最高分和最低分的组合,而是尽可能把不同性别、性格兴趣和爱好,各有不同的强项和弱项的两位同学放在一起。

(4) 从余下的26位学生中以2人一组分配到已搭配好的13个2人组中,组成4人小组。这2位学生也应当是尽可能不同性别、性格、兴趣和爱好。组成后一定要计算各4人小组的总分,应当13个组都基本一样,总分只相差±5分。就是说,要让13个小组都处在同一起跑线上。

(5) 指导全班52位学生画出"全脑偏好图",把每个四人小组的四张"全脑偏好图"放在一起,如果有两张基本一样,就需要调走一位。

(6) 调整到4人小组内4人的"全脑偏好图"不相同,有一位13个最高分之一,一位13个最低分之一,有男有女(如果出现全女组,则要让其中有像男孩子性格的女孩),而总分基本相同(相差±5分)之后,就指定成绩最好的学生当4人小组组长。

(7) 4人小组确定后,请各小组自行选出一位带头人,小组选出谁就是谁,老师不要干预,一般情况下,带头人都不会是老师指定的小组长,而是一位比较活跃、比较有组织能力的学生。

(8) 教师在全班正式宣读各个4人小组组长与带头人名字,并且要郑重其事地逐个送给每位带头人一本小组记录本,拜托他们记录小组活动情况，并在以后的学习过程中加以指导和批阅。

（9）各小组讨论订出自己小组的下一阶段目标，并且提出主要措施，然后教师以合同形式印发给全班每个小组一份。

下面是2002届高一（4）班的两份《数学期望》：

表2-8　数学期望

组长	带头人	中段成绩	期末成绩	主要措施	备注
司徒	孔	320	330	逆水行舟，只进不退	
梁	张	306	326	做好练习，努力学习	
郭	黎	327	347	互相帮助，全面发展	
潘	周	313	327	一分天赋+九十九分努力=成功	
吴	邓	317	321	相互学习，共同进步	
方	岑	326	356	全力以赴，做到最好	
蒋	布	316	320	两耳不闻窗外事，一心只做，"精"与"成"	
卢	刘	320	350	我们相信没有最好，只有更好	
张	江	392	425	每日一小时以上的数学练习	
李	彭	304	324	努力！努力！再努力	
张	林	321	360	鼓足干劲，力争上游——毛泽东语	
何	司徒	324	340	坐着火箭跟你学	
陈	黄	314	325	共同研究	

"坐着火箭跟你学！""我们不需要你等我们，我们也不会跑步跟上来，我们会坐飞碟冲上来！"

这些话都是事出有因的。

表2-9　数学期望

组长	带头人	中段成绩	期末成绩	主要措施	备注
李	黎	325	355	骐骥一跃，不能十步，驽马十驾，功在不舍。锲而舍之，朽木不折；锲而不舍，金石可镂，吾势虽弱于余，而犹有胜势	
张	陈	333	345	努力钻研，互相帮助	
黄	卢	324	340	上"食"成才，下"饮"精编，分不在高，进步就行	

续上表

组长	带头人	中段成绩	期末成绩	主要措施	备注
吴	姚	337	345	天下本无剑，独舞成"孤觞"。破浪万千重，前路由我创	
尹	梁	332	336	我们无话可说，已经说得太多，行动最实际	
何	麦	330	339.5	我们不需要你等我们的，我们也不会跑步跟上来，我们会坐飞碟冲上来！	
李	邓	332	340	万般皆下品，唯有读书高……	
陈	黄	330	340	实践是检验真理的唯一标准，"精""成"所至，金石为开	
张	韩	330	350	认真上课，勤学好问，多做练习	
郭	朱	337	346	三人一心，其利断金	
张	蒋	328	330	师父引进门，修行在本人	
布	岑	328	338	"精编"所至，"成才"为开	
黄	陶	329	330	不是我不明白，这世界变化快——与时俱进，紧跟潮流	

需要强调的是，许多老师在编组时没有按照"全脑偏好图"来调整，再加上激励机制和题目编制等方面没有做好，互助合作小组形同虚设，所谓"讨论"往往是形式主义，从而导致互助合作学习的流产。

（三）活动的源泉

小组的组建只是为互助合作学习活动提供活动形式与空间。接着需要的就是老师要做好上课部分，为互助合作学习提供活动的知识背景，同时实行有效的激励措施，为活动提供动力源泉，这样才能使小组互助合作学习成为课堂教学的主体活动，从而区别于传统班级教学。

> 教师首先要在备课上下功夫。

为此，教师首先要在备课上下功夫，备课时多想一想：哪些可以不讲，哪些一定要练，基本上每节课都要准备4~5条选择题、2道板演题，这些题目应当按照阶梯难度原则设计，并有1~2题有多种解法，板演题的要求明确，板书不长，可以设计成填空的形式。

选择题让学生举信息卡回答，当答案纷纭时就可以让小组讨论统一答案，并以小组为单位作答，替小组拿分。

板演题让小组抢答，因为黑板地方有限，很难让所有小组都有地方答题，所以互助合作小组必须学会分工合作，在最短时间内作出最好的解答。

为了保证小组活动的积极性，教师必须有完整的激励措施：

> 完整的激励措施可以得到看得见的好处。

（1）当小组代表回答正确时，全组得分；（只评100分，若老师或同学找出问题证明回答有缺欠时，不给分。）

（2）当小组代表板演完全符合要求时（内容、表述、格式等）给100分；若此代表为小组长，则仅是小组长自己得分，若此代表为组员，则全组4人皆得100分，并且这100分作为平时测验成绩。

（3）中段考或期末考后分组计算小组总分，教师奖励进步幅度最大的小组。

（4）当板演不能容纳所有想出来的小组时，教师应当接收他们的草稿，用实物投影仪讲评，同样给分。

这么多年，我都是请进步幅度最大的第一名的小组4位学生去肯德基噘一顿，学生并不在于吃一顿，而是在于那种"吃老师"的自豪感，在于回家里可以向家长说："我们组考了第一，老师请我们吃肯德基"的自豪感。通过在一起吃，老师还可以了解到许多新的"情报"，听到许多建设性意见。

由于各互助小组处于大体均衡的水平，由此增强了小组取胜的信心，促进了小组成员对学习任务和学业竞赛参与的积极性和主动性。同时培养了他们关心集体，关心他人，团结互助，互相沟通的精神。在这一过程中，首先领悟的学生可以提高自己的表达能力，稍慢一些的学生可以学会如何思考与表述，而这种领悟快慢并不固定在某一人，特别是当进行不同学科、不同内容学习时，更是增强了每一位成员的信心。

每个学期的开始和中期，会进行两次这样的编组，可以让学生学会在不同的集体中融洽相处，我教过的班，班集体特别富有凝聚力，不仅表现在高中3年的学习生活中，还会延续到高中毕业后的大学时期，甚至是大学毕业后的时期。

(四)看得到的好处

通过经常性的互助小组学习活动,可以看到的好处是:

(1) 从正面影响了学生价值观、态度、能力和认识世界方法的社会化。

(2) 有利于学生人格和心理的健康成长。

(3) 有利于学生学会用他人的眼光来看待问题。

(4) 有利于学生主动性和创造性以及社交能力的发展。

(5) 促进情绪、情感的稳定与意志品质的发展。

(6) 促进学习上的进步。

这是因为,人离不开人际交往,而所谓人际交往,就是人与人之间通过一定方式进行接触,从而在心理上和行为上发生相互影响的过程。在交往的基础上形成的人与人之间的心理关系称为人际关系。中学生很重要的一个交往就是与朋友、同学的交往。《学记》上说:"独学而无友,则孤陋而寡闻。"有人调查了910多名高中生对交朋友的看法,结果列表如下:

"独学而无友,则孤陋而寡闻。"

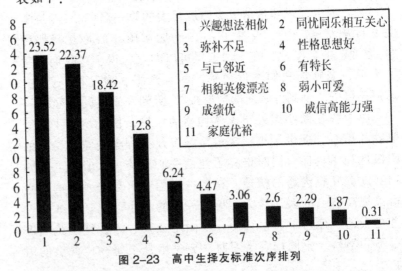

图 2-23 高中生择友标准次序排列

当然,根据调查,不同年级、不同性别、不同地域的高中生择友的标准存在一定的差异,但是,如果我们仔细研究,可以发现他们的"相似性"(兴趣想法相似)、"相互性"(同忧同乐相互关心)、"互补性"(弥补不足)和"品质"(性格思想好、有特长、威信高能力强）总是放在前面的位置。

从一位女生的一篇"数学日记"中也可看出这一点：

> 又过了两天，今天我似乎特别高兴。因为今天的数学课我在全班同学面前做对了一道题，而且为我们4人小组拿下历史性的第一个100分。冯老师，可能你会觉得我有点小题大做，做对一道题，拿个100分，有什么难度呢？可是对于我来说并非小题大做，今天听到一个以前数学成绩还算不错的同学说，现在的数学课都不知道讲什么，况且，我迷迷糊糊地上了几天课，做对这一题，对我来说意义非常重大！这一题将成为我的动力，我要加把劲，努力赶上来！冯老师，教师节就到了，我也没有什么礼物可以送你，我就在这里向你说声"节日快乐！"希望你不要介意！

这位女同学在以后的学习中，真的做到了"努力赶上来"！由默默无闻到高一下学期时已是总分排在级里前十名。

四、教学手段

作为构建现代教学模式的理论基础——建构主义，有6个主要的建构性学习特征：积极的学习、建构性的学习、累积性的学习、目标指引的学习、诊断性学习、反思性学习。前4个特征是夏尔（Shall）提出的，罗宾-简·西蒙（P.Roben-Jan Simons）补充了后两个特征：学习的诊断性与反思性。前4个特征，我们通过互助小组活动能够建构，而后两个特征，则需要有新的策略，更需要学习者通过自己的积极参与和努力，才能达到自己确定的目标。"四合一"主体教学模式为此建构了反馈系统。

> 学习的诊断性与反思性需要反馈系统。

（一）学习日记

上面提到的"数学日记"只是我在进行数学学科教学时所用，不同的学科可以有不同的"日记"，但是，如果一个班有几位老师都实施"四合一"主体教学模式，就应该只设一本"学习日记"。这本"学习日记"主要用于学生与老师之间的个别交流,学生可以在日记中写上任何感想、问题和意见,教师也可命题要求,不定时收看"日记",以便随时了解学生学习的情况,避免一些无谓的形式议论,提高互助合作小组的学习效率。很重要的一条是教师要尽快及时地发回"日记",对学生提的问题要正面回答,并且为学生保密。

2002年9月教师节前夕,《羊城晚报》记者在采访我时,曾经想了解我的学生的"日记"都写些什么,当时因为事出突然,我没有事先征求学生的同意,所以我没有把"日记"给记者看。记者后来这样写我:"冯老师跟学生们很'铁',日记内容从不外传,包括对记者也不漏一些口风。"在这里,要向当时的记者刘虹说声对不起了。现在,当年的两届学生都已高中毕业,2000届大学也毕业了,他们许多人走上了工作岗位,又马上相约来看我,讲起往事,许多欢笑。我把珍藏的"日记"找出来重新翻阅,往事历历在目,觉得他们来讲"四合一",可能比我自己讲得更清楚。所以,我选择了其中几篇不属于个人私隐的篇幅,征求了当年的学生班长与支书的同意,选登在第一章,正好反映了我为什么要实施"四合一"主体教学模式。这里,再选登两篇小组日记。

> 向刘虹说声对不起。

第一份:2003年3月10日

表2-10 构成学业失败的因素比重

	小组意见	林格伦结论
缺少努力	43%	25%
缺乏兴趣	25%	35%
个人问题	20%	8%
其他原因	11%	32%

表2-11 获得好成绩的各种因素

	小组意见	林格伦结论
好的学习习惯	35%	33%
兴趣	26%	25%
努力	21%	15%
家庭影响	10%	32%
其他原因	7.5%	25%

我把看到的一份关于学习成败"林格伦结论"提供给全班同学,许多小组进行了热烈讨论,写出了他们的意见。

第二份:2003年3月17日

表2-12 构成学业失败的因素比重

	缺少努力	缺乏兴趣	个人问题	其他原因
学生 A	95%	2%	—	—
学生 B	60%	20%	10%	10%
学生 C	25%	20%	30%	25%
学生 D	70%	10%	15%	5%

表2-13 获得好成绩各因素比重

	好的学习习惯	兴趣	智力	家庭影响	其他原因
学生 A	74%	25%	1%	—	—
学生 B	50%	20%	15%	10%	5%
学生 C	30%	30%	—	—	40%
学生 D	50%	10%	20%	1%	19%

看到这些日记,你就会发现,学生是多么纯真可爱,他们对老师有多么信任和爱护,做老师的还不应该好好帮助他们健康成长吗?

(二)信息卡

每位学生有4张不同颜色的单面卡,背后一律为白色,为的是保护每个人的小小自尊心。上面分别有A、B、C、D字母各一个,可作多种用途:①在堂上做选择题时,学生举卡回答,教师可以一目了然,即时了解学生解题的速度和正确率;②教师进行不同的题组训练,可以达到不同的目的。基本原则是:伸手可摘;踮起脚可摘;跳一跳可摘;帮一帮可摘。教师在和学生一起逐题解答后,可请学生再按下列要求举卡:4题全对举A,3题对举B,2题对举C,4题全错举D(完全不懂举白牌),这样,教师马上就知道全班学生掌握的情况,可以及时采取对策。③当教师让学生口答某一问题后,可以请全班举卡评分:120分A,100分B,80分C,60分D,不同意白牌,这样,

> 信息卡是教师与学生之间相互交流的手段,不要只单方面要求学生。

不仅可以让全班学生都注意解答，还可问问举A卡和白卡的学生的意见，往往会有教师意料之外的发现。

在使用信息卡时，教师不要以指挥者自居、站在台上发号施令，而应该自始至终关注着全班每一位学生的反馈信息，假如有一位学习一般或者较差的学生最快举卡而且举对了时，就应当即时称赞他，对于一些不止一次不举卡的学生，应当用暗示的方法或激励的方法，让他们举起卡来。有时甚至需要耐心的等待。

当学生举卡回答问题后，老师应当及时举起正确之卡，也把自己的意见反馈给学生，与学生交流。有一些老师自己不举卡，只说一声，这样不好，因为听觉效果是比不上视觉效果的，如果你经常只说一声，学生会连看都不看你一眼，而且也不注意听你讲什么（因为常常听不清），如果你举卡，因为颜色鲜明，学生一眼就看清了，所以他们都会看一看。这样就是一种交流。

对于学生举卡的结果，教师除了举卡回应以外，对于答案不一致或必须熟悉的知识，教师应当适当讲解，不要只是对了答案就算。这样才能把学习落到实处。

有时候，教师有必要为个别选了不同结果的学生特意讲解，这不仅是帮助了这位学生，还会感动他人："老师不会落下我"。

五、教学原则

> 我们的教学原则是在实验研究的过程中形成的。

原则是说话或行事所依据的法则或标准。教学原则当然就是我们进行教学时依据的法则。教学原则是由人类积累的丰富教学实践经验中产生的，又按照一定社会的需要而不断改进与完善。历史继承性是教学原则的一大特点。"四合一"主体教学模式所定的教学原则就是在继承基础上提出的。仍然是依据四个方面来制定教学原则：教学实践的经验、教育教学目的、教学规律、现代科学理论基础。赞科夫在《教学发展中》指出："我们的教学原则是在实验研究的过程中形成的，教学论的原则来源于教学法，而教学法是在实际的教学与教育工作中产生的。"可见，教学原则是介乎教学的理论原理和方法（实践）之间的中介。

（一）我国教学原则的历史

按照吴立岗先生的介绍，我国古代的教学原则，流传至今，并对教学实践产生相当影响的有：因材施教原则、教学相长原则、循序渐进原则和启发引导原则。

除此以外，还有复习巩固、以身作则、学以致用、学思结合等方面的教学原则，如"学而时习之，不亦说乎"、"温故而知新"，"博学之，审问之，慎思之，明辨之，笃行之"等等。

我国近代教育家继承了古代教育家的教育思想，并结合当时实际，提出了各自颇有特色的教学原则。例如人民教育家陶行知先生提出的"知行合一"原则，他说"教学做是一件事，不是三件事"。"深信教法学法做法合一"。

> 教学做是一件事，不是三件事。

在新民主主义时期的老解放区，则提出了：政治统帅业务、理论联系实际、少而精、启发式等各项原则。

（二）西方的历史

西方古代的教学原则基本上是经验型的，如苏格拉底的"产婆术"这样启发式的教学原则，就是要求教师启发引导学生一步步掌握知识，而不是把现成知识直接呈现给学生。

到了夸美纽斯《大教学论》问世，教学原则正式诞生，夸美纽斯提出了7条原则。如先示实物，后教文字；先举例证，后讲规则等。后来被归纳为5条，它们是：直观性原则、自觉性原则、系统性原则、巩固性原则、量力性原则。对后世产生了很大的影响。

美国的杜威则提出关于儿童中心论的4条原则：①注重儿童的主动性；②注重表象教学；③注重儿童的兴趣；④注重情绪在教学中的作用。

（三）现代对教学原则内容的具体研究

1. 曾经长期影响我国教学的是苏联的研究

（1）凯洛夫的教学原则

凯洛夫是20世纪50年代俄罗斯联邦教育科学院主席，他的教学论代表了苏联的"传统教学"体系，他在《教育学》中提出了教学5原则："直观性原则、自觉性与积极性原则、巩固性原则、系统性和连贯性原则、通俗性和接受性原则。"他更为人们所熟悉的是他的教学5环节："复习旧课—引入新课—讲授新课—巩固新课—布置作业。"

(2) 赞科夫的教学原则

> 我更欣赏赞科夫的5条教学原则。

赞科夫在1962年提出"教学不仅应当为掌握知识和技巧服务，而且应当促进学生的发展"。他主张维果茨基的思想："教育学不仅应当以儿童发展的昨天，而应当以儿童发展的明天作为方向"。要求教学要在学生的一般发展上取得尽可能大的效果。通过实验研究，赞科夫提出了新的5条教学原则：①以高难度进行教学的原则（要掌握难度的分寸）；②以高速度进行教学的原则；③理论知识起主导作用的原则；④使学生理解学习过程的原则；⑤使全班学生（包括学习最差的学生）都得到发展的原则。

在这些原则中，起决定作用的是以高难度进行教学的原则。这里讲的"高难度"并不是指要提高"平均难度标准"。赞科夫说："传统教学体系的特点就是把学习过程变得过分容易"。"儿童的智力、情感和意志也像你肌肉一样，如果不加锻炼和给以正常的负担，它们反而会衰退，不仅得不到应有的改进，有时还会迟钝起来"。他认为：只要是在"最近发展区"里，高难度教学就可以接受；假如没有学生智力的高度紧张，就不可能形成有效的教学活动。

赞科夫还对这一原则加了一个注："要掌握难度的分寸。"他说："掌握难度的分寸绝不是要降低难度，而是要合理地运用这一原则的必要因素。具体地说：这就是指实施这一原则时，提供的教材必须是学生能够理解的。如果不掌握难度的分寸，那么儿童由于不能理解所提供的教材，就会不由自主地走上机械记忆的道路。那样一来，高难度反而从一种正面的因素变成反面的因素。"

至于以高速度进行教学，并不是让学生在一节课内尽可能多地学习教材、解答例题，以高速度教学决不是在课堂上赶进度，不是匆忙地把知识尽量多地教给学生，而是针对那种在课堂上多次单调重复而不合理地放慢教学进度的做法。

因为学生的学习活动如果进行得单调缓慢，只能导致智力的停滞，使其精神处于消极的状态，不可能激起学生的认识积极性，我们常会看到一些学生在课堂上开小差干其他事情或者睡觉，很多时候原因就在这里。

高速度教学原则其重点是对高难度教学原则的一种辅助职能，它要求不断地向前运动，就是要不断地以各方面的内容来丰富学生的智慧，激起学生的认识兴趣，这就能为学生越深入地理解知识创造条件，也能为学生牢固地掌握知识创造条件，因为知识的巩固性不能单靠复习，在很大程度上要靠知识的广度来达到。

关于理论知识起主要作用的原则，赞科夫在《和教师的谈话》中说道："理论"这个词有许多不同的含义。一般来说，"理论"这个概念是区别于实践而言的。从这个含义出发，我们所说的理论知识，只相对于那些直接反映在技巧中的知识而言的。例如，一个学生可能知道怎样进行7个数的进位加法，即知道加法怎么做，但是并不知道这种运算的规律——加法的交换律和其他几个规律。如果学生掌握了这一类知识，那就是掌握了理论知识。

我们还应当特别注意"使全班学生（包括学习最差的学生）都得到发展的原则"。这项原则有两个方面的意思：一是要使学习成绩优秀的学生得到发展；二是要使学习成绩最差的学生也得到发展，提高其学习成绩，消除因成绩差而留级甚至辍学的现象，在传统教学体系条件下，做差生的工作通常都是采取个别补课和做额外作业的办法，往往收效甚微，甚至使差生产生厌学情绪而放弃学习，许多老师在升学评比的压力下，也容易歧视差生，对他们产生排斥心理。如果我们认识到学生发展的平等性，在他们的一般发展上下功夫，关爱差生，引导差生观察周围的事物，认识事物之间的联系，培养认识兴趣，克服自我中心思想，使他们在学习集体中找到自己的位置，与同学关系融洽，这就可以使差生获得有效的转化。

赞科夫在《教学与发展》中强调："不应当认为这些教学论原则是分开实施的：这一条原则用于某些章节和教学工作的某些场合，而另一条原则则适用于别的场合，等等。每一条原则都是根据它在教学论体系中的作用，根据它的职能，以及根据它与其他原则的联系的特点而具体地表现出来的"。

传统的教学原则所要求的是在掌握知识方面取得成功的结果，它们可称为是知识性教学的原则，而赞科夫从1957年开始创建的新体系的教学原则着眼于学生的一般发展，可以称发展性教学的原则。两者的根本区别在于发展在教学中的地位不同。

(3) 巴班斯基的教学原则

巴班斯基是苏联当代著名的教育家，1981年开始任前苏联教育科学院副院长，他一生写了400多部（篇）著作，有代表性的就是关于教学过程最优化的著作，例如《教学过程最优化·一般教学论方面》等，对于"教学过程最优化"可以作一个这样的描述：为一节课制定一个最好的教学设计，灵活机动地实施这个设计，以期用不超过规定限定的时间和精力，取得对学生来说最大可能的结果，使全班每个学生都获得适时的最合理的教养、教育和发展。

> 使全班每个学生都获得适时的最合理的教养、教育和发展。

巴班斯基按照教学任务、教学内容、教学方法和组织形式以教学条件与教学结果提出10条原则。

(1) 教学任务：①相互联系地解决学生教养、共产主义教育和人的一般发展任务的教学目的性原则。

(2) 教学内容：②教学的科学性原则。

③教学的系统性和循序渐进性原则。

④教学的可接受性原则。

(3) 教学方法和手段：⑤教学的直观性原则。

⑥教师指导下学生的自觉性和积极性原则。

⑦根据教学的任务和内容，结合运用各种教学方法与手段原则。

(4) 教学的组织和形式：⑧各种教学组织形式的最优化结合原则。

(5) 教学条件：⑨为教学创设必要条件原则。

(6) 教学结果：⑩教养、教育和发展的巩固性、理解性和实效性原则。

为了使教学原则更有利于指导教学实践，巴班斯基制定了一套与教学原则相配合的教学最优化方法体系，我们可以在他主编的《教育学》中看到。

此外，还有巴班斯基多次提到的创制"纲要信号"教学法的沙塔洛夫，"通过教学形成理论思维"的达维多夫，创造了基于合作原则的师生关系和师生交往的新形式，形成了"以实质性评价为基础的教学体系"的阿莫纳什维利。

至于以斯卡特金为代表的学派所提出的10条教学原则和巴班斯基的10条原则有相同也有发展。例如"在教师指导作用下学生的自觉性和创造积极性原则"与"从教学向自学转化原则"。

> 沙塔洛夫的"纲要信号"教学法有很生动的课例。

2. 西方的研究

西方的教学流派与苏联的比起来，可能缺乏完整的系统理论，但可能更实用。

(1) 斯金纳的程序教学原则

斯金纳是美国当代著名心理学家、教育学家，新行为主义心理学的主要代表人物。斯金纳对传统的课堂教学方法相当不满。他提出程序教学的基本过程是学习程序的呈现过程，而学习程序的表现分为三个步骤，即刺激—解答（反应）—确认（强化）—进展。他的基本原则是：

1) 小步子原则：使前后连续的每一个步骤尽可能小，强化的次数就可以提高到最大限度，从而降低学习内容的程度。

2) 积极反应原则：要让学生对每个问题有反应的机会，使学生的学习由消极接受变为积极反应，使学习效率大大提高，因此程序教学要让每位学生持一套程序课本或机器。自己动手动脑学习，通过选择、填空、解答或"按键钮"回答问题，作出积极反应。

3) 即时强化原则：必须在学生作出反应后，立即让学生知道其反应是否对，即给予学生"及时确认"或"及时强化"。这是依据"习得律"：当一个操作反应为一个刺激紧随时，这个操作力量就会提高。这比之传统教学中，强化刺激要隔较长时间才进行，效果好得多。

4) 自定步调原则：以个体化的学习方式进行，不追求统一的进度。

> 请注意即时强化的原则。

5) 低错误率原则：在教学过程中要尽量避免学生出现错误的反应。因为错误行为往往导致惩罚行为的出现，是令人反感的刺激。

对斯金纳的等距离教学有截然相反的不同评价。主要的反对在于"程序教学的缺点不仅在于鼓励死记，更糟糕的是它只奖励那些与程序教学意见一致的反应"。

(2) 布鲁纳的结构主义与发现法

布鲁纳是美国认知心理学家、结构主义教育学派的代表人物。他在《教育过程》一书中系统阐述了自己的结构主义教学思想。

1) 动机原则：布鲁纳认为学生的学习动机可分为外部动机和内部动机。外部动机对学习带来的结果感兴趣，它主要源于教师与父母对儿童的奖惩。内部动机使学生对学习过程本身感兴趣，它对那些比较困难的学习内容尤为重要，受内部动机驱使的学生不会迎合家长和教师的要求去死记硬背，而会因学习本身就是奖赏而自行进行学习活动，从而保持长期的学习兴趣。

> 学生的学习动机可分为外部动机和内部动机。

2) 结构原则：布鲁纳认为知识总是有结构的，教给学生学科基本结构有许多长处，可以使学生更好地了解这门学科；更容易记忆；更容易知识迁移。

3) 程序原则：布鲁纳认为，认知发展的规律表现在连续性和阶段性。如果能够按照儿童观察事物的方式去表现某门学科的结构，就可以在任何年龄教给任何发展阶段的任何儿童。他指出了循环往复到达较高水平的"螺旋式课程"来实现这一目标。

4) 发现法：布鲁纳认为所谓发现"不限于寻求人类尚未知晓的事物，确切地说，他包括用自己的头脑亲自获得知识的一切方法"。就是让学生用自己的头脑去发现知识，去概括作结论，有较多的探索和尝试错误的机会，从而掌握基本原理，教师要做的只是作少量的讲述，尽可能保留一些令人兴奋的观念系列，引导学生自己发现它。发现未曾认识的观念间的关系和相似的规律性，以及伴随着对自身能力的自信，是形成对学习具有正确态度的重要因素。它实际上是主张鼓励学生主动学习，强调学习过程，而不是被动接受知识，这样不仅可以让学生掌握知识，而且使学生感到兴奋和愉快，使学习更为有趣。

(3) 布卢姆的"掌握学习"理论

布卢姆是美国当代著名心理学家和教育学家,他针对美国现行教育制度只注意培养少数尖子,牺牲大多数学生的弊端,提出了"掌握学习"的学生观。他认为现代社会的教育不能只面对少数尖子,应该让绝大部分的学生都能学好。因此,他在破除传统的学生学习结果的"正态分布"公式方面作出了突出的贡献。他认为,把学生学力分布为好、中、差各占三分之一"这种期望是当今教育体制中最浪费、最有破坏性的一面。它压制了学生创造力,降低了学生的学习热情,也破坏了相当数目学生的自我形象和自我概念"。布卢姆强调说,大多数学生可以用全力学会教给他们的所有东西"他们没有学会,是因为没有正式的程序来保证教师的讲解适应学生的需要"。而"解决的最好办法在于改变我们对学习者及其学习的看法"。正如他在《掌握学习理论导言》一文中指出:"如果按规律有条不紊地进行教学,如果在学生面临学习困难的时候和地方给予帮助,如果为学生提供了足够的时间以便掌握,如果为掌握规定明确的标准,那么所有的学生事实上都能学得很好,大多数学生在学习能力、学习速度和进一步的学习动机方面就会变得十分相似。"布卢姆甚至断言"如果学校提供了适当的学习条件",那么"几乎所有的学生都能学会学校所教的知识","几乎所有的人都能学会一个人在世上所能学会的东西"。

> 现代社会的教育不能只面对少数尖子,应该让绝大部分的学生都能学好。

掌握学习的实施步骤包括两个部分:

第一部分:掌握学习的准备。

1) 教师对所教的学生应抱有真诚的期待,一是教师本人要相信大多数学生都能学得很好;二是教师要自信自己能使绝大多数学生学得很好;三是帮助学生树立必胜的学习信心。

2) 确定掌握内容、目标和测量手段。其中,为每个学习单元设计"反馈—矫正环节"是掌握学习最重要的环节,分3个步骤:①每个单元编制一个简短的,不记分的形成性测验,目的是诊断学生的学习情况和困难;②确定单元的掌握标准。一般以形成性测验的80%~90%的正确率作为单元掌握标准;③根据每道形成性测验试题制定一套可供选择的教材和矫正办法。矫正大体可采用小组讨论、个别辅导或计算机辅助教

> 为每个学习单元设计"反馈—矫正环节"是掌握学习最重要的环节。

学等。这叫做"给学生第二次机会"。

第二部分：掌握学习的具体实施程序。

由向学生介绍掌握学习的方法到对全班进行总结性测验和评价一共分为7个环节进行。

(4) 洛扎诺夫的暗示教学法

> 给学生第二次机会。

洛扎诺夫是保加利亚医学博士，他在《加强学习和个人潜力》一文中谈道：用暗示教学法进行实验的学校，1300名一年级学生的阅读课，一年内学完了2年才能学完的知识，而且是在没有家庭作业、授课时间缩短（一周只上5天课）的情况下取得的。

1) 有意识和无意识统一的原则。

传统教学观念是相信理性的力量，不顾及感情调节理智，无意识调节有意识，从而造成矛盾、影响教学，使学生想学习，但又厌倦学习。面对繁重的学习任务，意志薄弱者采取放弃的态度，有毅力的学生不得不采取"头悬梁、锥刺股"的办法强迫自己学习。前者前功尽弃，后者损害身体健康。暗示教学法克服传统教学的习惯做法，在课堂上尽可能大量运用艺术手段：音乐、游戏、图片、绘画等，促进有意识和无意识活动在学习中同时发挥作用。

2) 愉快而不紧张的原则。

暗示教学法要求教学不带有任何紧张气氛，要让学生感到学习是一种莫大精神享受。因此要求教学内容要有乐趣，教学形式要灵活多样，教学法要有利于消除学生生理和心理上的疲劳、紧张恐惧等感觉和情绪。

3) 教师和学生之间相互暗示的原则。

暗示教学法要求教师和学生之间建立起一种相互信任、相互尊重、相互支持的关系。洛扎诺夫认为，人与人之间这种真诚友善的关系和态度，不仅能控制非特定知觉的质量，使之与特定知觉协调，而且能使人综合地接受有意识和无意识的知识。

4) 注意节奏的原则。

暗示教学法很注意设置环境和音乐渗透，而艺术的暗示效果，很大部分来自节奏和一定语调的组合。

（四）我国关于教学原则问题的争论

我国的教学理论长期受外国教学理论影响，对教学原则的研究也一样。其中，苏联的影响最大，20世纪70年代后期开始，有了西方的影响，对教学原则的争论趋于激烈，除了涉及教学原则的具体内容、生存问题以外，还涉及原则的阶级性。

我不清楚为什么中国现在的专家学者们总是在纸上争来争去，为什么不到一间高级中学去，用三年实践成果来阐明他们的观点和原则。我只是一名普通中学教师，我只好尽量挤时间去学习古今中外的"原则"，然后按照自己的经验和体会，提出了"四合一"主体教学模式的实施原则。

> 为什么中国现在的专家学者们总是在纸上争来争去，为什么不到一间高级中学去，用三年实践成果来阐明他们的观点和原则。

（五）"四合一"主体教学模式实施原则

1. 积极参与的原则

实施素质教育的任务之一，是要把培养少数尖子成才的教学转化为提高全体学生素质的教育，中、差学生除了思想品德、知识基础差等原因造成落后外，心理素质水平差也是主要原因之一，要提高他们必须在心理素质的培养上下一定功夫，要注意保护和调动他们的学习兴趣，培养他们的自信心，训练他们注意力的集中性和稳定性的品质。当然，也不能因为注意中、差学生的教育而放松了好学生的提高，应当创造机会让每一位学生都积极参与教学活动。

我曾经在初三下学期接手一个从领导到老师都认为"华罗庚来了也教不好"的班的数学教学。这个班从初一到初三上学期，在长达两年半的时间里，生物、化学都在全级数一数二，只有数学平均分一直比同类班低20多分。我也去听过这个班的数学课，教室里的场面是：教师在讲台上认真讲课，黑板上写满详细的解题过程；学生却基本上在做自己的事情，有的在看书，有的在讲话，有的在看窗外（窗外不远的宿舍在放电视），最精彩的是一位男学生和一位女学生各用一支吸管在共饮一瓶饮料。

我在初三最后一个学期接手上这个班的数学课，第一节开始，我讲了一句："今天开始我跟同学们一起学习数学，

> 吸引学生的注意和兴趣，使他们对你这个老师有好感，使他们愿意尽力学你这一科是很重要的。

一个要求：不准不学习。"然后就讲数学，要求学生做给我看。在学生做的过程中，我在教室内走动，我注意到一位男学生坐着不动，于是走过去轻声问他："会做吗？"他摇摇头，仍然不动，我拿过他的笔说："我们来看看"，我写一步就问他一句"对吗？"写完了，对他说了一声"你再做一次，好吗？"就走开了。回头时，我会拿起他写完的题解表扬他，或者请他抄出黑板。

在以后的上课时间里，我变换着法子吸引学生的注意和兴趣，让他们跟着我学习，我认为，吸引全体学生的注意力和兴趣，使他们对你这个老师有好感，使他们愿意尽力学你这一科是很重要的。这就是积极参与的原则。

> 吸引全体学生的注意力和兴趣，使他们对你这个老师有好感，使他们愿意尽力学你这一科是很重要的。

怎样才能吸引他们的注意和兴趣呢？

关于注意，《心理学大辞典》上这样说："注意是心理活动对一定对象的指向和集中，它是心理过程的动力特征。注意的指向性，能够使人的心理活动在每一时刻都能有选择地反映事物；注意的集中性，可以使事物在人的大脑中获得清晰和深刻的反映。"所以，注意具有对活动选择、保持以及调节与监督的功能。从而，我们就可以明白，对于学生的学习而言，注意是十分重要的。学生在学习过程如果缺乏了注意，就不可能有对学习内容的感觉、知觉、记忆和思维。"心不在焉，就会视而不见，听而不闻，食而不知其味"。有一次，我注意到有一位学生又在看着窗外的电视，于是就问全班同学：你们听过"割席分坐"的故事吗？学生马上感兴趣说"没有"，我便给他们讲了"割席分坐"和"一心以为有鸿鹄将至"的典故。我想让他们明白：做一件事情的时候，就要把注意力集中在这件事上，不要分心。否则，就会像孟子所说的那位同窗一样，学习的时间不专心，结果一事无成。

注意分为无意注意和有意注意两种，看电视可以是无意注意，但是，学习却应当培养有意注意，而影响有意注意的条件首先是兴趣，兴趣是个体积极探究某些事物或进行某些活动的倾向，学生的学习兴趣是在学习活动中产生的。它是学习动机中最现实和最活跃的因素。学习兴趣可以使学习变得积极主动，从而获得良好的效果。

学习兴趣可以有直接兴趣和间接兴趣。学习的直接兴趣是由学习活动的本身而引起的,如果我们的课不能组织学生活动引起兴趣,就无法引起学生的注意。而学习的间接兴趣,则是学习活动的结果引发出来的,它的产生取决于活动的结果对学生个体的注意和价值,如果你一个老师自顾自说,学生看不到对他们有什么意义和价值,他们是不会产生兴趣,也就不会注意的。

当然,我们这里要排除学生生理与情绪的干扰。例如,学生晚上很晚才睡,第二天又一早来上课,还处于一种昏沉沉的瞌睡状态,当然也就不可能在课堂的学习中形成稳定的有意注意。

我在课堂教学中,为了提高学生的注意力,让他们投入学习,特别做了两件事:

(1) 提高学生对学习的兴趣。主要有两种途径,一种是根据知识与需要吸引学生,例如讲到因式分解,我会提一个问题"$2^{67}-1$能否分解因数?"学生们当然信口喊着"能"与"不能",于是我告诉学生,这个问题困扰了人们200年。直到1903年10月,在纽约举行的美国数学会上,一位数学家科尔在黑板上写下了$2^{67}-1=193707721×761838257 7287$,顿时全场掌声雷动。我问学生们知道要花多少时间吗?科尔的回答是"三年内的所有星期天。"

更多的时间是把学科知识的传授设计好,这一点,现在的新教材已经做到。例如:

月球上有水吗?

一定摸到红球吗?

池塘里有多少条鱼?

问题是我们怎么去教这些新教材,让学生产生兴趣。

(2) 帮助学生明确学习目标。我看过一本名为《每个学生都能成功》的书,这本书是由国际知名的心理学家,"现实治疗法"的创始人与倡导者威廉·葛拉瑟博士所著,怎么才能使"每个学生都成功"呢?那就是"教育要坚持,坚持的方法是,成人要放弃外控的手段,协助学生产生内在学习的动机"。博士反对教学上常被使用的七种要命的坏习惯,如批评、责备、抱怨,提倡老师以关怀、倾听、支持、协助、鼓励、信任及亲近等七种方式建立与学生的关系,我很赞同这七种选择,例如对于那位坐着不动的学生,我给他支持,协助与亲近,终于使他拿起从来不做数学作业的笔,每天做数学练习。我通过七种选择,让学生明白"不准不学习"的原因是,我们已经落后了两年半,不能再"落后"了,"落后是要挨打的",初中毕业能干什么?应当争取考上一个高中,而且要考上比较好的高中。又例如,你想也像科尔一样写出$2^{67}-1=193707721\times 7618382577287$吗?那你就要先学好现在的因式分解。

当然,要让这样一种学习兴趣形成和保持为长期的有意注意,还有一个学习环境的形成。我想,荀子在《劝学篇》中谈到环境对人发展的影响,可以让我们明白,营造一个良好学习氛围的重要。荀子说:"蓬生麻中,不扶而直;白沙在涅,与之俱黑。兰槐之根是为芷,其渐之滫,君子不近,庶人不服。其质非不美,所渐者然也。故君子居必择乡,游必就士,所以防邪僻而近中正也。"

通过三个月的努力,我把一个不学数学的班培养成大家都学数学的班,结果在升中考中由原来比同类班差23分变成只差1分。这就是发动全班积极参与的成果。

2. 阶梯难度的原则

只有在教学中设置一定的障碍,才能动员学生的精神力量,激发学生克服障碍的"智力情绪",当然,要掌握好难度的分寸,要有一定的阶梯。

赞科夫在1962年就说过:"教学不仅应当为掌握知识和技巧服务,而应当促进学生的发展。"他提出了一个问题"是否可以创立这样一种教学论体系,这种体系在学生的发展上将取得比传统教学法大得多的效果"。于是,我们提出了作为实验教学基础的指导思想,即教学要在学生的一般发展上取得可能大的效果。赞科夫在对实验教学法过程进行理论概括时提出了五条教学原则,第一条就是"以高难度进行教学原则(要掌握难度的分寸)"。这是起决定性作用的一条原则,是为开发学生的精神力量,使这种力量有自由发挥的余地,并且给以指导。赞科夫认为:如果教材及其学习方法对学生来说没有应当克服的障碍,那么儿童的发展就会是软弱无力的。当然他也加了一个注:"要掌握难度的分寸"。他说:

> 是否可以创立这样一种教学论体系,这种体系在学生的发展上将取得比传统教学法大得多的效果。

"掌握难度的分寸绝不是要降低难度。而是要合理地运用这一原则的必要因素。具体地说，这就是指实施这一原则时，提供的教材必须是学生能够理解的。如果不掌握难度的分寸，那么儿童由于不能理解所提供的教材，就会不由自主地走上机械记忆的道路。那样一来，高难度反而从一种正面的因素变成反面的因素。"

学生个体在知识的获取和能力的发展上，是一个动态的、螺旋式上升的过程。我们应当在课堂教学中努力使学生的知识和能力得到协调发展，为此，我们应当注意知识的阶梯难度。例如中学物理课程中的"杠杆原理"，可以在初中用实验演示，在高中讲力矩，在大学讲力的平衡。不同的阶段所用的知识不同，这是一种阶梯难度，一节课的题目，可以设计成一个知识点，两个或三个知识点，这又是一种阶梯难度。

3. 讲求效率的原则

赞科夫在建立教学新体系实验的第一阶段，曾经把以高难度进行教学和以高速度进行教学作为一条统一的原则。随着研究的深入，以高速度进行教学的原则被分化出来，所谓高速度并不是让学生在一节课上尽可能地学习教材、解答习题。以高速度前进决不是在课堂上赶进度，决不是匆忙地把知识尽量多地教给学生。但是，如果在课堂上多次单调地重复知识而不合理地放慢学习的进度，就会妨碍以高难度进行教学。因为学生的学习活动如果进行得单调缓慢，只能导致智力的停滞，使其精神处于消极状态，不可能激发起学生的学习积极性。赞科夫认为，高速度原则是对高难度原则的一种辅助和保证，但它也在起独立作用，因为它要不断地以各方面的内容来丰富学生的智慧，激起他们的认识兴趣，所以，它能为学生越来越深入地理解所学知识创造有利条件，也能为学生牢固地掌握知识创造有利条件，因为知识的巩固性不能单靠复习，在很大程度上是要靠知识的广度来达到的。

讲求效率的原则是针对传统教学中多次单调的重复，不合理地把握教学进度的弊端提出的，教师讲的东西只要学生懂了，就可以往下讲，不要原地踏步，当然要注意扩大知识的广度，螺旋式上升。

> 学生的学习活动如果进行得单调缓慢，只能导致智力的停滞，使精神处于消极状态，不可能激发起学生的学习积极性。

4. 即时反馈的原则

在高难度、高速度的情况下，要照顾全体学生，使全班学生包括后进生都得到发展，就要注意设立"反馈—矫正"机制，及时了解学生掌握知识情况，及时矫正。

北京师范大学教育学院副教授钱志亮和北京师范大学实验小学语文高级教师李静用了十多年的工夫观察研究，小学生的头脑工作能力在一节课、一天、一周、一学期甚至一年中是不断变化的，心理分析的结果也表明，青少年注意力很难长时间集中，单一的课堂活动形式容易造成疲劳，导致精神分散。初中学生老师一次讲20分钟已经嫌多，高中生也不宜超过30分钟，一节课中，应当分开几个阶段，使整节教学过程保持师生关系的协调一致，师生关系融洽、老师的表扬、同学的评价、对自己的成绩的关心程度等都会影响学生个体大脑工作能力的发挥，而我们评价一堂课的效果如何，也首先应当看学生是否当堂理解和消化所学新知识，而且看学生是否掌握了解决这些新知识的思想方法并运用。这就需要进行检查，需要进行反馈，在诸多检查方式中，最及时、最灵便的一种方式就是提问。但是，我们可以看到，在传统教学的课堂形成的紧张、压抑气氛中，提问活动很难进行。学生特别是高中生，往往不主动回答问题，回答问题往往会产生紧张、不安、激动或迟钝等现象，这并不是学生自身的心理缺陷造成，而是多年来学习压力以及受到伤害的自尊心的反应。有时候学生会低着头不吭声，这其实是一种自我保护的行为，是为了保护他那小小的尊严。如果教师能维护这一尊严，学生就会表现出和谐与合作的态度。

为了及时检查全体学生的学习效果，消除学生在接受提问时的精神负担，我订立了即时反馈原则。每节课都应进行即时反馈，而这种反馈应该是全班的，而不是个别。我听过一节"主体教学"的实验示范课，教师在40分钟内提问了25位学生，就是说基本上是整节课都在一问一答，而且问和答都简短，且不论这节课的效果，即使如此，也只了解了25位学生，而且太紧张了。

"四合一"主体教学模式有一套即时反馈的工具，这就是信息卡，当教师想了解某个问题全班学生是否接受或掌握时，只要让学生举卡表示即可，由于这些卡背面一律是白色，所以即使前座的同学先举，也不会影响后面学生的思维，先举的学生也不用担心举错了被别的同学看见。而老师从学生举卡的快慢、动作、表情即可以马上了解到全班的情况，从而根据学生反馈的信息马上进行教学调整，确保教学效果。

5. 互助合作的原则

运用合作学习是当前教育趋势的一个标志，群体合作分组结构应该成为课堂教学组织形式的主要特征，建立互助合作小组是实现学生群体合作目标的基本手段。

关于互助合作学习，在我于1997年提出之初，受到差不多一致的反对，认为这根本不像上课的样子，甚至有人说我不懂得解题，所以才叫学生自己讨论怎样解。经过几年的发展，互助合作学习已得到普遍承认，包括说我不会解题才要学生小组讨论的老师也提出要在课堂教学开展小组讨论。我想，这是因为，小组互助合作学习的好处是明显的。

> 建立互助合作小组是实现学生群体合作目标的基本手段。

现在关于探讨小组互助学习的文章已经很多，我仍然要向各位推荐《教学科学》1998年第3期刊登的杭州教育学院周俊先生所写的《论小组合作学习与学生主体性发展》一文。这篇文章讲了三个问题：一是小组合作学习的特点与概念表述；二是小组合作学习有利于促进学生主体性发展；三是转变教学观念，努力实现集体教学，小组合作学习与个别辅导相结合。我就是从这些论述中对小组互助合作学习有了一个比较全面的看法。

哈佛大学丹尼尔·高曼教授在他所著的《EQ》一书中举了这样一个例子：

一群小学五年级的学生在玩一种叫合作拼图的游戏，游戏规则是所有人都不能讲话或做手势。

老师乔安·瓦加（Jo-An Varga）将全班分成三组，每组各自在一张桌上拼图。三位熟悉游戏方式的同学担任观察员，记录每个同学的表现，诸如谁是领导者，谁是小丑，谁又是捣蛋鬼。游戏开始没多久，其中一个组便显示效率超强，短短几分钟便完成拼图。第二组（共四人）则是各自为政，拼自己那个角落的图案，但一直无法拼起来。于是他们开始采取集体合作，终于完成整个图。

这时候第三组还未拼好，只有一小块接近完成，但形状又有点似是而非。这一组的三人西恩、菲利、雷蒙显然仍未找到另外两组的合作方式，个个显得心浮气躁，愈是气急败坏愈是拼不好。

这时候雷蒙突然拿起两块拼图遮住眼睛当面具，另外两人看得吃吃地笑，紧张的气氛才稍显缓和。这个小插曲后来成了课程的讨论重点。

老师瓦加决定给他们一点鼓励："另外两组的同学要不要给他们一点暗示？"

一位同学走了过去，指着两块突出的拼图说："这两块要移开。"只见雷蒙专注地皱起眉头，突然恍然大悟似的，不久便完成第一部分，终而大功告成，顿时全班掌声响起。

我想，高曼教授是想用这个"合作训练"的例子来说明EQ的重要。我们是否还可以从中体会到该怎么进行小组互助合作学习呢？

我们现在常常会看到许多课堂教学过程，老师都会叫"同学们讨论一下"，于是，孩子们就会聚在一起。可惜，你也会看到，老师很快就叫他们坐好，然后又开始讲课。或者，你也可以看到，老师会叫某个小组代表发言，而这位代表就会拿起一张纸来读出答案，可以明显听出，这份答案不可能是刚才"讨论"时写好，而是事先写好的。这些，我们能够称之为小组互助合作学习吗？

我主张的互助合作原则，必须有具体的小组组建原则和小组活动办法与小组激励机制。最重要的是，必须按照"全脑偏好图"来分组。香港明爱圣若瑟中学的林凯斯老师告诉过我这样一件事：她开始只是按成绩分组，结果上课秩序仍然很乱，后来她认真按"全脑偏好图"分组，上课秩序好多了。

六、教学过程的6个环节

学生的主要任务是学习。人类的学习具有鲜明的社会性、意识性和实践性,它是在学习主体与客体相互作用的过程中,以语言为中介,自觉地、主动地掌握社会和个体经验的过程。学生的学习又有不同于成人的特点,它是有目的、有计划、有组织、有指导地掌握间接经验,引起心理和行为持久的变化过程。特别是高中生的学习,更是以掌握系统的、理性的间接经验为主,从而决定了其主要途径是课堂学习。因此,实施素质教育,首先要抓好课堂教学,探索课堂教学过程的规律性。苏联心理学家列昂节夫根据反射弧的原理,认为学习过程由定向环节、行动环节和反馈环节三个基本环节组成,结合到当前学生的实际,我把课堂教学过程概括为以下6个环节:目标、参与、获得、操作、迁移、反馈。

> 学习过程由定向环节、行动环节和反馈环节三个基本环节组成。

1. 目标

学习是有目的有计划的行为,心理学研究证明,学习目标越明确,学习效率越高。课堂教学的目标有显性和隐性的双重性,显性目标主要是智力因素,例如概念、公式、定理、法则等数学知识的学习,以及观察、分析、综合、概括等数学能力的培养;隐性目标主要是非智力因素,例如情感、自信、合作、竞争等人际关系和行为规范的训练。两者都是在课堂教学设计时必须首先明确的,有了明确目标,就有了选择学习内容的依据、评价学习效果的标准和促进学习的动力。

2. 参与

教学过程是一种特殊的认知过程,在这个过程里,学生所要认识的是一种间接的、系统的学科知识,认知系统是一个开放的复杂的动态系统,主体与客体,个体与环境相互作用,促进发展,在明确目标的前提下,学生应当从了解到展开,并深入参与教学过程,从而主动掌握知识。参与的形式和状态可以多种多样,例如,听、读、议、问。参与的基本原则有3条:深刻性原则、全面性原则和层次性原则。

3. 获得

获得知识是课堂教学的主要目的,任何课程都必须把系统地传授有组织的知识作为一种明确的目标。教师适当的讲述是学生获得知识的前提,学生主动地了解和吸收知识是根本。人要获得完整的系统的知识和技能,主要靠有意识记,实践证明,有意识记正确回忆的百分比为52.5%,而无意识记的正确回忆百分比为47%。作为方法，则主要靠理解识记，即借助思维的力量，运用多种方法，在理解事物的意义和本质的基础上进行识记。思维是认知的核心成分，思维的发展水平决定着整个认知系统的结构的功能。因此，开发学生的思维潜能，具有十分重大的意义。

4. 操作

发展解决问题能力是重要的教学目标，在课堂教学中应当通过学生动手操作，通过使用探索的科学方法和其归纳、演绎等解决问题的教学方法，培养学生的鉴别力和敏捷性。但是，解决问题的能力所要求的那些品质，如灵活性、机智、随机应变能力、独创性、敏感性和冒险性等，不易有效地教给学生。因此，要注意把"做"和"理解"加以正确的区别。

5. 迁移

美国教育心理学家D.P.奥苏伯尔有一句名言："假如让我把全部教育心理学仅仅归结为一条原理的话，那么，我将一言以蔽之曰：影响学习的唯一最重要的因素，就是学习者已经知道了什么。要探明这一点，并应据此进行教学。"过去的经验影响着新的有意义的学习和保持，起着积极的或消极的作用，因此，一切有意义的学习都必然涉及迁移。师生应当充分利用共同的因素，抓住知识的内在联系，形成良好的认知结构，促进正迁移。

6. 反馈

> 即时反馈是课堂教学中重要的一环。

反馈是要及时地、准确地了解学习各阶段的进展情况，根据学习达标情况的反馈信息，对学习过程进行评价和调节。反馈调控是学习过程有序高效的保证环节，教师要特别注意反馈技能（课堂教学过程中教师传出教学信息后，从学生那里获取对所输出信息的反应的行为方式）的掌握。常用的反馈技能有①观察法：通过观察及时了解学生是否注意听讲，对知识的理解程度如何等。②提问法：主要是即席提问，为了使提问后得到的反馈信息具有代表性，要注意根据不同目的提问不同学生。③书面考察法：可以是随堂小测验、听写、默写等，每次考察时间5～10分钟，是检查学生的文字表达能力、计算能力以及掌握知识形成技能、技巧程度的重要方法。④实践操作法：可以是个人的，也可以是小组的。

要说明的是这6个环节并不是程序,也不强调一环扣一环,而是要因应不同的教材和目的,按照"定向、行动、反馈"3大环节进行。可以一开始就"操作",接着"迁移"、"参与"、"获得"、"反馈"、"目标"等。其实"参与"、"操作"、"迁移"基本上都属于行动环节,它们可以贯串于整节教学过程中。最要紧的是,整个教学过程都必须贯彻教学5原则。

下面以广州市七中青年教师古春华的一堂语文课为例,说明课堂教学过程及如何贯彻教学5原则。

课题:长亭送别
执教:广州市七中语文科古春华
师:首先,我们看看同学们的预习情况。请看下面的选择题。

投影1:下列词语中加点的字,注音全都正确的一项是:
A. 金钏 (chuàn)　淡烟暮霭 (ǎi)
B. 靥 (yè) 儿　杯盘狼藉 (jí)
C. 萋 (qī) 迷　两意徘徊 (huí)
D. 玉醅 (pēi)　悯牺 (qī) 惶惶
师:有答案的组请举牌
[有两组同学抢先举牌]
生1:我们选B。C错在"徊"应该读"huái",
D错在"牺"应该读"xī"。
生2:我们选A。

四题预习题不仅仅是检查预习情况I也调动了学生的学习情绪

师:还有没有别的答案?
生3:[举两种颜色的牌] 我们认为这道题出错,应该有两个答案。A、B都应该对。
师:很好。非常赞赏这个组同学的认真、仔细,更欣赏他们敢于质疑,敢于提出独特的看法。的确,这道题是老师的失误,造成了两个答案,他们发现了问题,所以应该加分。

投影2:对下列句子中加点词语的解释,不正确的一项是:

从学生的即时反馈可以发现老师的失误。

A. 柳丝玉骢难系，情不倩疏林挂件斜晖。
　　倩：使
B. 将来的酒共食，尝着似土和泥
　　将：拿
C. 一个这壁，一个那壁，一递一声长吁气
　　递：交替
D. 到京师服水土，趁程途节饮食
　　趁：顺便

[学生对教师的反馈]

生4：[抢先举牌] 应该是D。"趁"是"赶"的意思。

师：[举D牌] 正确，答案是D

[教师要积极鼓励学生敢于提出不同见解，鼓动学生敢于挑战权威。]

投影3：对下列句子意思理解，不正确一项是：

A. 却告了相思回避——刚刚结束了相思
B. 推整素罗衣——假装着在整理自己的素色绸衣
C. 顺时闪保揣身体——遇到顺境时更要保重自己的身体
D. 你休忧"文齐福不齐"——你不要担忧"有文才而没有福气"

[学生对教师的反馈]

生5：[不停地高举C牌] C错了，因为这句话的意思是：顺应时令的变化保重自己的身体。

师：[举C牌] 对。

投影4：下列语句中，不能表现崔莺莺珍重爱情、轻视功名利禄的思想感情的一项是：

A. 但得一个并头莲，煞强如状元及第
B. "蜗厢虚名，蝇头微利"，拆鸳鸯行两下里
C. 从今经忏无心礼，专听春雷第一声
D. 此一行得官不得官，疾便回来。

[参　与]

生6：[举C牌]

师：为什么你认为C错了？

生6：我用排除法，其他3项都符合的。

师：还有没有其他组用别的方法？

帮助学生养成读书细致的好习惯。

生7："专听春雷第一声"意思是：等待高中、及第的好消息，所以不能表现轻视名利的思想。

师：好，有道理。还有别的理由吗？

生8：因为这句话不是崔莺莺说的，是老和尚说的。

[这道题的解答告诉学生要养成读书细致的好习惯。]

师：非常好。你们组看书看得很仔细，这个理由是很有力的。（举C牌）答案应该是C。对同学们的预习情况就检查到这里，同学们自己也可以从这4道题了解到自己在字词、句意、文意方面的掌握程度。

[获得]

师：[展示"宝黛读西厢"的画面] 同学们知道这幅画面说的什么吗？

生9：宝玉和黛玉在一起读《西厢记》。

师：记得是哪一回吗？我告诉大家这是《红楼梦》"第二十三回 西厢记妙词通戏语，牡丹亭艳曲警芳心"。当代著名作家肖复兴曾经说过："爱，在幻想里，比在现实中更真实；爱，在回忆里，比在现实中更美好；爱，在舞台上，比在现实中更有价值。"那么，今天，我们来学习在中国戏曲舞台上曾经轰动一时，久演不衰，影响深远的元代杂剧王实甫的《西厢记》（板书）。

我们一起来感受一下这"更真实、更美好、更有价值的爱"，它讲述的是相国千金小姐崔莺莺与穷书生张君瑞的爱情故事。这节课，我们要欣赏其中最精彩的一折戏《长亭送别》(板书)。

我想请一个组的同学来介绍王实甫。

通过充满深情的导语。巧妙地创设教学情境。拉近学生与诗词的距离。让学生不由自主地进入课文情境。为下阶段积极参与情感体验、进行审美评价奠定基础。

[学生争相举手]

师：某某某前段一直没有机会回答问题，这次你来代表你们组回答。

生10：王实甫……

师：我想请同学们当中完整读过《西厢记》的举A牌，读过部分的举B牌，没读过的举C牌，完全没有认识的举D牌。

巧妙地创设教学情境，接近学生与诗词的距离，让学生不由自主地进入课文情境。

让学生能把自己的课外知识充分展示出来，也锻炼了他们的概括能力。

[全班同学分别举起不同颜色的牌]

[参与]

师：某某某只有你一个举了A牌，你能说说《西厢记》的故事情节吗？

生11：[介绍故事情节]

师：你喜欢《西厢记》吗？

生11：我更喜欢《牡丹亭》。

师：为什么？

生11：它更有传奇色彩，更吸引人。

师：那《西厢记》里面有没有你特别喜欢的曲词呢？

生11："碧云天，黄花地，……"

师：我也很喜欢，我记得你以前写的一篇诗词鉴赏论文就用了这句做题目，是吧？今天我们一起来好好欣赏这些美丽的词句。

师：各位同学，通过这3位同学的详细介绍，相信同学们对王实甫及《西厢记》已经有了比较全面的了解，我就不再做介绍了，但下节课我还要检查同学掌握的程度。

全班只有一位同学完整读过《西厢记》。

[获得]

师：下面我们来理一理课文的情节线索。请同学们划分段落，并用4个字的小标题概括内容。各小组先讨论讨论。

[目标]

[学生讨论5分钟]

师：你们认为可以分几个部分？

生12：分4个部分。第一部分"端正好"到"叨叨令"；第二部分："脱布衫"到"朝天子"；第三部分："四边静"到"二煞"；第四部分："一煞"到"收尾"。

师：好，其他组有没有意见？有意见请举牌。

[没有同学举牌]

师：那么，用4个字来概括4部分的内容。哪个组派代表上来黑板写？

[学生在黑板上写答案。分别有下列几组答案：送别途中—长亭饯别—临别叮嘱（含泪话别）—惜别目送（分手之

后、夫妻话别、目送故人)]

给学生发挥的机会。

[操作]

师：对前两节同学们的概括都比较一致，可是第三、第四部分就有了分歧。我们一起来看哪一组最好。先来看看第三部分的两种概括。我们一起来把这一部分齐读一遍。

[全班齐读"四边静"到"二煞"]

师：同学们，读了之后你们再举一次牌，你们赞成哪一种概括?为什么?

[学生多举A牌，即"临别叮嘱"]

生13：因为崔莺莺在这一部分有很多交代给张生的话，例如"五煞"、"二煞"两段唱词都是临别的叮咛，所以"临别叮嘱"更切合，更全面些。

师：好，我也同意。接着，看第四部分的概括。"故人"指的是什么?

[全班学生齐答："老朋友"]

师：放在这里合适吗?

[全班学生齐答：不合适]

师："夫妻话别"行吗?

生14：他们还没有"夫妻"的名分，所以这样概括也不行。我觉得"分手之后"也不好，因为不能表现崔莺莺目送张生远去之后的惆怅和失意，而且"分手"在我们现在有另一层意思。

师：对。我也赞同"惜别目送"。

[参 与]、[获 得]

师：下面我们一起欣赏"端正好"

[全体同学朗诵"端正好"]

[操 作]

师：作者选取了哪些意象?有何特征?艺术效果如何?

生15：作者选取了：天、地、风、雁、霜林等意象。蓝天白云，黄花满地，西风凄紧，霜林染红，都是具有深秋时节特征的景物。

师：那有什么艺术效果?

生16：衬托了崔莺莺为离别所烦恼痛苦压抑的心情。

板演的好处。

师生间的交流如行云流水。

师：说得很好。这里一句一景，取秋景凄凉的意境，烘托送别的凄冷的氛围。你们认为这里哪一个字用得最好？

生17：我认为"醉"用得好，虽然夸张但语意沉重地表现了崔莺莺的感受。

生18：我认为"染"用得好。它沟通了景与情的联系，那些树林是被崔莺莺的离情感动而变化的。

师：两个字都各有它的妙处。我个人更喜欢"染"字。因为它使得大自然的景物融入凝重的离愁，蒙上一度沉郁忧伤的感情色彩，萧瑟的秋景与悲戚的心境化而为一，无法分开，创造了委婉深沉、令人伤感的悲凉意境。在对这些词语有了进一步认识之后，我们再一次有感情地朗读一遍。

其实，这里借用了一位著名诗人的一首诗，你们知道是哪一首吗?在过去有许多反映这种离别在深秋的意境的诗词，你们课后再收集一下这些相关的诗句，明天我们来共赏这些优美的诗句。

今天的课上到这里，下课。

> 学生一定会积极地收集那些优美的诗句。

第三章

C组学校又出了一位广东省高考数学状元

在广州市教育局教研室的安排下,中数科谭国华科长以个人名义申请到课题,让我在广州市中学教师继续教育学习班举办"四合一"主体教学模式讲座,前后四期。另外,我还应邀到市四中和市十六中等16间中学作过关于"四合一"主体教学模式的介绍,加上正式参加"四合一"主体教学模式实验的16间学校,一共是32间学校。许多老师听完我的介绍后,都表示要试一试,市教研室的老师也告诉我,他们到各学校去听课,发现有一些老师在用"信息卡",但是,他们觉得有点"形似神不似",叫我注意。我想,只要老师们去试,就证明他们想改革传统课堂教学,证明他们在动脑筋,总是件好事。何况,我每次介绍都尽量在给定的时间内把操作要领讲清楚。老师们只要认真去做,就会有所发展。我只希望老师们不要只用"信息卡",而是用"四合一",不要公开课才用,而是用于常规教学。

> 希望老师们不要只用"信息卡",而是用"四合一",不要公开课才用,而是用于常规教学。

第一节 一位老师的问题与困惑

按照报名名单,"四合一"主体教学模式课题组有268位老师,为什么我只说有218位呢?这是因为自从开题大会以来,到2004年,一共举行了三次实验学校校长会议和七次课题组全体大会,最多的一次到会人数也只有223人。我到各实验中学听课座谈中,也了解到个别老师没有坚持实验。我在课题组的第三期刊物上特别选登了一位参加实验的老师的文章,反映了他所遇到的问题和困惑。主要有几点:

(1) 班里原先不听课的十几位同学第一天用信息卡特别精神,但是之后就慢慢对举牌没有了兴趣,回到了原来的光景中去了。

(2) 实施互助合作小组几节课下来,有近七个组长偷偷跟这位老师说:"老师,我真的佩服你,同情你,可怜你,我们组某某同学那一道简单的题我都快讲第五次了,他还不明白,要被他气得吐血了。"成绩中等两位对容易习题表现出喜悦的成功感,较难的题一下想不到时,目光和身体就早已不自觉飞向组长那里，只等组长答案一出，自己就抢先举起了"信息卡"，上黑板答题，通常把这么艰巨任务交给组长，自己一边清闲去了。

（3）老师自己掏钱近300元，买了近200本略带香气的笔记本，双手送到每一位学生手上，第二天还真收到学科日记，但老师一点不开心，因为只有不到20本，不到十分之一。痛心之余，不想再提如何细心认真批改有限几本天涯海角的日记。

随后，老师对这几种现象进行了一场较深刻的反思，得出了几点结论或看法。他认为：首先是素质问题，其次是社会问题。

老师特别举了一个因全班成绩进步而请学生吃水果大餐的例子，没想到他"又大错了一回"。待他"分完最后几块水果，抬头一看，糟了，课堂里只剩下4位学生，而课室、桌面和地板一片狼藉，打扫卫生又成了一大难题，我原以为学生会因我私下请吃东西大部分会留下来清理现场，可他们绝大部分没有提到。事已至今，还能有什么说的呢，最后，我不得不和4位漏网之鱼一起辛苦一场"。老师感慨："如果有好家庭教养，如果我事先不将他们的素质看那么高，我会预先做好准备和教育，可能不会有这样的事情发生。"

> 我只觉得4位漏网之鱼就是希望所在，20本日记更是了不起。

第二节　我的回答

我觉得这位老师的情况有一定代表性。这里有3个问题：
(1) 为什么要实施"四合一"主体教学模式？
(2) 实施"四合一"主体教学模式需要什么先决条件？
(3) 怎样实施"四合一"主体教学模式？

关于第一个问题，我在第一章讲了，不知道老师同不同意？不过，我相信有一点是共通的，希望自己所教的班学科考试平均分高，同时有高分学生。而且前提是不搞加班加点，学生学得高兴，素质全面发展。

关于第二个问题，我每次对老师介绍"四合一"主体教学模式，都会说希望工程也适用。因为不需要什么特别投资，信息卡和日记本都所费不多。那么，为什么我们相当一部分老师很想改革、很想实施"四合一"主体教学模式，却又坚持不下去呢？这里很可能就是对实施"四合一"主体教学模式的思想准备不足所致。

需要什么样的思想准备呢？请先看3份调查：

> 为什么老师的回答与学生的回答相差那么远？

调查一，《信息日报》2004年7月25日登载了一份湖北省武汉市关于中小学师生关系现状的调查。调查报告主题为"学生喜欢和需要什么样的教师"、"教师怎样认识现在的学生"。在被调查的597名教师中，有40%的教师认为自己和学生的关系很融洽，能够进行交流沟通。但是，在被调查的2523名学生中却只有很少一部分认为老师是可以信任的。大多数学生表明"老师不好相处"。

调查二，《羊城晚报》2003年8月4日有一篇"学生为何怕老师"的文章，提到《知心姐姐》杂志7月10日公布的一份调查报告同样令人震惊：三分之二的被访中小学生害怕与老师交流；75.8%的被访中小学生很少、从来没有或想找但不够胆主动找老师说话。之所以"不敢"或"不愿意"与老师交流，68%的认为自己胆小，61%的人怕自己说的话使老师不高兴，30%的人认为老师太严肃，24%的人觉得老师不喜欢自己，还有14%的人怕同学说自己拍马屁。

显然，害怕——是阻碍学生主动与老师交流的关键因素。

现在的中小学生承受太多的压力，除了怕老师严肃的面孔外，还怕上课时间回答不出问题被老师逼问"为什么又走神了"，怕测验考试没拿到好成绩被老师追问"最近都干什么去了"……，在所有惧怕老师的理由中，学生最怕的是看见老师对自己表现出的失望或不屑。

调查三，《羊城晚报》2004年8月18日以"中国孩子缺少'笑容教育'"为题报道说：美国心理学专家琳达·卡姆拉斯在第28届国际心理学大会上指出，三周岁美国孩子的微笑要比同龄的中国孩子多55.6%。顺便说一句，琳达·卡姆拉斯还指出：中国父母在发怒程度上要比美国父母高出26%，在严厉程度上则要超出52.2%。

美国河郡学院心理学与教育学教授卡罗尔·亨青格的研究表明，与美国儿童相比，中国儿童发生内向孤僻、焦虑和社交问题的比例分别高出92%、1.3%和138%。

《父母必读》杂志副主编徐凡说：当今中国的城市家庭大多为三口之家，独生子女是家里的掌上明珠，从小娇生惯养。然而，父母的溺爱和过度关注往往造成子女缺乏自理能力和人际交往能力，不知如何去关注、帮助和爱护周围的伙伴。他们对自身也缺乏足够的认知，容易产生对他人和社会的失望感。

"父母不应填充孩子的全部生活，即使是婴儿，也需要一定的独处空间。"徐凡说。

河北师范大学心理学教授王欣指出："中国父母往往把太多的期望寄托在子女身上，望子成龙，望女成凤。殊不知，这样做往往会引起孩子的抵触和逆反心理，结果事与愿违。"

国际心理学研究证明：通过语言、表情等方式经常与孩子进行平等的沟通，对培养孩子的健康心理至关重要。

至于学生，我想介绍两个事例：

第一个例子。广州市第八十四中是黄埔长洲岛上的一间中学，站在学校教学楼上望出去是一片广阔的甘蔗田，其荒僻可想而知。吴东华老师1999年毕业于广州师范学院，从2002学年第一学期的第11周开始在他任教的初一（1）、（2）班实施"四合一"主体教学模式。当时的初一级四个班全都按

一年之后，吴东华老师升任为教导主任。

表3-1

	初一级平均分	初一（1）	初一（2）	初一（3）	初一（4）
2002学年第一学期期中考试	71.25	71.1	71.3	71.2	71.4
2002学年第一学期期末考试	69.8	71.7	72.9	67.2	67.4
2002学年第二学期期中考试	70.8	75.1	74.8	67.2	65.7
2002学年第二学期期末考试	67.3	70.3	70.8	65.6	62.5

全脑激发的高效课堂

入学成绩为依据平衡分班，没有分重点班，实施的效果是：

同是第八十四中的另一位年轻教师张伟智在他的"四合一"主体教学模式实施体会中写道：

我们学校在广州市属于E类，并且排名靠后，数学更是其中的"弱势学科"。我们的老师也觉得，学生的学习兴趣本来就不浓，在传统教学观念的束缚下，课堂气氛沉闷，学生学习的主体性得不到应有的重视，教学都走进了一个死胡同。一直以来，我们都想找到一个切入点，以改变这种落后的面貌。抱着试试看的心态，我们开始了"四合一"主体教学模式的课题研究。经过一年的初步探索、实施，我们发现，学生在与他人的合作交往中，学会了树立信心，学会了尊重他人，学会了怎样完成任务，最大限度地发挥潜能，实现自我。同时，在更深层次上认识所学的内容，又提高了自身的表达能力和与他人合作共事的能力。学生学习的积极性大大提高了。过去，我们的学生总是说"讨厌数学"，"不想学数学"，现在，他们说，最想上的就是数学课，最有气氛的就是数学课。

第二个例子。应香港大学吴浩明博士邀请，我在2004年5月赴香港与香港一间第三组别（相当于广州F组的学校）的生源较差的学校交流，他们让我在中三年级一个班实施"四合一"主体教学模式上课，下面是这个班的学生写的"日记"中的话：

> 这些香港学生觉得上我的课好好玩。

"你几时走ar?我觉得上你堂好好玩er!"

"唔……我觉得你好好笑，读书咁耐（这么久），我都未试用过呢种（这种）方式同老师沟通，蛮特别……"

"你教书方法同香港好唔同（不同）!
1. 香港不会叫学生举牌答问题。
2. 功课好少俾（给）实质分数，多数俾（给）ABC。
3. 香港很少分组活动，……"

"阿sir以分组教学，令我的数学成绩进步了，大家可以分组讨论，既可以学习，又愉快。"

按照香港一份报纸事后登出的调查报告，虽然这间中学的原任课老师认为"数学最重要的是学生集中精神听老师的指示,如果分组,恐怕学生的注意力会分散。而且也的确有个别学生不太喜欢这种分组学习的方法,觉得原任课老师的教学方式比冯老师的较易明白"。但他指出:"学生上过冯老师的课后,都很喜欢分组讨论这种方式,上课反应也较踊跃,现在他亦已转用这方法教学。"

效果呢?经过两周实验,在最后的两节"港穗数学科交流课暨教学研讨会"上,与会的香港各学校校长与老师观课后提出的第一个问题是:"这堂课是不是标签课?"即是不是首先挑出好学生进行训练后来表演?在得到否定的回答后,他们说"中三学生写的解答,中五的学生也写不了这么好,出乎意料,所以有些疑问"。有老师用"感到震撼"来形容他们的观感。香港有三间学校试行这一模式。正如陈德恒校长给我的信中所说:"港穗两地不少所谓教学交流,往往是烧完炮仗(鞭炮)便烟消云散,而您的努力和付出,却是有真实的影响。"我要在这里再一次向陈德恒校长、康文海校长、洪黄丽萍校长、何明生校长和吴浩明博士表示我的谢意和尊敬。

通过这两个例子,我想说明一点:"四合一"主体教学模式是希望工程学校都可用的一种模式,其唯一需要的先决条件是教师本人的认真努力和持之以恒。

在参加"四合一"主体教学模式实验的16间学校218位教师中有许多成功的例子,这些都有待我们认真总结。能马上说的是属于广州C组学校的青年教师熊忠华和D组学校的女教师刘晓琳。刘晓琳老师是最早参加"四合一"主体教学模式实验的老师,她从2000年2月开始试验,在2001年7月的高考中已取得初步成果,她教的高三(5)班数学平均分606分,以D组学校的学生,达到了一所A组学校学生的水平。在2004年的高考中,她所教的高三(8)班更以656.8分的平均分超过了广州所有A组学校的平均分。她这个班总分超过省重点录取线的学生达62.5%。

熊忠华老师是一位青年教师,从2001年开始实施"四合一"主体教学模式。通过两年的努力,在2003年的高考中,他第一次任教的高三班以数学平均分674分超过了所有A组学

> "四合一"主体教学模式是希望工程学校都可用的一种模式,其唯一需要的先决条件是教师本人的认真努力和持之以恒。

校的平均分，班里有13位学生超过了700分，有2位学生超过了800分，还出现了一位广东省高考数学状元，创造了一个"奇迹"。

我每到一个新班任教，都会一再向学生强调："凡是进课室上我的课就是我的学生，是我的学生一个也不落下。"我向他们解析：除非经过医生证明是弱智，每个人的智力都是一样的，为什么会出现差别呢？这是因为环境和各人的努力不同。现在同学们都在同一个环境中学习，只要努力，就可以学好。当然，给学生"一个也不落下"的承诺，教师要坚持做很多工作。

给学生"一个也不落下"的承诺。教师要坚持做很多工作。

第三节　实施"四合一"主体教学模式的策略

教学模式是依据教学思想和教学规律而形成的，在教学过程中必须遵循比较稳固的教学程序及其方法的策略体系。我们在实施一个模式时，除了要有充分的思想准备外，还要尽可能用功夫搞清楚这个模式应用的教学思想和教学规律。例如"四合一"主体教学模式所遵循的教学思想是"人性的感悟与舒展"。所遵循的教学规律是教学五原则：积极参与、阶梯难度、讲求效率、即时反馈、互助合作。当我们在教学过程中实施"四合一"主体教学模式时，当然要有一套必须遵循的教学程序及其方法的策略体系。

传统"策略"一词源于希腊"将才"的意思，指的是行为或行动计划，以及为解决某个问题或达到某个目标而有意识地作出的一套活动。有许多老师在听过关于"四合一"的介绍后，都愿意试一试，但是，因为缺乏实施策略，往往不了了之，甚至因为不能马上看到效果而怀疑这个模式的有效性。他们不明白，既然叫"四合一"，就要把四个元素有机地组合在一起，才能实现一个目标，单独地做一样，或者孤独地看问题，是无法实现一个终极目标的。

第三章 C组学校又出了一位广东省高考数学状元

传统课堂教学作为教学方式在我国已有近百年的历史，特别是凯洛夫的影响，已有一套牢固的教学理念与程序。正如叶澜教授所说："近十多年来，随着教学改革的开展，课堂教学有了不少新的组织形式，开始注重学生的主动投入。但大多数的课以及在教师的教学观方面，在深层次上并没有发生实质性的变化。这一传统之所以具有超常的稳定性，除了因为它主要以教师为中心，从教师的教出发，易被教师接受外，还因为它视知识的传授和技能的训练为主要任务，并提供了较明确的可操作程序，教师只要有教材和教学参考书，就能进入规范，依样操作，理论也因此而得以广泛传播，逐渐转化成实践形式，扎根于千百万教师的日常教学观念之中。总之，已有教学理念传统之长，深入实践主根之深，形式硬壳之坚，传习的可接受性之强，都使今日教学改革面临着强劲的真实'对手'，教学改革要改变的不只是传统的教学理论，还要改变千百万教师的教学观念，改变他们每天都在进行的、习以为常的教学行为。这几乎等于要改变教师习惯了的生活方式，其艰巨性就不言而喻了。"

我们很多老师都很想进行教学改革，很想出成果。但是，当我们去实行时，我们会遇到许许多多的无法想象的困难。

我在开始构建和实验"四合一"主体教学模式时，在学校一个人单干了五年。没有人认同我的一套。有领导很明确地说"不同意讨论式，上课的时候，学生应该安静地听老师讲课。让学生讨论，课堂吵得要死，还怎么听老师讲课。"班主任则强调："你不要搞乱我的座位。"我的学生告诉我隔壁班的老师说我不是在上课，叫学生到校长室去投诉我。总之，不仅是困难重重，而且是非议多多。我要郑重讲明的是，我并不是对当时的某一位有意见，而是想说明，由于我违反了一直以来的规则，所以别人反对我。我一直在努力向他们说明我在做什么，为什么要这样做，结果，领导同意我"在自己班搞"。班主任说："就按你编的座位坐吧"。后来，那位说我不像上课的老师也报名参加"四合一"主体教学模式实验。更令我感动的是，一位年轻的班主任花了六个小时帮我编好座位表。

用一颗真诚的心坚持努力，就能得到理解，就能前进。

> 用一颗真诚的心坚持努力，就能得到理解，就能前进。

一、模式识别

当你要实施一个新教学模式时，一定要向学生讲清楚：老师打算做什么？为什么要这样做？争取得到学生的配合和支持。我1997年实行之初，把"数学素质教育实施纲要"印给每位学生人手一张，得到他们"原来老师想这样做"的认可，学生在行动上给了我很大的支持。例如，一到数学课他们就赶紧换位，按我编的座位坐，一下课，又马上按班主任编的座位坐回去。学生真的很可爱。当然啰，他们也会笑我"傻"，叫我为"阿怪"、"ET"。我问他们为什么叫我"ET"？他们笑起来："外星人呀！你都不是地球人。"学生其实懂得很多东西。

这就是一种"模式识别"策略，按照林崇德教授主编的《当代学习心理学丛书》所说，"模式识别"是人们把输入的刺激（模式）的信息与长时记忆中的有关信息进行匹配，并辨认出该刺激属于什么范畴的过程。模式识别在人类适应环境和改造环境的过程中是十分重要的。举一个极端的例子来说，如果一个人不能把输入的刺激正确地识别为一只"虎"，而是错误地把它归结为一只"猫"，那么，他就会对刺激作出与正常人决然不同的反应。我在构建和实验"四合一"主体教学模式，就进行了一番认真的模式识别。"主体"之争，就是在这样一个学习中明确的。我认同林崇德教授所说："教师的教为的是学生的学。学生的学习是有对象的，有内容的，这就是学习的客体。谁来学呢？学生。学生必然是学的活动的主体。"他的学生蒯超英在《学习策略》一书中讲道："在教学活动中，学生的主体性主要表现在发展的主体性和学习的主体性两个方面。从发展的角度来讲，学生是教学目的的体现者。要使教学目标得以实现，学生必须得知识到位和学会学习。从学习的过程来讲，学生是学习活动的主人，他们的学习积极性是保证学习目标达到的基础。只有学生能够主动地进行学习，主动地对学习内容进行认识，主动地接受教师的指导和帮助，主动地汲取人类积累的社会历史文化的精神财富，才能实现自己的发展。因此，在学生的主体性中，无论是发展的主体性，还是学习过程的主体性都涉及一个学生的学习策略问题。

教师的责任，就是如何帮助学生学会学习，学会学习策略。国内外有专门的关于学习策略的教学，但是，传统的课堂教学都限制了学生学习策略的发展。学习策略要在学习的过程中形成和发展，这个过程的关键是要学生自己能够对知识和技能进行内化。这种内化如果只是通过学生课后自己进行，结果只能是少数学生能够实现。例如，有一位中学数学老师，他的课基本上每节讲三道题，就这样还要拖堂，因为他总是不厌其烦地向学生讲解"一题多解"，有时多达七八种解法。在这种"一题多解"的过程中，学生充其量只能听懂教师介绍的方法。当他们面临考试时，他们面对问题，依然不知道该用什么方法。

> 教师的责任，就是如何帮助学生学会学习，学会学习策略。

为了帮助学生学会学习，学会学习策略，我们在实施"四合一"主体教学模式时应当注意一些必需的实施策略，除了模式识别之外，还可以有以下一些策略。

二、情感动力

人的学习是一种主动的活动，它是联结主体与环境的一个特殊的中介环节。在学习过程中，活动的需要与动力应当是首要的，按照以罗杰斯为代表的人本主义心理学的说法，人有五种基本需要：生理需要、安全需要、爱的需要、尊重的需要、自我实现的需要。罗杰斯指出："教师首先需要对人寄予深信。如果我们不相信人，那么，我们就一定会唯恐学生误入歧途，因而填鸭式地把所选择的知识灌输给学生。如果我们相信每个人都有发展他自己潜力的能力，那么我们就会允许他有选择他自己的学习方式的机会。"

"另一个对教师的要求是教师自己应是诚恳的、真实的，而不是虚伪的。在与他的学生关系中，教师是一个真诚的人。他承认他自己的感情。因此，他不必把自己的感情强加给学生。"

> 教师自己应是诚恳的、真实的，而不是虚伪的。

我并不赞同罗杰斯的"以学生为中心"的课堂，但是，我提倡"以学生为主体"。特别是在当前社会环境和教学环境的负面影响下，学生对学习不感兴趣，上课时注意力不集中，不少学生是在高压、厌烦等不良刺激支配下被动进行学习，效果很差。因此，我们必须重视在课堂教学中对学生学习动机的激发，虽然从强化、需要、成败、期望等方面都可以建立动机理论，但是，从学校教学出发最需要的是如何组织和指导学生的学习活动，使他们的学习热情保持在最佳状态。这其中，很重要的就是调整好教师和学生之间、学生和学生之间的人际关系，只要点燃学生心灵的火花，就会收到意想不到的效果。教师热爱学生的情感倾注，可以很好地提高学生的学习效率。如果教师对学生漠不关心，上课照本宣科，不管学生如何，甚至对一些成绩中下的学生歧视、讥笑，就会在学生的心灵上投下阴影，造成不好的后果。

> 老师要坚持带领自己的全体学生上路。

对一个新的教学模式，总有一些学生不合作，不买账。例如有些寄读的学生学习成绩和学习态度都很差，如何坚持承认他是自己的学生，一视同仁，就需要教师把心态放平和，慢慢改变他们，提高他们。

有个别学生很没礼貌，我都只把他们看成是不懂得礼貌，于是就坚持和他们对话，让他们懂得礼貌。我第一次实施"四合一"主体教学模式时，有一位男生突然找我又哭又闹，责问这样搞，将来他们高考怎么办？"你能保证我们考到大学吗？"他哭问道。我先让他哭完，责备完，然后才告诉他，正是为了帮他们考好高考、考上大学，我才这样搞。谈话以后，我会时不时找他随意地聊两句，结果这位学生的成绩慢慢上升，高考过了省重点线。

对于个别成绩很差的学生，一是坚持要他跟着学；二是具体想办法帮助。例如在第二届实施"四合一"主体教学模式的班，有一位女生，连她自己也承认自己数理化一塌糊涂，数学一直是三四十分，她之所以坚持要选物理班是因为想和她喜欢的男同学在一起，我了解情况后，就找到那位被喜欢的成绩很好的男同学并对他说："我只要求某某某（女同学）数学60分。"这位男同学一拍胸脯："60分太少了，75分！"我马上应道："好呀，我等着。"我并没有真的等着，而是在班里宣布：每周专门为这位女同学出一份选择题，顺便发给大家，不懂就问她。结果，同学们告诉我，那位男同学经常

第三章　C组学校又出了一位广东省高考数学状元

在图书馆阅览室给这位女同学讲解，督促她做题。

高考出成绩那天，这位女同学冲到我面前，拉着我的手又笑又跳，告诉我：她数学考了568分，好高兴！

我向既想实施"四合一"主体教学模式，又担心差生怎么办的校长、老师推荐一篇报道：《中国教育报》2004年8月9日登了一篇《带领全体学生上路》的文章，讲的是一所5年前人们"贴钱都不来"的学校初中部怎么在5年后成了一所走向世界、和外国两间中学结成姐妹学校的示范校。

这间学校初中部1999年组成，建校第三年，首届毕业生，就一个不少，全部进入了高一级学校学习，而且有40%多的学生考上了重点学校。义务教育巩固率100%，犯罪率为零。

一个"锅底"区域的"锅底"学校，从让领导、让相关者抹着汗、悬着心，到让家长放心、学生开心、赢得社会各界关心、教职工有了自信心；从"一个也没少"到"全体都成功"，奋斗过程本身就是创造优质教育的过程。

关注人是新课程的核心理念——"一切为了每一位学生的发展"在教学中的具体体现，它意味着：

1. 关注每一位学生。这是因为每一位学生都是生动活泼的人、发展的人、有尊严的人。我们应把每一位学生都视作自己关注的对象，关注的实质是关心、牵挂，关注本身就是最好的教育。

2. 关注学生的情绪生活和情意体验。教学过程应该成为学生一种愉悦的情绪生活和积极的情感体验。学生在课堂上是兴高采烈，还是冷漠呆滞，是其乐融融还是愁眉苦脸？伴随着学科知识的获得，学生对学科学习的态度是越来越积极还是越来越消极？学生对学科学习的信心是越来越强还是越来越弱？这一切都必须为我们教师所关注，这种关注同时要求我们教师必须用"心"施教，不能做学科体系的传声筒。

我见过一位教师，一节课用三本书上课，首先拿起课本讲例题，然后拿起教参讲习题，最后拿起教辅做练习题。结果，这节课有十位学生睡觉。下课后，这位老师还说这十个学生不学习，所以不理他们。

3. 关注学生的道德生活和人格养成。课堂不仅是学科知识传递的殿堂，更是人性养育的圣殿。课堂教学潜藏着丰富

> 教学过程就应该成为学生一种愉悦的情绪生活和积极的情感体验。

的道德因素，"教学永远具有教育性"，这是教学活动的一条基本规律。教师不仅要充分挖掘和展示教学中的各种道德因素，还要积极关注和引导学生在教学活动中的各种道德表现和道德发展，从而使教学过程成为学生一种高尚的道德生活和丰富的人生体验。这样，学科知识增长的过程同时也就成为人格的健全与发展过程，随着学科知识的获得，学生变得越来越有爱心，越来越有同情心，越来越有责任心，越来越有教养。那么，教师还用担心学生不学习，完不成教学进度吗？事实上，在我的教学生活中，我经常会临时放下数学知识不讲，而是跟学生讲一些语文或者历史等。而我的教学进度到了每次统考前都总是第一个完成的，我能留下更多的复习时间。

> 教师对孩子的服务不仅仅是一件事，一段时间，而是影响孩子的一生。

这个世界，为孩子服务的事业很多，各有各的重要和意义，我觉得教师对孩子的服务不仅仅是一件事，一段时间，而是影响孩子的一生，因为教师在孩子成长阶段，天天在教育他们，对他们的影响是潜移默化，是终其一生的。

过去早有关于"狼孩"的报道。2004年8月4日《羊城晚报》又报道了一件"俄7岁男孩3月大时被父母抛弃——看家狗把弃婴养大"。

让人十分感慨的是警察发现这名男孩时，"由于长期与狗在一起，耳濡目染之下安德雷的一切习性习惯都与狗相差无几；他用四肢爬着走路，用嘴叼咬东西，当警察给他食物吃时，他竟然先用鼻子对食物闻嗅不停，直到确认安全后才张开嘴狼吞虎咽。"而当他被送往福利院后，便很快学会了站着走路，并学会自己整理床铺，同时他也学会了用调羹吃饭和玩球。

不同的教养，有不同的结果。

在实施"四合一"主体教学模式时，我们一定要常常反思，看看自己做得怎么样，还有什么可做的。

我进行"四合一"主体教学模式实验期间，也正是我担任学校教研室主任和教导处主任期间，事务工作相当繁忙，平时都是上课才到教室，下课就走，没有什么时间和学生闲谈。于是，我常常在中午饭时，捧着饭去教室和学生一边午餐一边聊天。不仅知道了很多学生中的"新闻"，也融洽了师生关系，学生毕业了，进了大学，大学毕业，他们都还会相约一群同学和我一起吃饭，互诉校园生活。我在和学生的日常相处中，感到了他们的纯洁和真诚，得以保持一颗热情的心。

三、团体活动

作为一般概念的"活动"，是人对周围现实的变革，这种变革的形式是劳动，劳动最主要的特征是变革性，即人在创造性地改造现实的过程中，最终改造自己。因此，活动是社会及其全部价值存在与发展的基础，是人发展的源泉，是人作为个性形成的依据。

活动理论的研究表明，人的活动具有双重性：它既受客观世界的决定，又受人的内心世界的决定。不管是个人活动还是集体活动，人的任何活动都具有以下特性：目的性、对象性、意识性、变革性。人在完成其活动过程中促进心理发展，在与他人协同工作、相互帮助、自我调节、自我完善的活动过程中成为活动的主体。

北京师范大学裴娣娜教授在《社会转型时期中学生价值观探析》一文中有一份这样的调查结果：有86.8%的中学生认为合作观念非常重要或比较重要。有72.2%的中学生在完成班集体的工作时，喜欢"与同学合作"。这是值得我们在教学活动中注意的。

不论是个人活动或者是集体活动，都应该让学生了解活动的目的，因为如果学生不了解活动的目的，那就不存在活动，而只是反应。只有学生了解活动目的并且接受活动目的，才能进入主体立场，会对活动产生兴趣。为此，我们要注意活动的内容与方式以及结果。

> 学生不了解活动的目的，那就不存在活动，而只是反应。

现在提倡互助合作小组学习，已经成为潮流，连当初反对小组讨论的人现在也说要学生小组讨论。问题是我们常常看到一些公开课上的小组讨论都是老师要求的，至于抢着上黑板板演，甚至抢着上去改正就少见了。我认为，这只是小组讨论，没有小组机制，还不是真正的小组互助合作学习。

郑和钧等在《高中生心理学》一书中提出："团体是指

一群人在同一规范与目标的指引下协同活动而形成的一种组织。它的一个显著特点是其成员在心理上有一定的联系，并发生相互影响。如果几个人联合在一起，彼此在心理上并无多大联系，那么这几个人就不成为团体。""同年龄团体是同一年龄阶段的人所组成的团体，它以独特的，重要的方式帮助塑造儿童的个性、社会行为、价值观以及态度。儿童通过仿效可以被模仿的行动、强化或惩罚某种反应、评定彼此间的活动，互相提供反馈而相互发生影响。"它对高中生的心理发展具有重要意义。

《高中生心理学》把高中生的团体分为"正式团体"和"非正式团体"，"正式团体是把各个成员的位置和行为由组织规则给予严格规定的团体，如政府机关等。高中生的正式团体主要有班集体、团组织和课外活动小组。""非正式团体是指自发形成的，带有明显感情色彩的小团体。它的存在并非偶然的现象，而是人们为了满足正式团体之外的某种心理需要而发生的。"

我认为四人互助合作小组介于正式团体与非正式团体之间，这正好基本符合王成全先生的调查结果："在40人左右的集体中通常有8～10个小团体，50人左右的班级有10～12个小团体，团体规模以2～3人为最多（67.8%）。正如荀子所说："人之生也，不能无群。"团体和小团体的行为都是很重影响的，但是，虽然班级这样人数多的团体对个体行为的影响大，但在具体到学习，生活等具体问题上，小团体有独特的作用，它能有更好的协调性，凝聚力和影响力比大团体更强一些，效率更高一些。

实行"四合一"主体教学模式，一定要首先按照"全脑偏好图"和状态编好互助合作小组，这些小组第一节课就坐在一起，在第一周内就明确小组的组长和带头人，明确小组的目标和主要措施，为他们今后的团体合作，共同努力构造一个较好的平台。

> 只有形式表现而无实质性的互助合作就是假合作。

互助合作小组活动只是在有必要、有需要时才进行，有些书上讲得很清楚的问题，或者已有现成的图表，学生一看就懂，还作为问题要学生讨论回答就是形式了。只有形式表现而无实质性的互助合作就是假合作。而且，互助合作不仅在小组中进行，教师还要注意自身的参加和组织全班的互助合作。

《基础教育课程改革纲要（试行）》一书也指出：当前师生人际关系中普遍存在着教师中心主义和管理主义倾向，严重地影响了学生的自主性、伤害了学生的自尊心、摧残了学生的自信心，由此导致学生对教师的怨恨和抵触情绪，师生关系经常处于冲突和对立之中。改变师生关系因此被提到议事日程上来，成为本次课程改革的一个焦点。可以说，通过交往，重建人道的、和谐的、民主的、平等的师生关系是本次教学改革的一项重要任务。在这样的师生关系中，学生会体验到平等、自由、民主、尊重、信任、友善、理解、宽容、亲情友爱，同时受到激励、鞭策、鼓舞、感化、召唤、指导和建议，形成积极的、丰富的人生态度与情感体验。

我在和课题组老师的交流中，常听到一个说法，因为要等某一位学生回答问题，或是为了开展小组讨论，耽误了时间，影响了教学进度，完不成教学计划。所以，有些老师最终还是"老师讲、学生听"。即使这样，这些老师也是经常拖堂。

在教育部基础教育司组织编写的《走进新课程》一书中，提出了"教学关注学科还是关注人？"这个问题反映了两种不同的教育价值观。作者认为从实践层面讲，以学科为本位的教学是一种"目中无人"的教学，它突出表现为：

第一，重认知轻情感。正如苏联教学论专家斯卡特金所提出的："我们建立了很合理的，很有逻辑性的教学过程，但它给积极情感的食粮很少，因而引起了很多学生的苦恼、恐惧和别的消极感受，阻止他们全力以赴地去学习。"

第二，重教书轻育人。正如《读者》上一位利奥·巴恩格利亚先生所写："我们整天在干些什么？我们如此忙于传授知识。如果我们没有教莉亚妮任何她真正需要知道的东西，譬如：如何快乐地生活着，如何有个人价值感和自尊心，而是单教给她如何读书、写作、算题，这又有什么用呢？"教学过程不能成为学生道德提升和人格发展的过程，这是以学科

> 教学过程不能成为学生道德提升和人格发展的过程，这是以学科为本位的教学的最大失误。

为本位的教学的最大失误。

四、精心准备

准备策略主要指教师在课程教学前所要处理的问题解决行为，也就是教师在制定教学方案时所要做的工作。

第一印象是很重要的，所以我第一节课一定做好三件事：

1. 编好座位。这个座位就以四人小组为单位编制，但是具体四个人怎么坐也要注意，一般我是请科代表编，如果班主任支持，则请班主任编，他们编好后，我会仔细看一看，例如注意四位学生中比较内向、文静的同学是不是坐在后面，因为这样的学生不一定像活泼、开朗的学生，一有需要就会主动转身与其他人交谈，但是，如果前面的同学转过来，他们就会发言，就省了四个人碰头的时间，能够更好地形成互助合作小组，发挥效应。

2. 送给每个学生一套信息卡，并叮嘱他们平时夹在数学书中，随时取用。

3. 送给每位学生一本单行本，名为"数学日记"，欢迎他们随时写"日记"交给我，同时给他们两个承诺：①第一时间答复；②天知、地知、你知、我知，日记内容不会给父母或其他人看。

> 让学生从第一节课就感受到信息卡和互助小组是怎么回事。

这三件事只花掉上课的几分钟，接着就是正式讲课，讲数学。这节课一定有选择题和板演题，让学生从第一节课就感受到信息卡和互助合作小组是怎么回事。因此，精心备好这第一节课，就显得特别重要了。

我们在备课时，当然还会涉及教学目标的确定与叙写、教学材料的处理与准备。

（一）教学目标的确定与叙写

教学目标是每堂课的方向，是判断教学是否有效的直接依据，不要把"目的"当作"目标"，在目标中写上"培养学生成为德智体全面发展的人"、"提高学生写作技巧"、"拓宽学生知识面"等这些"正确的废话"，而是应当注意以下的四个要素：

(1) 行为主体必须是学生而不是教师。所以"拓宽学生的知识面"这种写法就不规范,因为目标行为的主体是教师,而不是学生。

(2) 行为动词必须是可测量、可评价、具体而明确的,否则就无法评价。所以"提高学生写作技巧"这种写法不仅主体不对,也无法评价"学生写作技巧"到底"提高"了多少。

(3) 行为条件是指影响学生产生学习结果的特定的限制或范围,为评价提供参照的依据。如"在15分钟内,学生能完成13道简单计算题"。

(4) 表现程度指学生学习之后预期达到的最低表现水准,用以评量学习表现或学习结果所达到的程度。如"对××问题的一道应用题,学生至少能写出3种解题方法"、"通过本节课的学习,学生至少能记住4个单词"。

(二) 教学材料的处理与准备(包括课程资源的开发与利用)

首先要确立"教材系列"的观念,教材不仅仅限于教科书,当然,教科书是最重要的教材,因为它是完全由国家权力机构控制,体现出鲜明的政治性格和阶级性格,是衡量一个国家或地区基础教育水准的重要标志。我们现在用的"实验教材"的开发是以成套化进行的,即围绕教科书,成套地同步推出教师的教学指导书、视听教材和学生辅助读物等。但是,新的教材开发政策还鼓励一线教师自主开发适宜的教材。请记住:教师不是教科书的执行者,而是教学方案的开发者。即教师是"用教科书教,而不是教教科书"。

> 教师不是教科书的执行者,而是教学方案的开发者。

(三) 主要教学行为的选择

教师在课堂里发生的行为主要有管理行为与教学行为,行为是为目标服务的,教师应当根据自己的特点,尽可能地发挥自己的优势,弥补自己的不足,选择合适的教学行为,形成独特的教学风格。建议可以先学习一些经过实践检验可行的教学模式,例如情境教学模式(江苏省南通师范第二附属小学特级教师李吉林创建)。

（四）教学组织形式的编制

20多年来，许多国家都在寻找一条切实有效地大面积提高全体学生学业成绩的合理途径，出现了"小组互助合作学习"这一创新策略。

传统的课堂教学，在教学方式上以教师讲解为主，在组织结构上，以全班集体听课为主，在评价上以全班或个人奖励为主。在这种模式下，学生常处于一种焦虑之中。

那么，是不是像现在许多教师应用的那样，课堂上让坐在一起的几个学生议论讨论，就是小组互助合作学习呢？这样的讨论很多时候只是形式，有时甚至还没有合作学习，老师就已经叫"坐好"了。

一个成功的例子，是广州市第七中学地理科组长谭东虹老师在谈及地理课堂有效教学的策略时，所举关于分层策略的例子。

一个常规教学班，52位学生总有各方面的差异，如何让教学班的全体学生都跟上学习进度，是一个很费思索的问题，行之有效的措施是以合作学习和课内个别辅导促进整体提高。谭老师特别提到，应当注意互助小组活动如何进行，设计好课堂上小组抢答的板演题是其中一个重要环节。以"区域工业化与城市化"为例，可以设计这样一道填空题：

2002年12月，中国赢得了2010年世博会的主办权，在举办世博会过程中，上海将实现城市功能的再造，产业能级的提升，市民素质的提高和区域环境的优化，并进一步带动周边地区的发展。世博会选址于卢浦大桥与南浦大桥之间滨水区的有利条件是：_____（将你认为合理答案的编号填入横线）

（1）紧靠黄浦江，便于江海货轮停泊，货物运输。
（2）位于两大机场和火车站之间，利于参观人流往来。
（3）显现上海城市特色，展示新世纪上海母亲河的风貌。
（4）紧靠钢铁厂，便于世博会场馆建设就地取材。
（5）带动老城区改造，促进该区域城市功能转换。
（6）毗邻陆家嘴金融贸易区，便于世博会的资金筹集。
（7）临近中心城区，便于世博会场馆的后续利用。

这样，不仅让小组每一位成员有话可说，还有利于知识和思维方法的迁移，提高分析能力。小组代表只需要在横线上填上合理答案的编号，所需要的黑板位置和所花的时间都很少，愿意抢答的小组都可以上讲台。而教师可以在巡视的过程中注意个别辅导，适当点拨，鼓励能力较差的学生代表小组到黑板前板演。

五、赏识激励

美国工业心理学家麦克雷格有一套X理论和Y理论，X理论说的是人性的负面，认为人的一切行为都是为了最大限度地满足自己的私利，Y理论说的是人性的正面，认为人都需要发挥自己的潜力，表现自己的才能，从中得到最大的满足。我觉得人是同时具有X理论和Y理论所指的人性的，我们应当注意按不同情况去采取不同的激励策略，有时用消极型，有时用专制型，有时用顾问型，有时用参与型，总之要视教学情境的适切性而定。在这里，我又想提到人本主义心理学，如果我们在满足学生各种层次需要的时候，特别注意激发他们认知、审美和自我实现等Y理论所说的人性的正面，我想，是很有用的。问题是我们采用一些什么激励策略。

（一）高层次期望

美国心理学家罗森塔尔和雅真布森（R.Rosenthal and L.Jalobson）有一个经典实验：他们曾到一所小学对一至六年级学生进行所谓的"预测未来发展的测验"。然后通知教师说，其中的某些学生属于高智力，他们将会有极大的提高。其实，这些学生只是随便抽取出来，他们与别的学生并没有很大的差别。但是8个月后，这些学生在成绩上果然取得了极大的进步。这就是有名的"皮格马利翁效应"。这也符合人本主义的心理学的观点：针对学生心理需要，激发他们高层次的学习动机，他们的自觉性和积极性就会越高。这也是"四合一"主体教学模式要求每个互助合作小组填写学习期望的原因。

"皮格马利翁效应"之所以成立，还要靠老师对这些学生给予特别的关注。

（二）形成性评价

在教学中，除了终极性评价以外，应当有形成性评价，即把评价成分渗入到教学的整个过程中去，边教学边评价，让学生自己参与评价，而且在学习过程中自始至终参与评价。这样不仅能发展学生的自我评价能力，也使他们在自我评价中增强学习的动因，变间接的学习动机为直接的学习动机。

"四合一"主体教学模式使用信息卡答题、评分，发动全班对小组板演结果评议，以及让学生自己计算作业分等措施，都是为了实现这样一种激励。

（三）奖罚分明

教师对自己的学生，应当在一开始就讲清楚自己的奖罚办法。我在实施"四合一"主体教学模式时对学生有一个重要的承诺：一当全班填好了"学习期望"，我就会宣布："进步幅度最大的小组，我请去肯德基。"我任教的广州市第七中学，学生经济条件一般都较好，但是，当我第一次中段考完兑现承诺以后，许多小组都会说期末考吃定我了！主要是他们看到那被请的四位同学，特别是其中三位组员吃过肯德基的那份兴奋，他们的家长当天就知道：老师因为他们小组考了第一，请他们吃肯德基了，所以开家长会时，几位家长亲自找我道谢。这种"请吃肯德基"的奖励每个学期两次，坚持到高考。它的影响和作用是不能用经济来衡量的。

在实施"四合一"主体教学模式时，我们一定要常常反思，看看自己做得怎么样，还有什么可做的，例如评改作业。有些老师实行一早回校就要交作业；而有些老师收作业只是写一个"阅"字就发回；当然也有老师对作业精批细改，连中午休息时间也用于改作业。经过思考和实验，我这样处理作业问题：

每次只留3~5题课本上的习题作为作业，要求在作业本每页的右边保留3 cm空白，第二天回校后，请自己对照老师给出的标准解答进行改正，对的打"√"，错的打"×"，打了×请在右边空白处改正，如果解法不同或坚持自己对，请写明，我会仔细看。强调的是要清楚：哪些错了？错在哪里？

怎样才对？弄清了才交。只要在放学前交给我，都不算迟交。而我都一定在第二天一早就把评定了分数的作业本发还给学生，使用百分制，标准是："懂了没有。"我公开宣称作业分是心机分，只要我觉得你是用心做作业就起码会给80分，而不是按错了多少扣分。哪怕是全部三道题都错了，但是很认真改正了，我也会给90分。而且每次作业成绩都按月、日登记，到了学期末，请同学们自己算作业分。如果算出来是58分，那就是58分，我不会给够60分。

又譬如测验，我坚持每周起码有一次堂上小测，时间为5~15分钟不等。这是反馈机制的一部分，一方面了解学生掌握知识的情况，另一方面也是使老师和学生都保持一种警觉，因为这些小测的题目都比较灵活，往往平均分不高，那么，我就会鼓励学生在平时积极抢答，凡是小组得分都算测验分，形成一种良性循环。

不管是奖励或者处罚，一是要说话算数，不要说了不算；二是要及时兑现，不要拖延时间。这样才能有影响。

六、有效教学

有效教学也是一种策略。

在构建"四合一"主体教学模式过程中，通过学习，知道了早在20世纪上半叶西方的教学科学化运动中已有了"有效教学"（effective teaching）的概念。有效教学的提出也是"教学是艺术还是科学"之争的产物。20世纪以前，西方教育理念中主导地位的教学观是"教学是艺术"，它提倡教学是一种教师个性化的，没有"公共的方法"的行为，一种"凭良心行事"的约定俗成的行为。随着20世纪以来科学思想的影响，人们明确提出"教学也是科学"，认为教学不仅有科学的基础，而且还可以用科学的方法来研究。有效教学就是在这一背景下提出来的，它的核心问题就是教学的效益。

有效教学是为了提高教师的工作效益，强化过程评价和目标管理的一种现代教学观念。按照《基础教育课程改革纲要（试行）》来说，有效教学的理念主要有：

1. 有效教学关注学生的进步或发展。要求教师有"对象"

全脑激发的高效课堂

意识，树立"一切为了学生的发展"的思想，还要求教师有"全人"的概念。认识到学生的发展是全人的发展，而不是某一方面或某一学科的发展。

2. 有效教学关注教学效益，要求教师有时间效益的观念。教师在教学时既不能跟着感觉走，又不能简单地把"效益"理解为"花最少的时间教最多的内容"。教学效益不同于生产效益，它不是取决于教多少内容；而是取决于对单位时间内学生的学习结果与学习过程综合考虑的结果。

> 教学效益不同于生产效益，它不是取决于教多少内容；而是取决于对单位时间内学生的学习结果与学习过程综合考虑的结果。

3. 有效教学更多地关注可测性或量化。但是，又要注意不过于量化。应该科学地对待定量与定性、过程与结果的结合，全面地反映学生的学业成就与教师的工作表现。

4. 有效教学需要教师具备一种反思的意识。要求每一位教师不断地反思自己的日常教学行为，持续地追问"什么样的教学才是有效的？""我的教学有效吗？""有没有比我更有效的教学？"。

我发现，现在连最喜欢拖堂的老师也说要"有效教学"了，因此我说要"高效课堂"。

广州市第七中学地理科组长谭东虹老师在《新课程背景下有效教学的认识与课堂实施》一文中，提出有效教学要关注学生的进步或发展，关注教学效益，关注可测性或量化。

表3-2 自我评价要素

项目	很好	好	有进步	困难
答选择题	全部答对	全部答对,但其中有些项目是猜的或看别人的	有少数题答错,但坚持独立思考	答错较多或不能坚持独立思考,靠猜或看别人的
小组活动	每周有上来板演并有一次得分	每次都积极参加小组讨论,每周上去板演	积极参加小组讨论	小组讨论很少发言,没有上去板演
检测成绩	每次都在80分以上		每次都在60分以上	有不及格
自我评价	三项要素都是很好	三项要素有一项很好,两项好	三项要素有两项好或很好,一项有进步	三项要素有两项有进步,或有一项困难

> 评价表一定要简单易行而又能反映情况，便于师生交流。

要首先抓好教学设计的环节，做好"教学的诱因，教学的适当性，教学的时间安排，以求"教学的质量"。为此，谭老师提到一些基本策略：整合策略、训练策略以及范例教学的策略、安全教学的策略、自主学习的策略。还特别创设了一套有效的教学评价体系。

学生只需在印好的表格中"很好"、"好"、"有进步"、"困难"的空格中打√就行了。而老师的话只需要标上A、B、C、D中的一个字母就行。

老师的话：

A: 你很棒！请继续努力,争取考满分。

B: 不错，再加一把劲会更好。

C: 坚持努力就能前进，就会胜利。

D: 请来找我，和我谈一谈；或者写给我，和我讲讲悄悄话。

(特别叮咛会附加知心话)

平时学生通过在"学生自我评定表"中做好记录，到一个学期结束，可以对自己有一个回顾与反思，教师则可以从全体学生的自我评价表中全面评估自己的教学质量。

表3-3 学生自我评定

周次	节次	答题正确率	板演正确率	练习成绩	评价
1	1				
	2				
2	1				
	2				
3	1				
	2				
4	1				
	2				
	1				
	2				

谭东虹老师有一套情境创设的策略。

七、创设情境

直观性原理是一条重要的教学原理，捷克教育家夸美纽斯说："知识的开端永远必须来自感官"。江苏省南通师范第二附属小学特级教师李吉林创造构建了"情境教学"，把"物"、"情"、"辞"之间的关系运用于教学中，经过"感知—理解—深入"三个过程，完成教学。有兴趣的老师，可以详细了解李吉林老师在这方面的论说。我在这里向各位介绍的是"情境教学"中关于情境创设的策略：

1. 以生活展现情境，就是通过把学生带入社会，带入大自然中，从生活中选取某一典型场景，作为学生观察的客体。例如谭东虹老师在"区域工业化与城市化"一课中，首先投影出一组画面：二沙岛的过去与现在两张照片、康王路旁一旧瓦顶平房居民区、东莞的五星级酒店。马上就把学生吸引到学习中来。

2. 以实物演示情境，这是老师们都熟悉的直观性原则的最直接运用。

3. 以图画再现情境，有些事物是不能出示实物或者实景的，就需要以图画再现。

4. 以音乐渲染情境，音乐可以带领学生进入本节课所需要的情境中。

5. 以表演体会情境，例如语文、英语课的课本剧，可以让学生亲身感受一下。

6. 以语言描绘情境，例如香港明爱圣若瑟中学何国强老师在学习百分比中"以因定的率减少"课时，伸展他自己的身体，用电脑打出一个这样的问题：何老师于2005年的体重为72 kg，通过运动锻炼，以致体重每年减少2%，请问到2007年，何老师的体重是多少？

学生看到题目后的第一个反应是"哇，计算何老师你现时的体重呀！"他们马上有了学习这课的兴趣。

但是，特别要注意的是，千万不要为了制造气氛而去创设情境。我们看到有些公开课，放映了一些精美的课件，其实和课程内容关联不大，这样起的效果可能刚好相反。有时候，一句话、一个动作，就能创设出一个需要的情境。

八、"领头羊"效应

有些老师在实施"四合一"主体教学模式时常常担心互助合作小组活动不好开展，一是小组是否真的动起来，二是小组合作有了结果也迟迟没有人出去黑板板演。因此，常常放弃了小组互助合作活动，或者只是形式地叫"大家讨论讨论"，然后指定某个小组的某位学生回答。

在哈佛大学教授丹尼尔·高曼所著《EQ》一书中谈到"感染力"，提到一个显示人际关系的基本定理：情绪会互相感染。指出情绪的协调是建立人际关系的基础，并援引心理学家约翰·卡西波说："光是看到别人表达情感就会引发自己产生相同的情绪，尽管你并不自觉在模仿对方的表情。这种情绪的舞动传递与协调无时无刻不在进行，人际互动的顺利与否便取决于这种情绪的协调。"

> 情绪会互相感染。情绪的协调是建立人际关系的基础。

刘翔不止一次地说过："只有跟一流的高手在一起跑，他才会跑得更快。好几次，我都是奋力直追，后来居上的。"

有一部苏联电影《勇敢的人》里面有一段这样的情节：男主角勇敢的人骑马追赶一群失控狂奔的马群，马群正向悬崖跑去，男主角在最后关头策马跑到了马群的前方，他带着马群沿着悬崖边缘往回跑，成功地挽救了要冲下悬崖的马群。平时在影视片中也会看到牧羊人只管着领头羊，一群羊就可以乖乖地跟着头羊走。

老师在让学生进行互助小组活动时一定要注意发现和培养"带头人"，题目出来后马上先巡视一周，看看哪个小组动作最快，表情最好，同时注意观察是否所有小组都开始活动，这样，就可以站到已有头绪的小组旁边，鼓励他们迅速得出解答方案，迅速派代表出去板演，只要有一个小组率先出去，就会有其他小组跟上。

有时候，老师可以有意识地指导某位学生所在的小组，帮助他们很快得出解答，然后鼓励这位学生出去板演，只要这位学生一出去，马上会带动其他组相当水平的学生出去。

其实，养成习惯以后，只要学生觉得问题似曾相识，各小组就会争相跑上讲台抢占阵地。这时，要注意安排好各小组的解答地方，在他们解答时，教师要即时审阅他们的解答，肯定优点，发现问题，并对一些弱势代表悄悄进行个别辅导，帮助他及时改正，使他能够为小组得分，这样，下次他可能就会成为第一个出来板演的人。

> 学习绩效＝学习才能×参与程度

"领头羊"效应一旦形成，就能成为风气，教师根本不用担心学生是否会参与。按照学习绩效=学习才能×参与程度这样一个公式，我们不妨假设学生甲的学习才能为8，参与程度为0.5，而学生乙的学习才能为6，参与程度为0.8，那么学生甲的学习绩效=8×0.5=4，学生乙的学习绩效=6×0.8=4.8。可以说，学生的知识与技能的获得、能力和素质的提高、群体意识和个性的发展，都是学生积极参与学习活动的结果。

第四章

实施"四合一"主体教学模式20年说

第一节　我们的心思和力量放在哪里

> 教学改革的关键是变革课堂教学，特别是高中课堂教学，而且一定要不拖堂，不加班加点，不怕国家统一考试的课堂教学。

经过20年的努力历程，我仍然坚持20年前看法：教学改革的关键是变革课堂教学，特别是高中课堂教学，而且一定要不拖堂、不加班加点，不怕国家统一考试的课堂教学。如果从领导到专家学者都避开这个问题，不研讨，不实验，再搞其他也不能解决问题。

或者有人会说：新课标就是为了解决课堂教学问题。我可以告诉你，许多学校都发了《为了中华民族的复兴　为了每位学生的发展》与《走进新课程　与课程实施者对话》这两本书（一般称为绿皮书与红皮书）给全体教师，可惜，只见发书，不见学习。教育部王湛副部长提出的"本次课程改革努力在以下几方面取得重要进展"的六个方面也大都做到或者在做，只可惜第四点"以创新精神和实践能力的培养为重点，建立新的教学方法；促进学习方式的变革"并未实现。满堂灌的"填鸭式"仍然普遍存在，新出现的"活动填鸭型"（不停问答或活动的所谓互动教学）或者"机器填鸭型"（搬字或画上荧屏的多媒体刻板化运用）又怎能算是"新的教学方式"呢？正如南京师大教科院杨亮先生所说：课程与教材的变革正在受到重视，但教学、教法或教学法却在不同程度地受到冷落，虽然现代教育技术的设备条件已得到空前改造，但重技轻术的情况相当普遍，教法远没有发挥出它的潜力来。我们不得不提醒改革者，决不能忘记前车之鉴：布鲁纳在20世纪60年代初引导的那场结构课程改革，那些精选优编的结构课程及教材，到60年代末期就已经备受冷落，其理论价值远未得到广泛肯定，而在教学实践的检验中几乎遭到了完全失败。在这过程中，尽管有各种各样的原因，但教学的或教法的价值显然举足轻重。而且，仅就教学的或教法的价值而论，也还有在实践中研究与探索的问题值得注意。布鲁纳当时就不只是提出了有关发现法教学的假设，而且告诫人们"它仍有待于检验，而检验必须在学校中进行"。

从上述历史的回顾，看看今天，素质教育的理论与实践之间存在着很深的文化隔离，不仅需要课程与教材建设，也需要教学法沟通；在课程与教材基本为统设统编的情况下，依然存在愈演愈烈的择校之风，所"择"的当然主要是教法。而人们目前基础教育中的许多教法的优势，似乎更多地体现于只维护"应试教育"，而不是素质教育。

如果我们的教师，特别是新进的青年教师如上海市调查显示那样多年来追求的是原有传统教学技术的成熟，不对自己的教学策略和方法作重大调整。我想，课堂里就不仅仅是"涛声依旧"，只怕会出现更多的厌学和弃学情况。

我认同"任何科学研究都必须在真实的情况中进行，离开了真实的课堂，教育研究将没有任何价值"的说法。我们应当把我们的心思和力量放到课堂，努力改变旧的教育观念和教学方式，并且落实到学习方式的转变上。

> 我们应当把我们的心思和力量放到课堂，努力改变旧的教育观念和教学方式，并且落实到学习方式的转变上。

第二节 我们需要公正、公平、公开的高考

2007年是1979年我国恢复高考30周年，《羊城晚报》有"恢复高考30年·历史的转弯"系列报道，其中有一篇是1966年6月18日，《人民日报》在头版位置发表了北京女一中高三（4）班和北京四中高三（5）班全体同学写给毛主席的信，强烈要求废除高考。而1976年，邓小平复出后首先做的一件事，正是恢复高考。《羊城晚报》说"这不能简单地理解为历史的巧合"。历史到了今天，又有一位全国人大代表提议要求取消高考，我只觉得这位人大代表比当年北京四中高三（5）班的学生周孝正还要革命！我希望这位人大代表读读如今到了花甲之年的周孝正的答记者问。

可能有更多的人说他们只是要求改革高考。我注意到这种所谓"改革高考"，那就是要搞综合评分，要看评语。我们就来看看一份"北京消息"（《中国青年报》）吧。

2006年6月12—13日，在湖南省应届高中毕业生体育竞赛

> 选送"水货"参加省级测试的学校都是省级示范中学!

优胜者统一测试中,"水货"纷纷露馅——女子100米的合格标准是13秒7,竟有人跑21秒34;在现场被记者记录下成绩的27名参测100米跑的女生中,无一达到《湖南省普通高等学校招生体能专业与体育竞赛优胜者统一测试手册》载明的合格标准。《羊城晚报》报道的标题是《三千体育专长生多数是"水货"》,记者强调指出这些送考生来测试的学校都是省级示范中学!

我在工作期间,也不止一次见到省一级学校初中保送上高中的体育田径特长生,在学校的运动会上连前六名也进不了。

至于学校写的综合评语,只要学生不侮辱老师,不在社会公开捣乱,又有哪位学生的评语会写得很差呢?哪位老师不希望自己的学生能够因为评语好拿多几分上大学呵!我当教导主任时,接待过一些要求从民办中学转学来的学生家长,他们拿出原学校的评语都是"你是一位好孩子","你学习很努力"之类嘉勉的话,成绩也都是80分以上的多,可是一考查,试卷多数很差。那么,还要不要根据好评语接收这些学生呢?你不能说这些学生原来学校的评语不对,不是提倡赏识教育,鼓励为主吗?写评语的老师看到了孩子的优点嘛!

我很赞同《羊城晚报》2007年5月30日"说法"中雷颐所说:"对于一个曾经以千万人的青春为代价、狂热地废除过考试制度的社会来说,更应该珍惜这来之不易的考试制度,并不断使之更加科学、合理、更趋完善。"我们要做的不是去反对考试,而是应该好好研究怎样考试,怎样命题,怎样发现人才,怎样"不拘一格选人才"。综合素质当然要考,但是绝不是根据登记在册"做了几件好事"之类的量化指标去考查(且不说这种做法会引导孩子们学会怎样虚伪),而是更多地可以根据各科的试卷考查。毕业学校的评语只能是参考,而且,当评语中写到这位学生有严重的原则问题时,我们也应该从各方面去调查核实,按实际情况处理。

把不同学校的每个学生的综合素质由各间不同学校的不同老师写成评语来打分算进高考成绩,是很不公平的!在这样一个物欲横流的历史阶段,你能保证现在关于学生的评语比当年关于工农兵大学生的推荐评语更真实、更可信吗?

其实，即使光看分数，也存在地区的不公平。同样是《羊城晚报》，登载了仙桃市教育系统内一个流传甚广的高考笑话（其实不可笑）："一位在北京的建筑工地上干活的仙桃民工遇见了工地的工程师，聊天时才发现两人都曾参加过1987年的高考。民工当年的高考分数比工程师高出50分，但在湖北省却落榜了。"为什么会有"高考移民"？也就是因为不同地区的录取分数不同，所以，不要再去争论该如何计算总分了，还是多一些研究该如何考试吧！

一说到考试，好像你就给学校、老师、家长、学生都带来了压力。其实，压力不是什么坏事，就看这压力是谁给的，如果是自己给的，那他就会自己努力，今有北京考生田惠明说他1977年高考的动机是："我考大学，没有豪言壮语，什么'铁肩担道义'，'为中华之崛起而读书'。我不是那么想的，就是太脏太累、太艰苦了，想要改变现状。"古有苏秦第一次游说六国失败，乞讨回家遭受白眼后所说："父不以我为子，嫂不以我为叔，皆秦之过也"，于是他"悬梁刺股"重读诗书。问题是现在的很多压力都来自上级：学校一统考完，上级马上统计成绩，分数算到小数点后两个位，一旦认为你不行，马上调离毕业班，甚至教师岗位，这样的压力太大了！教师只好拼命加班加点。为什么外国和过去的中国教师没有这种压力呢？因为他们的上级不搞成绩排队，不公榜，学生考不考上大学是自己的事，社会只关心一间学校校风好不好，学生学习好不好，并不去注意这间学校考试排第几。

现在要对考试排名次也行，但是必须实行一票否决，那就是一旦发现谁在加班加点，就把谁排除在排名之外，这样，就会多一些人去研究怎么靠40分钟课堂解决问题，就能把学生真正解放出来，让学生去自由选择自己的爱好和特长发挥。我们的教育部就不需要规定学生每天要有一节体锻课，一节跳舞课。

我们需要公正、公平、公开的高考！

第三节　时代不同了

我们许多老师常常会把现在的学生与自己学生时代相比较，以自己做学生的角色把对教学的期望迁移到现在的"我"——教师身上，他们常常会说："我自己做学生时就是这样读书上课，我当这么多年老师也是这么教书上课，为什么现在的学生就不能像过去那样学习。"这些教师没有注意到，过去的生活单一规范，过去有个收音机就不错，有个录音机便是时髦，我读中学时，能装一个矿石收音机就已经很自豪。今天已经进入信息时代，今天的学生，课堂之外的精彩实在太多了，他们看惯了缤纷的花花世界，听惯了强劲的快速节奏音乐，如果我们的老师在一堂课上还是一人独唱40分钟的滔滔不绝，哪怕你口若悬河，声情并茂，恐怕也难让学生们掌握好这一堂课的知识，因为掌握是需要动脑动手、需要实践的，而不是表演类的课堂所能实现的，不信，你请梅葆玖来演唱一场"贵妃醉酒"，看看有多少中学生会集中精神听，听懂的又有几人？

第四节　教师应当欢迎别人观课

我们过去常提"听课评课"，结果，促使老师努力"讲好"，因为别人来"听"课呀，但是又很担心，因为听完要"评课"哟。

日本一个教育访问团在一次和中国教师一起听课后说，日本教师和中国教师听课最大的不同是：中国教师注意听老师讲得怎样，日本教师注意看学生学得怎样。我主张"观课议课"。"观课"就不仅仅是听，还要看，要感觉，而观完课以后就大家一起来议课，一起讨论这课怎么教学更好。

在教改实验中，常有"公开课"，这种课，特别是对外时，总是要先集体讨论、说课、修改、试讲，再讨论、再修改，有时甚至借别人的班来上，至于像报纸登的那种作秀就更不用说。我在教学中，特别是实施"四合一"主体教学模

> 中国教师注意听老师讲得怎样，日本教师注意看学生学得怎样。

式后，我基本不搞公开课，我总是公开宣布我的课程表，欢迎老师们随时进课室观我的课。特别是2002年9月被立项为国家课题后，我上的每节课差不多都有人来听课，我和我的学生有一个约定："当他没到。"时间一长，如果有人进课室坐在后面听课，我的学生就会对他说："老师，请到前面坐，不是看冯老师怎么教，是看我们怎么学。"学生们看到这么多人来听课，老师仍然与平时一样教，他们还会不对老师充满信心吗？

"老师，请到前面坐，不是看冯老师怎么教，是看我们怎么学。"

我们常说"长长见识"、"见多识广"。我经常向学生说："学问学问，又学又问，才有学问。"只有注意学习和吸取别人的长处，才能充实自己，才能传承创新。

按照《中国教育报》介绍：新教材在加强学科联系方面的努力是明显的，如语文新教材中第四单元是"科学"单元，生物新教材第89页生物学与文学栏目是"寄予植物的情怀"。历史新教材提示语中许多是从经典诗歌或歌谣、神话传说、文学名著中引出某课的历史学习，教材内容更有许多是文学、科技等文化发展史方面的内容，自由阅读卡中不少也是跨学科的资料，如"册"、"编"、"卷"的来历。

语文、历史等人文学科方面的课程中加强科学技术方面的内容，物理、化学、生物、地理等教材则一方面强调语言的人性化，一方面穿插一些科学家故事，讲述他们的科学精神与坚韧精神。

如果还是像过去那样，数学老师只是听数学，语文老师只是听语文，恐怕是很难达到科学精神与人文精神的渗透与融合的。

实施"四合一"主体教学模式更需要加强学科之间的观摩与交流，例如信息卡的使用，板演题的设计，互助合作小组的活动，我就从各个学科中学到了不少新东西。

有些老师很怕别人听自己的课，其实，让别人听自己的课，只会促使自己更努力备好课，并且加强了反思。备课—实施—反思，这三个环节如果有人从旁协助或建议，就会形成良性循环。"四合一"主体教学模式被立项为全国教育科学"十五"规划课题后，我向课题组老师公布了我的课程表，差不多每天都有老师来听我的课。我不管是谁，都表示欢迎。

只不过，请他们坐在前面，看我的学生怎样学习。他们与我交流，给予我很大的鼓励，也让我更好反思。例如，他们说我上课好像在跟学生玩；最大感受是我的课堂没有一个局外人，全体学生都那么投入，等等。他们还问"为什么我们高一的学生都很少主动回答问题，而你高三的学生都抢着跑出黑板答问题？"只是，我很少当面听到批评的意见。

其实，多交流是很有好处的。

> 多交流是很有好处的。

多伊尔（Doyle）认为课堂环境有以下一些特征：

多度向性：指的是课堂中要完成的任务和发生的事件之多，而且每一个单一的事件往往有很多种的后果。

同时性：这是指许多事件在课堂上同时发生。当推行个别化教学时，这种同时性的特征表现得更明显。

即刻性：意指课堂事件的快速演变，教师必须维持课堂的动力和课堂事件的平稳发展。

难以预测性：即课堂事件的方向难以预测，常常有分岔、中断的情况。

公开性：课堂是公开的地方，教学事件、教师行为，均可由学生所见证。

历史性：师生之间的长期互动，积累了大量经验、做法和共识，成为今后教学的重要经验。

而对课堂环境的这些特性，不管我们有怎样的理论指导，有怎样的仔细准备，都不可能预测到复杂事件中的每一个方面。因此，只有多见、多闻、多思考、多交流，才能练出应对自己面临独特困境和问题的能力。

我们应当看到的是，在一般情况下，支配教师教学行为的是教师在学习和工作过程中长期形成的常规行为和潜在信念。这些信念，是教师在学生时代就开始培养形成的；这些常规，是教师进入教学岗位后逐步学会的。它们是如此根深蒂固，以至于教师常常会自觉或不自觉地执行并捍卫。如果我们能加强同事与同事之间，学科与学科之间的交流，不怕开展思想碰撞，就能更好刺激我们的思维，为我们的反思和实验提供情感与道义上的支持与帮助。

第五节　用一生的工夫准备每一节课

我在《人民教育》上读过一篇报道："用一生的工夫准备每一节课。"我很认同里面的提法。

课堂教学乃是教学工作的中心环节，是教师的思想、知识、业务水平和教学能力的集中体现，是学生掌握知识，发展智力，提高能力的最基本的学习形式。因此，所上之课的质量，效益如何便成了衡量、评价一位教师称职与否的主要依据，而备好课则又是上好课的前提。

古人论及诗歌创作，有"功夫在诗外"之说。这"诗外"的功夫，正是要求我们"读万卷书，行万里路"，注重生活、知识的积累。而这些又是无法"速成"的，需要我们平时一点一滴的积累，积土成山，积水成渊。只有不懈地钻研教育教学理论，及时捕捉各种教育信息，掌握先进、科学的教育方法，不断更新自己的知识，博采众长为我用，我们才有可能真正上活、上好每一节课。所以，才有"用一生工夫准备每一节课"的说法。这与苏东坡所谓"博观而约取，厚积而薄发"的说法有相同的意思。

孔子云："水之积也不厚，则其负大舟也无力；风之积也不厚，则其负大翼也无力。"如果我们看到一些说法，听到一些介绍，知道一些做法，就满足于行动，就只能是"无力"的。只有时时注意"博观"，注意"厚积"，对学问处处留心，兼收并蓄，我们才能有所提高，有所收获。

> 用一生的工夫准备每一节课。

> 只有时时注意"博观"，注意"厚积"，对学问处处留心，兼收并蓄，我们才能有所提高，有所收获。

第六节　要时刻记住"一切为了每一位学生的发展"

我在和课题组老师的交流中，常听到一个说法，因为要等某一位学生回答问题，或是为了开展小组讨论，耽误了时间，影响了教学进度，完不成教学计划。所以，有些老师最终还是"老师讲，学生听"。即使这样，这些老师也是经常拖堂。

在教育部基础教育司组织编写的《走进新课程》一书中，提出了"教学关注学科还是关注人？"这个问题反映了两种不同的教育价值观。作者认为从实践层面讲，以学科为本位的教学是一种"目中无人"的教学，它突出表现为：

第一，重认知轻情感。正如苏联教学论专家斯卡特金所提出的："我们建立了很合理的，很有逻辑性的教学过程，但它给积极情感的食粮很少，因而引起了很多学生的苦恼、恐惧和别的消极感受，阻止他们全力以赴地去学习。"

第二，重教书轻育人。正如利奥·巴恩格利亚先生所写："我们整天在干些什么？我们如此忙于传授知识。如果我们没有教莉亚妮任何她真正需要知道的东西，譬如：如何快乐地生活着，如何有个人价值感和自尊心，而是单教给她如何读书、写作、算题，这又有什么用呢？"教学过程不能成为学生道德提升和人格发展的过程，这是以学科为本位的教学的最大失败。

> 我们要让学生感受到课堂是温暖的，是充满活力的，是可以让他表现的。

我们许许多多老师在花了许多精力备课后常会责怪学生不听课，不好好学习。他们往往忽略了学生为什么不听课，为什么不学习。其实原因是多方面的，需要教师多点关怀，努力去吸引他们把心思停留在课堂。我们不要搞填鸭式课堂，也不要搞表演类课堂，我们要让学生感受到课堂是温暖的，是充满活力的，是可以让他表现的。我曾经为香港一间学校的一个无法上课的班设计过一组题目，其中一道是计算(-2)+(-4)。结果，调皮的学生都认为自己会做，但是当他们出黑板板演时，却有两个小组写成-2+-4=-6。没有得到100分，他们不甘心，要求再来，于是，准备好的第二组题又拿出来了，就这样，一个纪律很差的班很热烈很好纪律地上完了一节课。老师和学生都很高兴，都觉得自己的才能得到了发展。

第七节　给学生怎样的奖励

我在前面谈到过"一位老师的问题与困惑"，可能这位老师很想教好学生，也相信"四合一"主体教学模式有用，但是，他却叹息"如果有好家庭教养，如果我事先不将他们的素质看得那么高，我会预先做好准备和教育，可能不会有这样的事情发生"。

我们再看看这位老师所做的几件事：

1. 将买回来的卡制成了一个班60多套的信息卡，自己带着较为激动的心情将卡发下去。

2. 自己掏钱近300元，并亲自到几百米远的文具店买下了近200本带香气的笔记本，双手捧送到每一位学生手上。

3. 班里成绩上升到级里第二位时，请全班吃水果大餐，本人从买到分发，包括发西瓜、哈密瓜，辛苦折腾了近3个小时。

三件事的结果都有点伤了这位老师的心，因此他大叹教师素质问题和学生素质问题，这位老师还讲了一段话："从人类大脑的结构特征和每个人的人格特征来说，决不是每个人都适合在数理化的考试上取得突出的成绩，因为每个人的智能不只是存在程度上的差异，还存在结构类型的差异。"他介绍了美国学者霍华德·加德纳认为的人类七种不同智能后又说："正是每个人所拥有的智能的不同，构成了人与人的差异，也构成了人类社会的丰富性。"

接续这位老师的说话，我们是否承认教师本身的能力结构和个性特征对学生的发展能产生潜移默化的影响？

美国教育专家布拉弗德和素波特根据教师能力和性格的多样化，将教师划分为四种不同类型，探讨了各种类型的教师在学生发展中所起的作用和可能导致学生的反应，列表如表4-1所示：

各位读者，对照此表，你觉得这位老师属于哪种类型呢？其实，属于哪种类型不是主要问题，在曾经风行一时的《厚黑学》中，李宗吾提到刘备面厚，曹操心黑，但都能雄踞一方，成就一番事业，我认为关键是他们采取什么策略。

我要郑重声明，举此例子，只是想强调策略，而不是认同李宗吾所说的一些话。例如他说"我自读书识字以来，就想为英雄豪杰，求之四书五经，茫无所得。求之诸子百家，与及二十四史，仍无所得，以为古之英雄豪杰者，必有不传之秘，……一旦偶求想起三国时几个人物，不觉恍然大悟：

> 我们是否承认教师本身的能力结构和个性特征对学生的发展能产生潜移默化的影响？

表4-1 教师类型、特征与学生的反应

教师类型	教师特征	学生的典型反应
强硬专制型教师	1. 对学生时时严加监视 2. 以严厉的纪律要求学生 3. 很少给予表扬（认为这样会宠坏儿童） 4. 没有老师监督，学生不可能自觉学习	1. 屈服，但一开始就厌恶和讨厌这种教师 2. 推卸责任 3. 学生易怒，不愿合作，背后伤人 4. 教师离开教室，学习就明显松弛
仁慈专制型教师	1. 不认为自己是独断专行的人 2. 表扬并关心学生 3. 其专断来自过分自信 4. 以我为班级一切工作的标准	1. 大部分学生喜欢，但看穿其行为的学生会恨他 2. 各方面依赖教师，创造性差 3. 屈从，缺乏个人发展能力 4. 班级工作布置可能是多的，且本质可能是好的
放任自流型教师	1. 没信心，任学生自流 2. 很难作出决定 3. 没有明确目标 4. 既不鼓励，也不反对；既不参加学生活动，也不提供帮助	1. 品德差，学习差 2. 有许多"推卸责任"、"寻找替罪羊"、"容易激怒"的行为 3. 没有合作 4. 谁也不知道应该做什么
民主型教师	1. 和集体共同制定计划和作出决定 2. 在不损害集体的情况下，乐意给个别学生以帮助、指导和援助 3. 尽可能鼓励集体的活动 4. 给予客观的表扬与批评	1. 学生喜欢工作，喜欢同别人，尤其同教师一起工作 2. 学生工作的质和量都很高，创造力发展迅速 3. 学生互相鼓励，且独自承担某些责任 4. 不论教师是否在课堂，学生都有着巨大的创新动机和热情

> 有没有第五种类型呢？

（引自《西方素质教育精华》叶运生编著）

"得之矣，失之矣，古之为英雄豪杰者，不过面厚心黑而已"。我想，现在这么多人"面厚心黑"，李宗吾先生是否也有一份责任呢？唉！

我倒是想向这位老师推荐越王勾践的"投醪效应"。

越王勾践的十年卧薪尝胆，激励了许多人，至今还有许多人引用蒲松龄的对联"有志者事竟成 破釜沉舟 百万秦关终属楚/苦心人天不负 卧薪尝胆 三千越甲可吞吴"。从这副对联，我们也可看到三位性格、能力完全不同的人物都如何成就了一番事业。此处只说越王的"投醪效应"：当越王出兵之时，文志送给他一坛美酒，祝他旗开得胜。勾践想把这坛美酒犒劳将士，却又窘于只有一坛酒，如何分给三军？大臣文种提了一个办法：把酒倒入一条小河，令军士迎流而饮。这样做，虽然每个将士只喝到一口可能连酒味也没有的河水，但他们却感受到越王的情深义重，体恤将士，从而意气风发，斗志昂扬，取得了战斗的胜利。

再说一个外国例子，英国有一位教师，到一间农村小学去教一个乱班，他一进教室，孩子们打闹嘈吵，他站在一旁不吭声，学生们反而静了下来，然后他问学生："你们看到外面那栏猪了吗？如果你们现在开始努力学习，到学期末考了第一，我就到那里去吻一头随你们指定的猪。结果学生们真的努力学习，拿了第一，当然，教师也实践了自己的诺言。

举这两个例子想说明一个问题：在我们对学生进行奖励时，既要重视知识和技能的"奖"，用常规手段，例如给他们评高分，发奖状等提高认知水平，也要重视情感、价值观的"励"，用新颖恰当的方式激励非认知心理品质（例如动机、兴趣、情感、意志等）。

有时候，真的不在于你给了多少"奖"，而在于你送了多少"励"，而让受奖励者感到你的亲近和真诚。

这其实也是一种智力。

第八节　换一种心情

我从1997开始构建"四合一"主体教学模式，头五年是孤军作战，后五年获得认同、支持和鼓励。前后五年的遭遇不同，首先是大环境的改变。2002年，我获得全国教育科学"十五"规划课题立项，在中学老师中是唯一的，马上得到许多人的认同。2002年和2003年，"四合一"主体教学模式实验取得了很好的成绩，特别是两名广东省高考数学状元的出现成为耀眼的亮点，更主要的是新课标的普遍实施，让人们认同了以学生为主体的重要，连当初反对小组讨论的人也公开说要搞小组讨论。

十年时间，我其实受到过不少非议。例如说一位搞教研的老师就对别人说"冯旭初讲课经常出现原则性的错误"。其实这位老师总共就听过我一节公开课，当时评课没有任何一位听课者说我讲错了。又例如另外一位市里知名的老师在我开始实行"四合一"主体教学模式时对人说我"之所以搞互助合作小组是因为老师不懂得解题，所以才要学生讨论，让学生自己解"。诸如此类的话，虽然都是在背地里说，但是你总不能都当耳边风，总会影响心情，不明白他们为什么要这样说。这时候，就需要我们自己换一种心情。

有人说哭泣可以发泄忧伤，但是我不哭，哭能解决问题吗？我会用转移注意力的办法改变自己的心情，例如我会到北京路的广州百货大楼的阁楼层走走，去欣赏那里精致的工艺品，用美的感受来调理受伤的心灵。用这些人精心创造的作品鼓励自己也要用自己的努力去教好学生。

更多时候，因为已毕业的学生常常会邀请我到一些他们喜欢的环境很好的地方吃饭，这个时候，我就会跟他们说我在做什么，他们就会鼓励我一番。我就会告诉自己，我的学生对我好，别的人说我不好怕什么。

> 最好的方法是改变看事情的角度或者帮助别人。

当然，最好的方法是改变看事情的角度或者帮助别人。当你听到贬斥自己的言论时，你让自己为对方想一想，想到这人可能是有什么个人的需要和利益，而这人平时表面上也对我不错呀！这样一来，往往可以让自己体谅他。不知道为什么，我从小就不喜欢看《三国演义》，我反感曹操"宁可我负天下人，不可天下人负我"的信条。我鼓励自己："宁可天下人负我，我不负天下人"。这样，我就可以让自己心安理得，而且在那些人有困难时还愿意帮他一把。

经历过"文化大革命"的我，常常对我的学生说："只有强者才有能力帮助别人，弱者则需要别人帮助。"所以我很愿意帮助别人，包括贬斥过我的人，因为能够帮助别人，说明我还有力量，还不需要等待别人的救助。于是，我就有了一种小小的成功感，就能保持一种好心情。

第九节　要努力传承创新
　　　　形成个人教学风格

"四合一"主体教学模式是在学习继承中外许多教育观念与理论的基础上构建的，我在向老师们介绍这一模式时，一再提醒老师们要"因时就势，形成个人教学风格"，就好像当年京剧的梅派和荀派一样，虽然都是京剧，都是有基本曲调与动作，但是舞台演出却有完全不同的风格和唱腔。

我想讲两件事：

（一）一位小学老师的文章

我读过《中国教育报》上一位小学老师写的文章："网络教学热中的冷思考"。文中有这样一段话：

网络是先进的代名词，但有的教师实施的网络教学却变相成为了先进技术的展示课，曾听过一堂《翠鸟》的语文课，这是一节网络环境下的拓展阅读课，教师精心设计了一个网站，他将教材原文用精美的网页形式表现了出来，为了渲染气氛，他用大量的FLASH动画反映翠鸟在湖面飞行抓鱼的过程，课堂讨论时他又费尽心思地制作了一个BBS论坛，让孩子们通过电脑充分发表自己的观点，课堂结束时他又用ASP技术制作了一份交互式的网上答卷以检验学生的课堂学习效果。整堂课下来我们只听到键盘击打的声音，却看不到师生之间的互动，整堂课下来我们只欣赏到了一幅幅精美的画面，却对课文本身包含的美（文字美、意境美）缺少了真实的体验，我们只感受到了网络技术的优越性，但感受不到语文教学的听说读写的基本训练。这节课教师的课堂设计都是围绕着网络这个形式而展开，完全将内容和形式机械地割裂开来了。

> 网络教学必须克服形式主义倾向。

网络的先进性更多地应体现在实质性地提高课堂教学的效果上，网络教学必须克服形式主义倾向，网络的课程设计同样要严格遵循学生的认知规律和教学原则，要根据学科教学内容及原则，要根据学科教学内容及特征，要合理地选择网络技术，力争做到内容与形式的统一，我们不能为刻意追求华丽的形象、先进的外表而失去了其教育性，否则只会使网络教学牵强附会，起到画蛇添足的作用。

> 不要以新颖的形式去追求保守的目标。

我是很同意这篇文章的观点的,当我们运用现代教育技术手段去上课时,我们要特别注意提醒自己:一不要为了完成上级规定的60%而把学科课上成信息技术课;二不要以新颖的形式去追求保守的目标。不要把过去的板书变成现在的画面就算是现代先进技术教学。

(二) 《人民教育》的三位记者的专门采访

三位记者专门采访了教育部基础教育课程教材发展中心主任助理刘兼教授及北京师范大学教育学院祁华博士。谈到"课堂教学如何实现三维目标"。其中有一个"关于三维目标之间的关系及其课堂实现方式"的问题:

记:可能正因为不可量化,所以在实现方式上也显得比较难把握。我们经常看到,很多课堂必用多媒体,以调动学生的积极性,把有些简单的问题复杂化了;或者在某个教学环节加进思想教育的内容,或者专门留出一个环节进行价值观的教育。如何看待这些问题?

祁:三维目标不是三块,而是一个整体。不是要在知识、技能上加上情感。因为实际上在整个教学过程中,情感、态度、价值观是始终存在的,只不过我们过去没有关注而已。学生在学习过程中,总是有一个态度、情感倾向的,可能是积极的,也可能是消极的。而且有可能,有相当多的学生是带着消极的情感在学习。我们现在就是要把它变成积极的,让学生热爱学习,甚至有意识地激发学生的学习兴趣自觉化。

刘:在研究层面,我们可以把其拆开,但在实践层面必须是三位一体。因为,实践层面是面对完整的人的,绝对不能把它人为地分开。不是一节课分为三大环节,分别完成三个目标。

> 我们要多想一想,怎样把它贯穿到自己的教学意念和实践中,形成一种自己的教学风格。

我也是认同这样的说法的,我之所以把自己构建的模式叫做"四合一"主体教学模式,就是觉得应当像我们上网可以查到的很多"四合一"一样,是由四个元素组成,其实还有一些其他元素,不过主要是这四个元素合成一个主体目标。所以,不要一谈"三维"我们就分三个环节去完成这"三维",一谈"四合一",就分成四个部分去完成这"四合一"。我们要多想一想,怎样把它贯穿到自己的教学意念和实践中,形成一种自己的教学风格。

第十节　分清模式与目标

上海师范大学吴立岗研究员在《教学的原理，模式和活动》一书中，将教学模式定义为："依据教学思想和教学规律而形成的在教学过程中必须遵循的比较稳固的教学程序及其方法的策略体系，包括教学过程中诸要素的组合方式，教学程序及其相应的策略。""而教学目标则是一种策略，可以由教师根据需要加以调整、变更，具有较大的灵活性"。

具体到课堂教学中，首先要明确学科知识和技能的要求。动脑筋想想，怎么样实现知识技能目标，而在这节课中的情感养成则自然融会其中。我想举一位较早参加"四合一"主体教学模式却较迟得到我认同的青年语文教师关于一节课前后三次写出的教案，说明这个问题。

第一次的教案
《桥之美》教学设计
广州市第七中学　黄海丹
[教学目标]
　1. 了解作者并理解其爱桥的原因。
　2. 学会欣赏桥在不同环境中的多种多样的形式和作用。
　3. 与茅以升的《中国石拱桥》比较，感受不同作者创作的不同角度与不同表达方式。
[教学流程]
一、简介作者，激趣导入
（一）展示教授画作。
（二）简介作者：吴冠中教授，1919年出生。江苏省宜兴市人。是当代在世界画坛具有巨大影响的画家。他一直探索着将中西绘画艺术结合在一起。起初，他学工科，因一次机缘参观了杭州艺专，便立即被五彩缤纷的艺术美迷住了，下决心改行从艺。1946年，他考取公费留法，毕业后毅然回国。到中央美院任教，后来又到中央工艺美术学院任教授。他的精神正可用他的一本书名来概括，那就是"要艺术不要命"。最早画的作品多以江南水乡为题材，画面充满诗意，他特别重视点、线、面的结合与搭配。在中国乃至世界画坛都具有极大的影响，他也是出色的美术教育家、散文家。

（三）质疑激趣：画家与桥梁专家不同，相比茅以升，他看桥写桥是否有其独特的视角呢？

二、把握中心句，初步感知"桥之美"

（一）教师范读课文，并检测落实基础

1. 以下画线字词注音正确的是（　　）

A. 煞它风景 sha　　驻足 zhu

B. 点缀 zhui　　纤细 qian

C. 着眼 zhao　　前瞻后顾 zhan

D. 发闷 men　　失之毫厘，差之千里 cha

2. 以下词语解释有误的是（　　）

A. 人们到此总要驻足（停止脚步）欣赏飞瀑流泉。

B. 画家和摄影师必然要在此展开一番搏斗（激烈地对打、掐架）。

C. 不宜笼统（宽泛、不具体、不明确）地提问，不能笼统地答复。

D. 脂粉颜色哪能左右（影响、支配）结构之美呢！

（二）把握文章中心句，理解桥与环境的关系

1. 提问：初步阅读课文，你了解到作者对桥的关注点在何处了吗?和桥梁专家茅以升一样吗？请回答并从文中找出依据。

明确：和茅以升不一样，作者"并非着重于……也并非着眼于……缘于桥在不同环境中的多种多样的形式作用"。

2. 提问：为了说明桥在不同环境中的多种多样的形式作用，文中列举了哪些桥作为说明对象呢？按照文章的行文顺序将它们一一找出。

明确：作者列举了乌镇苇丛中的石桥；江南乡间柳畔石桥；湖上长桥——颐和园的仿卢沟桥、苏州的宝带桥；形式独特的广西、云南、贵州山区的风雨廊桥；以及《清明上河图》中的桥、田野中的桥、西藏西双版纳及四川等地的索桥、南京长江大桥、钱塘江大桥、成昆路上的直线桥

3. 快速浏览第4自然段，体会作者写的第一组桥美在何处。小组合作完成以下表格：

表 4-2

桥	所在的环境	无桥的感觉	有桥的效果
乌镇石桥	密密苇丛	密密苇丛使空间显得狭窄拥挤，令人产生憋闷感	石桥与芦苇丛构成鲜明的对照，能使空间陡然显得疏朗开阔，令人感觉舒畅
江南石桥	细柳飘丝	过于娇柔，缺少对比	柳枝的动、细弱、年年发芽和石块的静、厚重坚硬、历久不变形成对比，令人销魂
卧龙长桥	湖水苍茫	平平无奇，略显单调	在宽阔的水面上的长桥，打破了单调的背景，整个环境充满了灵气和生命，宛如史诗
山区风雨桥	山区之中飞瀑急流	水流湍急、山峰险峻，令人惊恐	廊和厅的安闲自在和亭下水流的湍急、山峰的险峻又形成对照，形式独特

4. 完成这张表，品析这些桥，我们不难发现，画家在欣赏桥时注重的是桥与周围环境的对照与配合。请结合课文内容与表格的分析，仿照老师的例句，完成另外三个句子填空，感受"桥之美"。

例句：苇丛石桥之美，美在<u>与密密的苇丛配合的开阔疏朗</u>。

柳畔石桥之美，美在<u>与纤弱的细柳配合的刚柔相济</u>。

湖上长桥之美，美在<u>与娴静的水面配合的灵动活泼</u>。

山区风雨桥之美，美在<u>与险峻的山峰、湍急的流水配合给人的安闲自在之感</u>。

小结：桥美化了环境。（桥美境）

5. 快速浏览第 4 自然段，体会作者写的第一组桥美在何处。小组合作完成以下表格：

表 4-3

桥	无环境	有环境	融入环境的效果
《清明上河图》中桥	形象被孤立	街头市集	将两岸相连，浓缩成画面
田野桥	有些单调、无声	一片庄稼地	桥与流水协同谱出形与色的乐曲；形象重叠和交错构成丰富的画面；热闹
索桥	一道孤立的线	高山峡谷	与山岩、树丛、急流相映衬，富有了生命力；画面也有了多种多样的线

小结：环境美化了桥（境美桥）

6. 第6段里，作者也描写了桥与环境相配合的美吗？

明确：这一段作者从反面举例，借南京长江大桥、钱塘江大桥、成昆铁路上的直线桥说明，点、线、面如果构不成美的画面，桥也许就不美了。

> 经过一大堆文字轰炸，老师和学生都会感到累。

7. 能用一句话来简要概括吴冠中先生眼中的"桥之美"吗？

明确：凡是起到构成及联系之关键作用的形象，就具备了桥之美。（文末段总结句）

教师小结：吴冠中先生其实不仅在讲桥，更重要的是借桥揭示了审美的关键，那就是要看配合，要从色彩的搭配、画面的构成（点、线、面）、形象的组合（强弱、明暗、动静等）角度来思考与欣赏事物。

（三）比较《中国石拱桥》，理解两文不同特色

《中国石拱桥》以准确的数据、丰富的史料等对中国石拱桥历史悠久、形式优美、结构坚固、成就突出的特点进行了说明，使人对石拱桥有一个整体的了解。语言平实自然而又准确、严密。

《桥之美》着眼于桥的美学价值，用艺术家的眼光发掘桥在不同环境中所产生的美学效果。文章语言优美，或描写景物，或抒发感情，文字极富表现力和感染力。

教师引导学生利用表格使其更加清楚，学生根据表格要求填写相关内容，表格设计如下：

表 4-4

比较篇目	体裁	主要介绍内容角度	主要表达方式	语言
《中国石拱桥》	说明文	桥的地理位置、建造年代、外观结构、历史价值等	说明	科学、平实、准确
《桥之美》	小品文	桥在不同环境中的形式作用	描写、抒情	富于表现力与感染力

第二次的教案

《桥之美》教学设计

广州市第七中学 黄海丹

[教学目标]

1. 了解作者并理解其爱桥的原因。

2. 学会欣赏桥在不同环境中的多种多样的形式和作用。

3. 与茅以升的《中国石拱桥》比较，感受不同作者创作的不同角度与不同表达方式。

[教学流程]

一、简介作者，激趣导入

（一）展示教授画作,简介作者

（二）激趣导入：画家与桥梁专家不同，相比茅以升，他看桥写桥是否有其独特的视角呢？

二、把握中心句，初步感知"桥之美"

（一）初读课文，检测落实基础

1. 以下画线字词注音正确的是（   ）

A. 煞它风景 shā   驻足 zhù

B. 点缀 zhui   纤细 qiàn

C. 着眼 zhao   前瞻后顾 zhan

D. 发闷 mèn   失之毫厘，差之千里 chā

3. 以下词语解释有误的是（   ）

A. 人们到此总要驻足（停止脚步）欣赏飞瀑流泉。

B. 画家和摄影师必然要在此展开一番搏斗（激烈地对打、招架）。

C. 不宜笼统（宽泛、不具体、不明确）地提问，不能笼统地答复。

　　D. 脂粉颜色哪能左右（影响、支配）结构之美呢！

　（二）把握文章中心句，理解桥与环境的关系

　　1. 个人抢答：作者对桥的关注点在何处？和桥梁专家茅以升一样吗？请结合文句回答。

　　明确：和茅以升不一样，作者"并非着重于……也并非着眼于……缘于桥在不同环境中的多种多样的形式作用。"

　　2. 叫号抢答：为了说明桥在不同环境中的多种多样的形式作用，文中列举了哪些桥作为说明对象呢？按照文章的行文顺序将它们一一找出。

　　3. 快速浏览第4自然段，小组合作完成表格1，体会作者写的第一组桥美在何处。

　　4. 板演：请结合课文内容与表格的分析，仿照老师的例句，完成另外三个句子填空。

　　5. 快速浏览第5自然段，小组合作完成表格2，体会作者写的第二组桥美在何处。

　　6. 个人抢答：第6段里，作者也描写了桥与环境相配合的美吗？

　　7. 个人抢答：能用一句话来简要概括吴冠中先生眼中的"桥之美"吗？

　　教师小结：吴冠中先生其实不仅在讲桥，更重要的是借桥揭示了审美的关键，那就是要看配合，要从色彩的搭配、画面的构成（点、线、面）、形象的组合（强弱、明暗、动静等）角度来思考与欣赏事物。

　（三）比较《中国石拱桥》，理解两文不同特色

　　小组合作，完成表格3，叫号口答。

　　附表：《桥之美》四人小组学案

　　表格1：快速浏览第4自然段，小组合作共同完成下表，选最快完成组投影，全班评分。

桥	所在的环境	无桥的感觉	有桥的效果
乌镇石桥	密密苇丛		
江南石桥	细柳飘丝		
卧龙长桥	湖水苍茫		
山区风雨桥	山区之中 飞瀑急流		

2. 请结合课文内容与表格1，仿照例句，完成另三个句子填空。

例句：苇丛石桥之美，美在与 密密的苇丛配合的开阔疏朗 。

柳畔石桥之美，美在与_____。

湖上长桥之美，美在与_____。

桥 之美，美在与_____配合给人的安闲自在之感。

表格2：快速浏览第5自然段，小组合作共同完成下表，选最快完成组投影，全班评分。

桥	无环境	有环境	融入环境的效果
《清明上河图》中桥		街头市集	
田野桥		一片庄稼地	
索桥		高山峡谷	

表格3：比较《中国石拱桥》，小组合作共同完成下表，以理解两文不同特色。叫号抢答。

比较篇目	体裁	主要介绍内容角度	主要表达方式	语言
《中国石拱桥》				
《桥之美》				

第三次的教案

《桥之美》教学设计

广州市第七中学　黄海丹

[教学目标]

1. 积累"美感、史诗、驻足"等词语，并练习仿写句式。
2. 学会欣赏在不同环境中的多种多样形式的桥之美。

3. 与茅以升的《中国石拱桥》比较，感受不同作者创作的不同角度与不同表达方式。

[教学流程]

一、导入

吴冠中关于桥的作品三幅"高桥"、"小桥流水"、"绍兴河滨"，他所画的桥是中西合璧完美的统一。

二、新课

（一）阅读课文

（二）选择题：1，2

（三）问题：作者对桥的关注点在何处？和茅以升一样吗？请结合文句回答。（个人抢答）

（四）问题：为了说明桥在不同环境中的多种多样的形式作用，文中列举了哪些桥作为说明对象呢？按照文章的行文顺序将它们一一找出。（叫号口答）

（五）填表：教师朗读第4段，小组合作完成表格1，体会作者写的第一组桥美在何处。

（六）填空：结合课文内容与表格的分析，仿照例句，完成另外三个句子填空。（叫号板演）。

（七）填表：学生朗读第5段，小组合作完成表格2，体会作者写的第二组桥美在何处。

（八）问题：第6段里，作者也描写了桥与环境相配合的美吗？（个人抢答）

（九）问题：能用一句话来简要概括吴冠中先生眼中的"桥之美"吗？（个人抢答）

三、小结：吴冠中先生其实不仅在讲桥，更重要的是借桥揭示了审美的关键，那就是要看配合，要从色彩的搭配、画面的构成（点、线、面）、形象的组合（强弱、明暗、动静等）角度来思考与欣赏事物。

四、比较《中国石拱桥》，理解两文不同特色（小组合作，完成表格3，叫号口答）。

五、小结：本文是一篇带有说明性质的小品文。文章语言优美，或描写景物，或抒发感情，文字极富表现力和感染力。《中国石拱桥》是一篇较为规范的说明文。它说明对象分明，特征清楚，顺序合理，语言平实自然而又准确、严密，说明方法（举例子、引用、列数字、打比方等）得当。

六、作业：P105 二。

附表：《桥之美》四人小组学案

表格1：快速浏览第4自然段，小组合作共同完成下表，选最快完成组投影，全班评分。

桥	所在的环境	无桥的感觉	有桥的效果
乌镇石桥	密密苇丛		
江南石桥	细柳飘丝		
卧龙长桥	湖水苍茫		
山区风雨桥	山区之中 飞瀑急流		

2. 请结合课文内容与表格1，仿照例句，完成另外三个句子填空。

例句：苇丛石桥之美，美在与密密的苇丛配合的开阔疏朗。

柳畔石桥之美，美在与_____。

湖上长桥之美，美在与_____。

桥之美，美在与_____配合给人的安闲自在之感。

表格2：快速浏览第5自然段，小组合作共同完成下表，选最快完成组投影，全班评分。

桥	无环境	有环境	融入环境的效果
《清明上河图》中桥		街头市集	
田野桥		一片庄稼地	
索桥		高山峡谷	

表格3：比较《中国石拱桥》，小组合作共同完成下表，以理解两文不同特色。叫号抢答。

比较篇目	体裁	主要介绍内容角度	主要表达方式	语言
《中国石拱桥》				
《桥之美》				

培养学生比较归纳能力和竞争意识。

比较三次教案，主要是教学因素的思考和教学程序的确定。

教学因素包括教师、学生、课程和媒体等方面，在备课过程中，对这些因素特征进行认真思考，有助于我们实现教学目标，照顾不同接受能力。

在备课过程中，教师首先要思考自己、了解自己，即①自己的教学经验与教学风格？②对教学内容的理解？③预设的教学流程是否切实可行？由于每个教师年龄不同、知识水平不同、经验不同、性格不同，对教学内容的理解、编写的教学流程自然也不同，别人设计的流程，并不等于对自己同样好用，适合自己的才是最好的。

其次要思考学生的情况。教师必须思考学生的学习目的和态度、兴趣与需要、学习方法与习惯、思想状况、智力水平和身体条件等情况，确定教学难易程度、教学流程等。

最后要思考媒体的使用。教师要根据各种媒体的功能效用在课堂教学中恰当选择使用。要遵从能够促进学生身心发展，符合学生学习兴趣，让学生容易接受，乐于学习为原则，正确处理多媒体和粉笔、黑板、普通教具、语言表达之间的关系。

优秀教师的课往往能让人印象深刻，关键就在于他能很好地拿捏课堂的情节，哪个问题先讲哪个后讲。一堂课，是先易后难逐步深入，还是集中火力攻下典型再推出一般；一个题目，是小组讨论，代表板演，还是叫号板演，抑或是作为范例讲解，都有着不同的作用，备课时的侧重点也应该有所不同，这是老师备课时必须认真思考的问题。

具体书写时，则应字字珠玑，惜墨如金，把教学目标和教学流程写清楚就行了。

> 把教学目标和教学流程写清楚

第十一节　注意和学生的交往

《基础教育课程改革纲要（试行）》一书提出：教学是教师的教与学生的学的统一，这种统一的实质是交往。据此，现代教学论提出，教学过程是师生交往、积极互动、共同发展的过程。

交往的基本属性是互动性和互惠性，交往论强调师生间、学生间动态的信息交流，通过信息交流实现师生互动，相互沟通、相互影响、相互补充，从而达成共识、共享、共进。这是教学相长的真谛。

对教学而言，交往意味着对话，意味着参与，意味着相互建构，这不仅是一种教学活动方式，更是弥漫、充盈于师生之间的一种教学情境和精神氛围。对学生而言，交往意味着心态的开放、主体性的凸显、个性的彰显、创造性的解放。对教师而言，交往意味着上课不是传授知识，而是一起分享理解；上课不是无谓的牺牲和时光的浪费，而是生命活动、专业成长和自我实现的过程。交往还意味着教师角色定位的转换：教师由教学中的主角转向"平等中的首席"，从传统的知识传授者转向现代的学生发展的促进者。

> 交往有许多好处。

信息卡的使用，还要注意发挥它的多项功能，创造自己的课堂特色。例如：

1. 在课堂上做选择题时，学生即时举卡回答，教师可以一目了然，即时了解全班学生解题的速度和正确率，即时进行讲课调节，保证效果。

2. 在课堂上做完练习后，可以请每位学生即时举卡告诉老师自己解答的情况：全对举A卡，对三题举B卡，对两题举C题，对一题举D卡，不懂举白卡，教师马上知道全班学生掌握知识的情况。

3. 在课堂上当个别小组或学生回答问题后，可以请全班学生即时评分：A卡120分、B卡100分、C卡80分、D卡60分，不同意举白卡。这样既可以让全班学生关注个别，又鼓励学生尽可能回答正确。教师还可即时问问举A卡或白卡的学生意见，往往会有意料之外的回答。

4. 当学生在课堂上经过小组讨论有不同意见时，教师可把不同的意见标上A、B、C、D、E，让学生即时举卡选择自己的认同（白色为E），即时进行讲解或调整教学要求，还可以同时弄清楚哪些小组掌握知识较好，哪些较差。

5. 教师可以请学生对自己的讲课当堂评分：A卡120分、B卡100分、C卡80分、D卡60分，加强师生沟通与交流，改进自己的课堂教学。

6. 当小组讨论或个人思考一个较难问题时，学生可以用A、B、C、D卡表示自己对该问题的掌握情况：A卡全懂，B卡基本懂，C卡有些不懂，D卡基本不懂，白卡请求帮助。

7. 在进行对问题的多项选择时，学生可以同时举起4张信息卡，教师可以在瞬间看到学生的全部答案。

8. 当进行一些有争议的问题讨论时，不同小组之间可以用信息卡进行交流，既进行了讨论，又避免了嘈杂无序。

信息卡的功能随着不同学科的老师的开发，正在应用的越来越多，广州中学数学教研会会长、中学数学特级教师、执信中学刘仕森校长在参加"四合一"主体教学模式成果鉴定会时说他认为信息卡的功能可以有15种之多。总的都是为了达到全体参与，即时反馈，增大容量，保证堂上解决问题的目的。

在使用信息卡时，有一点特别要注意的是：教师要在适当时候举起自己的信息卡明确自己的选择，不要只是说出答案。反馈是双方的，要避免自己以导师自居，站在讲台上看着学生举卡，自己却无反应，要留意全班学生举卡时的情况，及时做出反馈，这样，才能让信息卡的使用经常化、工具化，否则，慢慢学生就会越举越少，或者敷衍了事。

> 交往是双方的，反馈也是双方的，举信息卡也应当是双方的。

第十二节　要守得住"清贫"

（一）"板凳要坐十年冷"

这是《中国教育报》2004年8月14日的一篇文章的题目，报道了湖南高校两位著名学者成长历程的启示。

启示之一：无论自身处境如何险恶，也要埋头学知识，孜孜求真理。

启示之二：无论外面的世界如何精彩，也要潜心做学问，甘坐冷板凳。

启示之三：无论个人如何努力，关键时候还需要有伯乐。

第四章　实施"四合一"主体教学模式20年说

我是很认同这三点启示的。我常常跟课题组的青年教师说:"机会只给有准备的人。"伯乐来了,你不是千里马也只能叹息。所以,我们本身要努力,这样,一遇伯乐就可以奔腾。我就是这样,我只是在一个偶然的机会,于2000年认识了时任广东省教育厅普教科研办公室主任的任洁博士,谈起我在进行"四合一"主体教学模式实验,她听后,很感兴趣,马上要我把材料给她看,看后,她告诉我,可以申报科研课题,并且具体指导我如何从网上下载表格申请。这样,才有了一个中学老师负责的国家课题的立项。

在课题的构建与实施过程中,先后得到广州市教育局教研室中数科谭国华科长和教研室麦曦主任、黄宪副主任、科研处蒋少艾处长、东山区科技局刘震海副局长和冯凌科长等领导的热情支持和帮助,才有今天"四合一"的故事。

这里,我想特别提一提广州教育学会会长、华南师范大学客座教授叶世雄和中国教育学会会长、北京师范大学教育管理学院院长顾明远教授对我的帮助与支持。叶世雄会长在他担任广州市教育局局长时就一直关注我的教学情况,他任广州市教育学会会长后,于2003年11月21日精心组织举行了广州市"四合一"主体教学模式研讨会。

顾明远教授于2003年7月8日到广州市第七中学调研,听了我关于"四合一"主体教学模式实验情况的汇报后,很高兴地为我们题写了"教育发展在于改革,教育改革在于创新广州市第七中学的'四合一'主体教学模式的实验改革就是一种教育创新"的题词。回到北京后,他又特地为'四合一'主体教学模式课题组出版发行的课例与反思《我们这样上课》一书写了序言,称赞我是第一个"敢于吃螃蟹的人"。

(二)要守得住"清贫",不羡慕有人升官,有人发财

这话说起来好像很难听,很难接受。我只想说,我在学生时代听说的朱自清先生"宁愿饿死,也不吃美国救济粮"的故事。在我这一生中烙下了很深的烙印。我高中时代在广州市区中学读书,可是,高一整整一年打赤脚上学,因为父亲没有钱买鞋给我穿。记得有一次父亲的老乡请吃饭,我却

> 我们本身要努力,这样,一遇伯乐就可以奔腾。

> 你要光明,你自己去找。
> ——朱自清

不能去，因为没有鞋穿。上了大学，穿的是父亲学生时代穿过的衣服，连内衣也是把父亲的两件烂文化衫剪下下半截，再自己用针线缝制成背心来穿。常常被人嘲笑，笑我的穷。我总有一种被人瞧不起的感觉。所以，我一直以来，常常提醒自己：不食嗟来之食；提醒自己：不可以有傲气，但要有傲骨。我认同朱自清先生在《匆匆》中所说："在逃去如飞的日子里，在千门万户的世界里的我能做些什么呢？""我赤裸裸来到这世界，转眼也将赤裸裸地回去吧？但不能平的，为什么偏要白白走一遭呵？"

我这里把清贫加了引号，是因为现在的教师待遇，比朱自清时代好多了，只不过比不上那些贪官，那些先富起来的而已，相对他们而言，教师还是清贫的。如果要想过富裕享受的生活，不满足于只拿一份国家工资，那恐怕就做不成好教师。

（三）享受人生

一位学生曾经跟我说"不能流芳百世，也要遗臭万年。"我当时只告诉她："流芳也好，遗臭也好，都是身后事，你再也感受不到，何必计较。要紧的是活着时，好好做一个人，做一个'为人不做亏心事，夜半敲门也不惊'的人。趁我们活着，好好享受人生吧。"

什么是人生呢？不知道看我这本书的读者有没有读过小说《人生》或者看过电影《人生》。你同意男主人公高加林为了自己的人生目标而不顾别人的行为吗？当年的《中国青年》曾经就此展开过一场大讨论。我想，即使今天来讨论，还会有许多男人认同高加林。我却不认为那样不顾别人的个人奋斗就是享受人生。

我的所谓享受人生是指在自己能力所及的范围内享受作为人的生活，我已经有了一份工资，饿不死，冻不着，我常常把希腊女船王一生的故事讲给愿意听的学生听，让他们明白，人有人的生活；明白"广厦千间，夜眠七尺；良田万亩，日食三餐"。人的享受除了物质，还有精神。要不，怎么打着"山里人"、"农家菜"的旅游景点和饮食行业，交费去的人那么多。

（四）天地之间有杆秤

教师是要比许多人清贫，但是，如果我们像报纸报道的南京中小学教师炒更成风的结果是什么呢？《中国教育报》2004年7月25日有一篇报道的题目是：《南京名校校长今年很"窝火"》，文中说："对南京高考不如兄弟城市，家长、教师和校长有着各自的解释，但有一点却非常一致，那就是教师忙家教。"

其实，这种为了增加收入而忙家教的情况已经很普遍。报纸就报道过沈阳中学的青年女老师谷娟大学毕业到中学教书六年，就有了三套商品房、一辆宝来汽车、身家过百万。我还可以告诉你，广州一间中学语文老师四天收获了五万元！

当然，不是所有中学老师都能这样高收入，但是，不但补课成风，越是高收费越去补课也成了风。

我自己就曾经先后两次私下劝阻了一群学生。因为他们交了高价补习费跟一位叫他们补课的"名师"补课，结果，就是因为这位"名师"的一科高考成绩不上本科线而只能读大专。他们当时就要找这位"名师"算账。被我劝止了。上了大学，又在网上讨论如何教训这位"名师"，我再一次劝止了他们。其实，这位"名师"平时虽然通过炒更挣了很多钱，过得并不开心。这是因为"天地之间有杆秤"。

我并不反对补课，可能有一些特殊情况的学生真的需要。但是，收钱补课的老师应该和交钱的学生订合同，保证补课效果达到什么考试水平，达不到退款。

> 收钱补课的老师应该和交钱的学生订合同，保证补课的效果达到什么考试水平，达不到退款。

我在《中小学管理》2004年第9期上看到元龙老师一篇文章，深有感触，特全文转载于下。

我爱教育，但我当了逃兵
元 龙

我爱教育。当一个好教师，一边教书、一边写作是我在读小学时就立下的理想。从1995年那个金色的9月登上这所偏僻的农村小学的讲台起，我就朝着我的理想奋斗着，直到今天，已近9年。

> 元龙老师真是一位好老师。

9年来，我自认为无愧于我的理想：在教学质量上，我上的课得到学生、家长和同行的喜爱与好评,我所教班的学生的成绩几乎每年都是年级第一,我连续送了6届毕业班;我辅导学生参加各级竞赛活动,学生40余人次获得县级以上奖励。在专业能力上,我20余次获得县级以上奖励,被评为县语文骨干教师、县教学能手。在教育研究上,我先后在《人民日报》、《教师报》、《人民教育》、《中小学管理》等报刊上发表教育教学研究文章90余篇,发表教育宣传报道、文艺作品300余篇。在学历进修上,我先后通过了大学专科和本科的全部自考课程,成为学校第一个拥有本科学历的教师……

可是,就在我取得了这些成绩,应该再接再厉的时候,我决定离开讲台。其实我不想走,我的选择也不一定对(我报考了公务员,以绝对的优势被录用为某县级政府机关的工作人员),但我仍然义无反顾地走了,离开了我心爱的学生和讲台。我想把我离开的原因写出来,因为,我所经历的一切,可能在广大农村的很多学校都存在着,在某种程度上,甚至更严重。

> 我们所经历的一切,可能在广东农村的很多学校都存在着,在某种程度上,甚至更严重。

持续疲劳激情消

这是我的一份日常工作清单(实实在在地说,我的工作任务并不是学校里最重的):

1. 学技大队辅导工作:负责全校学生的常规检查和评比,学校的升旗仪式,少先队活动的设计和组织。

2. 教育教学工作:①每周上一个班的13节语文课。②每天批改56本作业、56本练习册。学校要求教师每天必须要给学生留作业、必须批改,定期检查。③每周完成毛笔字、简笔画、500字以上的教育教学理论自学笔记各1篇。④每两周批改1次学生作文,要全文全部批改,学校检查。⑤按规定的格式写教案,所有项目必须全部填齐。⑥每月撰写教育经验文章1篇。⑦星期六有半天的社区教育课,周末不定期安排学生月考,考后改卷。⑧每周至少要听两节课,参加每周1次不少于两个小时的例会,参加每周四的业务研究会。⑨检查学生课间休息情况(预防安全事故),组织学生做课间操。⑩夏天不午休,监督检查学生午睡情况。

在农村学校,教师还要扮演这样几种角色:①"收费员"。开学时收本班的学费,错了少了收到假钞都由教师自己负责，每学期都有教师用自己的"饭钱"来垫付收到的假钞。如果有一些"模糊性"的收费，还有"做好学生家长思想工作的政治责任"。如果班上有贫困生，教师就要当"追费员"了。②"安全责任者"。现在，学生和家长的"法制意识"和"维护自身权益"的意识越来越强，教师对学生真的惹不起，宁可书教得次一点儿，也不能"出事儿"，因为"出事儿"就意味着教师要从此下课。③"招生主任"。生源大战已经从城市向农村蔓延，教师被迫当上了没有主任待遇的"招生主任"。学生一旦外流，教师就要被扣钱。④"制假员"。现在的检查评估细到教师一学期要交30多种材料，细到教师的教案字数、心得的格式等，都有统一规定。教师平时没有时间做，放假时专门来"制假"，既规范，效率又高，实在不行，还可以请家人甚至是学生帮忙抄写。

据我所知，不少农村学校教师的工作态度都是这样，日复一日，年复一年，教师即使有再崇高的教育理想，也会逐渐变得麻木、倦怠。

工作压力心难承

1. 对学生的教育难度越来越大。原来我们读书是学生怕教师，现在是教师"怕"学生。有些学生的心理承受能力差，如果他心情不好，不管他犯了什么错误，都不能去批评他，否则他写好类似"遗书"的文字后，便服药、离校出走，甚至跳楼……教师就是有10张嘴也说不清了。如果有学生以"不读书了"相"威胁"，教师还得"求"学生读书。

2. 学生成绩依然是我们追求的终极目标。学生成绩和升学率是学校之间开展"生源大战"的法宝。上级教育行政主管部门考评学校，学生的抽考成绩占了40%的权重。学校为了在"生源大战"和考评中获胜，狠抓学生成绩不放松。于是，在轰轰烈烈的开展素质教育的口号下，我们还得冒着受"专家学者"批评的危险，"扎扎实实"地搞"应试教育"。

3. 末位（末几位）淘汰制导致教师间恶性竞争。很多地方实施末位（末几位）淘汰制，教师人人自危。为了不使自己被淘汰，互相拆台的情况时有发生，真正的合作根本无从谈起。

4. 教师究竟要拿多少证才算完？9年间，我一共拿了近30个证。除了自考的专科和本科毕业证是我心甘情愿拿到的外，其他的证水分很大、代价极高。要评职称就要拿证，要拿证就要培训，培训就要"三陪"：陪钱（一个证少说也得五六百元，当然是自己掏腰包）、陪时间（假期无法休息）、陪精力（纪律考勤极严）。这"三陪"不仅让我们身心疲惫，而且使我们那点"毛毛雨"似的工资"迅速外流"。有的计算机专科毕业生还得考当地的"计算机初级证书"，颇是滑稽。

教育研究环境差

1. 个人时间和精力有限。新时代的教育需要研究型的教师，但正如爱因斯坦所说："负担过重必然导致肤浅"，像这样的工作节奏，仅仅应付各种检查还得加班加点，身体承受能力已经达到极限，哪里还有时间和心情去搞课改研究。我虽然做了一些研究，但所有的研究和写作都是我牺牲休息时间完成的。其间所付出的辛苦，并不是所有教师都能承受的。

2. 学校缺乏科研氛围。在农村中小学，人们最关注的还是学生成绩。搞科研，一是教师的科研意识不强，二是得不到专家的及时指导，三是缺少科研经费的支持，四是外出培训机会少。因此，科研在农村中小学，很多时候，仅仅是应付上级检查的一堆资料。

3. 教师缺少科研的平和心态。教学研究和改革是师生的互动过程，只有在轻松的心态下，教师才能充分发挥自己的才智。在末位淘汰制下，许多教师都感到紧张不安。在这种心态下，还怎么会安心搞教育研究。

收入不公真心痛

1. 整体收入低下是我们最大的心病。和县级以上城市的教师相比，农村教师付出的心血和精力并不少，甚至还要多得多，但我们和他们的收入简直是天壤之别。仅以教师节为例，城市教师的"节日奖金"动辄几百几千，甚至可能还有企业的赞助、政府的慰问金（品）。而我们最多每人只发过120元，领导还让"守口如瓶"，切勿外泄，否则收回"恩赐"。期末，城市教师领四五千元奖金还在说少，我们能有五六百元已是不错。

2. 应有的收入拿不到。某些按文件规定该发的钱，不是因为财政无钱，就是因为学校资金困难，发到教师手里就是一张白条，有时甚至连白条都没有。

3. 收入分配不公。按照现在许多学校承诺的"按劳分配、优教优酬"的原则，一个人只要做了两个人的工作，并且做得好，就应得到两个人的工资。而实际上，在农村学校，这仅仅是一句宣传口号。

精神价值难实现

教师是知识分子，有着较高的荣誉感和精神追求，评先评优是教师工作中的大事，它不仅是对教师价值的肯定，也关系到每位教师的切身利益：评职称、晋升工资、提职等，都与此相关。但评选的现实却让人心寒：

1. 评选过程假。在评选先进和优秀过程中，有的学校轮流坐庄，见者有份；有的学校论资排辈，比谁的胡子长；有的学校应其所需，对需评职称的人予以照顾；有的学校讲人情，讲关系，看领导的眼色。结果，被"评"上先进的，业绩并不突出；真正先进者，却少人理睬。

2. 区域歧视严重。我曾经看过那些城市学校评出的先进人物的材料，除了纸张和打印的效果好点，被评者的实际业绩好像还没有我们农村学校的佼佼者好。每年的评优评先或者其他评比，哪怕是县级的，城市学校无一遗漏，而农村学校则"望优兴叹"，几年等一回。

后记：其实真的不想走

以上是我选择离开的原因。这到底是我的教育理想不够坚定，还是我们的教育的确需要改革呢？我真的不想走，但是我不得不走，一想到我离开时的情景和我离开后的影响，我的心就隐隐作痛。

> 到底是我的教育理想不够坚定，还是我们的教育的确需要改革呢？

1. 领导：放留两难。我离开的时候，学校领导真诚地对我说："从私人感情上讲，我觉得你找到了实现自己价值的新岗位，可喜可贺；从工作上讲，我真的不舍得你离开，学校和学生需要你这样的好教师。"是的，在学校9年了，3300多个日子，想到没有上完的课，没有做完的工作，没有完成的课题，没有实现的理想……我又怎么舍得离开呢？

2. 同事："视野"更宽。我的离开在我校教师中引起了阵痛。许多教师，尤其是年轻教师开始重新思考自己的职业生涯，大多数人做起了报考公务员的打算，据说现在学校已经有教师开始复习了。因此，我的离开真正成为一把双刃剑。

一方面，使教师更努力寻找实现自己价值的机会和环境，从更长远的眼光看，人才的流动最终会促进人的发展和社会的发展。另一方面，一旦他们离开，本就不足的农村教育资源将又一次流失。我成为教师流失的一个活生生的反面教材。

3. 学生：影响深远。我选择离开对于我的学生来说是不负责任的，这可能是让我终生愧疚的，因为我没有送他们毕业（差两个月），继任的教师他们不适应，这对他们两个月以后的升学或多或少会产生一些影响。同时，学生心里可能会问："我们喜欢的老师（我的语文课总是在人文、理性的氛围中进行，他们的确很喜欢我）为什么会离开？"他们幼小的心灵过早地感受到了社会选择的残酷和无奈。上最后一节课时，我怕学生哭，带去了电子琴，我们在歌声中结束了相处的岁月。后来虽然我悄悄地走了，但我知道，我和每个孩子的心都会留下永远的伤痛。

> 虽然我悄悄地走了，但我知道，我和每个孩子的心都会留下永远的伤痛。

我尊重元龙老师，我相信他讲的是实情。实在守不住清贫，宁可逃离，也不把学生当作增收的对象。

我们的教育实在太需要实实在在的改革了！

第五章

细节影响成败,坚持才能胜利

在全国教育科学"十五"规划课题"四合一"主体教学模式实施期间，可以说是不断探索，不断发现，不断改进，不断发展。虽然通过了全国教育科学规划领导小组办公室副主任鄞力带领的专家组的成果鉴定，展示的一节地理课获得好评，课题组还获得了广东省教育厅颁发的第六届普通教育教学成果一等奖第一名。但是还有许多问题需要探索，需要提高，所以有了全国教育科学"十一五"规划课题"四合一"主体教学模式的普适性研究。通过半年的实验，课题组举办了沙龙系列：广州市白云区江高二中现场观摩沙龙，分课题组长实施计划交流沙龙，赴香港培侨书院观课交流沙龙，广州市第21中学有效教学专家互动沙龙，有了新的发现和收获。

2009年3月20日，中国教育学会、广州市教育局、广州教育学会在广州市第七中学举办了"提高课堂教学质量研讨暨'四合一'主体教学模式观摩会"，400多位老师观摩了13个现场展示的常规课。中国教育学会常务副会长郭永福教授和北京师范大学裴娣娜教授以及广州市教育局教研室黄宪主任全程参与并作了重要讲话。这次会议是对"四合一"教学模式12年实验的总结，并从理论上进行提高。

第一节 "叫一号而动全班"的艺术

> 教师要运用好"叫一号而动全班"的艺术。

互助合作不一定就是"小组讨论"，用叫号的方法有时效果更好。其程序有"示题—叫号—叫组—开始"四个步骤，每一步骤之间应视情况稍作停顿。

如果按照传统教学法，对于答案并不复杂的题目常常是教师叫一位同学口头回答，这种问答很多时候只是停留在师生俩人之间，班上的许多人并不注意该生的回答情况。按照"四合一"主体教学模式的策略，则是在出示题目让大家稍作思考后，教师叫出ABCD中任一号（ABCD按"全脑偏好图"象限编号）。然后又稍等，这时全体被叫号数的学生都会紧张起来，因为这个得分为全组所有，他会征求小组其他同学的意见，不懂时会赶紧找小组帮忙。这时，教师才叫第几组解答。若是口头回答，当然只叫一组；但若是板演则可同时叫几组，要求说"开始"后，同时到黑板书写。如果题目有一定难度，也允许小组同伴帮助改正。这种叫号方法就是"叫一号而动全班"。这种做法，不仅调动了每一位被叫号学生的积极性，让他们学习如何争取帮助，还促进同学之间互助合作精神。广州市第七中学谭东虹老师首先发明并运用这种方法，取得了很好效果。

第二节 课堂上老师应当站在哪里

教室内靠黑板的一头都有讲台，是为了让老师能够站得高一点，让学生看得清楚一些，以提高讲课效果。可是一些老师却喜欢随便走下讲坛，站在课桌的中间讲课，甚至说这是大学老师指点的"深入学生"的办法。如果老师站在中间讲课，那么他身后的几排学生如何听课呢？其实，只要老师讲课，就应当站在讲坛上，让全班学生都清楚地看见老师的神情动态，感觉到老师的思维。只有让学生自我练习或者小组讨论时，老师才应当走到学生中间去，每一次走下讲坛都应当是有目的的。"四合一"主体教学模式就指引老师在开展小组互助合作时，教师在展示题目以后要马上走下讲坛，在学生中巡视一周。目的是督促学生开始思考问题，同时观察学生解答问题时的情况和困难，发现"领头羊"。然后回到黑板前，观察已经站到黑板前答题的学生情况，做到安排有序。此后可以再走下讲坛，有重点地巡视，进行辅导或提高。请注意：两次巡视都要绕场一周，第一次是督促、发现；第二次是帮助、培养。

> 教师不应当随意走下讲坛。

第三节 做过的才能会

国际科学领域有三句名言：听来的忘得快，看到的记得住，做过的才能会。很值得我们进行有效教学时考虑。以八年级地理课第一章第一节"辽阔的疆域"为例：关于我国34个省级行政单位的记忆较难，虽然各种辅导书上提供了"歌谣记忆法"、"简称记忆法"、"三字经记忆法"、"成语记忆法"等，却不如组织一次以互助小组为单位的拼图竞赛。除了拼得又快又准外，还需准确写出省名或简称。有些老师总是担心，哪里有时间在课堂上让学生练习，小组板演更会影响进度，完不成教学计划。其实，只要我们在让学生练习时，把握好时间就行了。如果老师实行满堂灌（讲），学生是掌握不了多少的。例如做选择题，如果全班举起同一个颜色的信息卡，老师只要一举卡就行了，根本不用讲。又如板演，只要掌握好领头羊效应，限时完成，所花的时间也不会多。同时要注意讲评技巧，不要每组解法都慢慢地讲评，关键是讲好一个好的组，把√、×、? 等符号打在恰当的地方就行。

注意做好即时评改。

第四节　选好合作小组的小组长和带头人

　　在组建互助合作小组时，有些老师只在每个小组选出一位小组长，而且布置一堆任务让小组长负责。这样的小组活动往往长久不了。

　　"四合一"主体教学模式主张小组长由教师指定小组内学习成绩最好的一位学生担任。但是，同时要请小组自己选出一位带头人，我们会看到：学生自己选出的带头人常常不是老师指定的小组长。这样，小组长有骄傲感，带头人有自豪感，就会发挥各自的优势，把小组活动搞起来。这里需要强调的是：在小组组建好以后，教师只要宣布各小组的小组长名单就行了，不要说这位小组长是学习成绩最好的。而且要马上让各小组自行选出带头人，并且很郑重地把小组日记交到带头人手中，我每次都是当着全班，用90°鞠躬，双手递上本子说："拜托了!"我觉得带头人也是很认真接过我的本子。广州市第七中学谭东虹老师说：她在初中班级这样做时，带头人还会说一声"谢谢老师"。

我发现，许多实验"四合一"主体教学模式的老师，都不认真地实行郑重其事地拜托带头人这一环节，这是主体意识的缺乏，是对民意的尊重不够，实际上会影响其后互助合作小组活动的开展。

第五节　一定要信守诺言，让学生享受成功

实行"四合一"主体教学模式实验的老师都能注意实行奖励制度。但是，我发现有些老师过于注意形式。例如，把每节课的问题都要求小组长记分，而这些分数又不是百分制，有10分的、5分的。这些分数最后有什么用？好像都是记了就算，学生感觉不到老师怎样承认他们的成功。而且，这也无谓地加重了小组长的额外负担。因此，应该只用一本记分册，让科代表掌握，全对时打个"√"，表示100分，到期末算入测验成绩，计算学科总分，让学生感到这些100分的确有价值！

> 做好对学生的奖和励，信守承诺。

还有些老师说，你请学生吃肯德基，我没钱怎么办？我教好多班，怎么请？其实，奖励不一定要请吃，我只不过是想借此机会和学生掏掏心窝话，而我又拿得出60元，所以，我请学生吃肯德基。像广州市第七中学的谭东虹老师，她的奖励就是一张亲笔签名的获奖天文照片，四个人每人一张，学生照样非常高兴。或者，请再看看我在本书中提到的英国教师的奖励是什么。

正如广州市第21中学李明老师所说："学生看重的是他的表现能否有一个稳定的、公正的形式表现出来。"是的，学生不在乎老师给了多少奖，而在乎老师送了多少鼓励，他们

从老师那里能够感受到老师的亲近和真诚。

第六节 即时反馈是双向的

"四合一"主体教学模式实验了十年，我也一再强调，可是一直到现在，仍然有老师在写论文时说"及时反馈"。我只好解析："即"和"及"不同："即"是"立刻"、"马上"的意思，如"黎明即起"、"即兴之作"。"及"是"适时"、"趁着"的意思，如"来得及时"、"及时雨宋江"。

我们平时所进行的单元测验、中段考试等都可以说是及时反馈。"四合一"主体教学模式提出的教学原则之一"即时反馈"，则是强调要在课堂上进行反馈，而且这种反馈是双向的。教师设计一组选择题，请全班学生举信息卡回答，可以马上了解学生掌握的情况，采取不讲、略讲、详讲等措施。对于学生的回答，请全班评分，也是一种即时反馈，可以了解学生的意见，发现一些亮点，而教师在这些过程中，要随时告诉学生：老师知道你的意见了。

> 老师也要向学生即时反馈。

我们有些老师，只叫学生举信息卡回答问题，自己却不举信息卡，或者只顾自己举起正确答案，不看学生举信息卡的情况，这都是不好的。我们应当注意学生举信息卡的快慢、动作、表情，随时了解学生的状态，作出适当的评价和反馈，例如表扬、鼓励、赞许、询问等。这样，学生才会乐于把自己的情况即时反馈给老师，才能保证课堂40分钟解决问题。

第七节 板演应当是集体智慧的体现

"四合一"主体教学模式的课堂总是有板演这一环节。我曾经说过选择题是为了训练快速准确地回答问题，板演题则是为了保证解答一分不扣。其实，根本的精神还是为了调动全班每位学生的积极性，做到"一个也不落下"。所以板演不能像有些老师那样，只叫一两位学生到黑板演示。而是应当让大家参与，板演的形式应当是多样的。例如这样一道题：请写出下列词语表示的歇后语：

姜太公钓鱼

韩信点兵

八仙过海

张飞穿针

如果只叫一两位学生板演，则费时又效果不大，若把此题改为小组4人接力，每人写一个答案，前一个写完，后一个才能出来写，限时截止，则全班起码有8个组可以出来写，至于谁写哪一个答案，小组应当合理分工，争取最快最准完成，然后还可以让全班评选。因为关于"张飞穿针"会有两个答案："大眼瞪小眼"、"粗中有细"。这样的板演就会让全班学生都参与了。又如下面的题：我的家乡在一个小山村，请用四个字描写那里的天空。由于只要求写4个字，所以，可以让13位小组代表都出来写。然后，再让全班评选出最赞同的答案。这道题是小学三年级语文的一篇课文，答案是"湛蓝深远"，是很少会有人写得相符的，但是，争论却会很热烈。在"叫一号而动全班"的环节中，也可以指定若干个小组的某号板演，起到了动员个别，调动全班的作用。有些问题，例如一些数学题，往往出现答案正确，过程有错漏的情况，这时，更应鼓励小组其他成员出来改正。

常常有政治、历史、地理老师强调：我们的问题答案都是很长的，板演很难进行。我就说：正因为答案都很长，才更要培养学生掌握关键词，记住纲要的思维方法。例如历史，是否可以训练"时间、地点、人物、事件"？政治是否可以训练"论点、论据"和典型事例？地理是否可以把许多因素列出来，只要写出主要因素的代号就可以？老师下了功夫，学生才可以把繁多的知识记下来，对吗？

采取哪种活动形式，老师要用功夫。

第八节　写好"有效教案"

不管是哪类学校，都有公开课活动，进行一次公开课，总是要求负责上公开课的老师交教学设计。对于教学设计，广州市教育局教研室曾经进行过阶段性的研讨，好像并未对教学设计作统一规定。但是，具体到各间学校，则有许多具体规定。例如有一间学校规定执教老师必须填写的教学设计包括：课题、学情分析、教学三维目标、教学重点、教学难点、教学策略、教具准备、板书设计、教学过程设计、练习设计、课堂小结、课后反思等12个环节，而且还有解决办法，教师活动设计和学生活动设计分栏。

这样一份教学设计，花上一整天时间恐怕也设计不好，实际上，如果作为一次研讨活动，在这位老师上完全课后，大家一起进行分析研究，倒还是可以研讨是否具备这么多环节？这些环节设计是否恰当？不过，据我的经验，一般老师感兴趣的还是在于老师讲得怎么样？学生学得怎么样？而且主要的问题在于，教师不可能每节课都这样写教学设计！我们应当多研究一下常规教案的写法。写教案也应该写"有效教案"。

什么是"有效教案"？应当是没有多余的话，或者是惜字如金。因此，我主张一张A4纸教案：写好教学目标和教学流程。

教学目标是每一节课的方向，是判断教学是否有效的直接依据。目标决定内容，内容体现目标。而新课程的三维目标是一个整体，不应当把它们分割成三个独立部分。知识与技能是整个教学目标的基础，过程与方法是怎样掌握知识与技能，情感、态度、价值观则是在掌握知识与技能过程中培养。教师在实现知识与技能的课堂教学目标的过程与方法中，也是培养情感、态度、价值观的过程。所以，没有必要规定教学目标要分成三部分写。"四合一"主体教学模式本身就是一种关注人的发展、人的生活和人的生命的"以人为本"

> 我主张一张A4纸教案：写好教学目标和教学流程。

的模式，讲究的就是在进行的过程与方法中培养情感、态度、价值观，从而实现知识与技能的目标。所以，更没有必要每次都再提一次。

教学流程讲究的是整节课教学过程的流畅，所以叫教学流程。主要是"定向—行动—反馈"的流动过程。当我们明确了一节课的教学目标以后，就应当设计好教学流程。具体地说：首先营造情景让全体学生参与到这节课，然后通过讲解让学生获得这节课应有的知识后，组织他们进行操作与迁移。也就是要设计好选择题、口答题和板演题，进行即时反馈，当然，最后有一个反思性的小结更好。

在写教案时，实际上教学流程主要是写清楚如何导入，何时板书，何时出选择题，何时小组合作，何时板演等具体操作环节。当然，如果没有一本专用的同步练习，就还要有一份练习题备用了，或者是一份学生使用的学案。

下面是在中国教育学会、广州市教育局、广州教育学会主办的"提高课堂教学质量研讨暨'四合一'主体教学模式观摩会"上展示的13个现场常规课中的三个课的教案，授课者分别是彭晓晨、李明、郑瑞萍三位老师。

比较三位教师的教案。

组歌（节选）
广州市白云区江高二中　彭晓晨
教学目标：
一、朗读赏析，感受散文诗的音乐美、语言美。
二、体会主题的含蓄美，体会诗人对祖国、对人类的热爱。
三、学写散文诗。
教学重点：
一、朗读指导，感受音乐美。
二、从词语的精妙、修辞的美妙、联想与想象等方面品析语言美。
教学流程：
一、导入，教师范读。
二、朗读赏析，感知形象——感受音乐美和语言美。
（一）小组朗读，品味语言

小组朗读最喜欢的句子，说出喜欢的理由。

角度：词语的精妙 修辞的美妙 句式的巧妙联想与想象的奇妙……

（二）朗读指导

（1）下列句子中对情感、语调把握不准确的一项是

A．爱情/让我们/相亲相近（欣悦，轻柔），空气/却使我们/相离相分（忧伤，低沉）

B．夜阑人静，万物/都在梦乡里/沉睡（宁静，轻柔），唯有我/彻夜不寐（焦急，高昂）

C．清晨，我在情人的耳边发出海誓山盟（爱慕/激昂）；傍晚，我把爱恋的祷词歌吟（深情/低缓）

D．潮水/涨来时，我/拥抱着他（热烈，高昂）；潮水/退去时，我/扑倒在/他的脚下（忧伤，低缓）

（2）小组竞读

（三）海浪的形象：这是_____的浪。（板演）

三、展示背景，领悟主题——体会含蓄美

1．"我的生活，我终身的工作"是什么？叫号（A）

2．小组接力：《浪之歌》全篇运用_____的修辞手法，借助海浪毕生歌唱着对_____的爱恋，寄寓着诗人对_____的热爱。

3．推举代表朗读全文。

四、温故知新

1．选择斜体字读音有误的一项。

2．请为（1）～（5）选择相匹配的选项。

　　　浪与海岸的特点　　联想与想象

（1）潮涨潮落　　　　A 坚忍而有耐心

（2）浪汹涌澎湃　　　B 相亲相近与相离相分

（3）浪变化多端　　　C 生性执拗，急躁

（4）浪昼夜不息奔腾　D 彻夜不眠

（5）稳固的海岸　　　E 跳舞、长吁短叹、嘻嘻哈哈

　　　　　　　　　　……

3．用文中词语替换画线部分，叫号（D）。

（1）夜阑人静，万物都在梦乡里沉睡，唯有我整个晚上睡不着。

(2) 彻夜不眠让我身体瘦弱，面色丕好看。
(3) 我陪伴他痛苦的不住的唉声叹气。
4. 请用以上词语连词成句。（A号抢答）

五、慧心解物语，妙手抒胸臆

　　选择一种熟悉的自然景物，写一段散文诗。

方法：1. 选取景物，确立主题，要有含蓄美。
　　　 2. 抓住景物特征，合理联想与想象，注重语言美。
　　　 3. 读一读，是否有音乐美。

六、举一反三

1. 美词雅句积累、感悟。（读书笔记本）
2. 修改作文片段，并扩展成一篇散文诗（作文本）

第七节　远距离输电

广州市第21中学　李明

教学目标：

一、知道远距离输电的必要性，知道输电过程

二、知道什么是输电线上的功率损失和如何减少功率损失

三、理解为什么远距离输电要用高压

重点：

知道远距离输电线路及输电过程和为什么要用高压输电。

难点：

是对输电线上功率损失概念的理解及计算。

教学环节	教师活动	学生活动	时间
导入	为了合理利用天然资源，火力发电站通常建在煤炭产地，水力发电站则建在水力资源丰富的地方（配合一些图片），因此引出远距离输电	听讲	1
提出问题	输电线路该怎么样架设?需要解决哪些问题	阅读课本 P60 页知道输电线路上有电能损失	2
设置情景	实验演示：模拟远距离输电线路	猜想 演示	2

续上表

教学环节	教师活动	学生活动	时间
练习	计算题1	板演	4
进一步提出问题	如何减少电能损失	阅读课本P61 回答	3
练习	选择题1、2	举卡	2
分析小结	利用高压输电可以减少电能损失	听讲	3
巩固练习	选择题3	举卡	1
进一步设问	整个高压输电线路具体工作流程怎么样 实验演示	分析 讨论	7
练习	计算题2	板演	5
总结	理论分析 总结	认真听讲 回答相关问题	5
小测	出题	答题	3
布置作业	①学生在课后查阅资料，了解直流输电；②阅读教材的资料活页；③ 课本P63第2、3题		

学案：

板演题：

一、发电机输出电压为220 V，输出功率为110 kW，输电线总电阻为0.2 Ω，若直接输电：

1. 输电导线中电流为多少？

2. 线路损失电压多少？

课题：正弦定理

广州市西关培英中学　郑瑞萍

一、教学目标

1. 会推导正弦定理。

2. 会用正弦定理解决简单问题。

3. 初步认识用正弦定理解三角形时，会有一解、二解、无解三种情况。

二、教学重点：

1. 正弦定理的推导过程。

2. 正弦定理的初步应用。

教学难点：

1. 用其他方法推导正弦定理。

2. 用正弦定理解三角形为什么会出现一解、二解、无解情况。

三、教学流程：

（一）复习

例1：在 Rt△ABC 中，已知角 B=60°，C=8cm，则 b （　　）

A. 4cm　　B. $4\sqrt{3}$ cm　　C. 16cm　　D. $\dfrac{16\sqrt{3}}{3}$ cm

（二）讲授新课

1. 推导正弦定理

(1) 指出：根据正弦函数的定义，在直角三角形中存在

边角关系$\sqrt{3}$

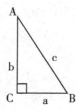

(2) 例2：如图，在△ABC 中，A=60°，B=75°，c=6，则 a= （　　）

A. 3　　B. $3\sqrt{6}$　　C. 2　　D. $2\sqrt{6}$

(3) 证明：$\dfrac{a}{\sin A}=\dfrac{b}{\sin B}=\dfrac{c}{\sin C}$ 当 △ABC 是锐角三角形时仍然成立。（小组板演）

正弦定理：在一个三角形中，各边和它所对角的正弦的比相等，即 $\dfrac{a}{\sin A}=\dfrac{b}{\sin B}=\dfrac{c}{\sin C}$

思考：

还有没有其他方法证明正弦定理？（以小组为单位课后完成）

2. 正弦定理的初步应用（解三角形）

(1) 已知三角形的任意两个角与一边，求其他两边和另一角。

(2) 已知三角形的两边与其中一边的对角，求其他角和边。

例3：在△ABC中，b=3，C=$3\sqrt{3}$，B=30°，求∠C（小组叫号板演）

练习：

(1) 在△ABC中，已知a=4，b=$4\sqrt{2}$，B=45°，∠A=（　　）。

A. 30°或150°　　B. 60°　　C. 30°　　D. 以上都不对

(2) 在△ABC中，若a=$2\sqrt{3}$，b=6，∠A=30°，则∠B=（　　）

A. 60°　　　　　　　　B. 60°或120°

C. 30°或150°　　　　D. 以上都不对

(3) 在△ABC中，已知a=4，c=10，A=30°，∠C=（　　）

A. 30°　　　　　　　　B. 45°

C. 30°或150°　　　　D. 以上都不对

思考：

已知三角形两边和其中一边的对角，求其他边和角时，什么情况下有一解、二解、无解？（小组抢答，教师总结）

强化训练：

(1) 下列解三角形判断正确的是（　　）

A. a=7，b=14，A=30°，有两解

B. a=30，b=25，A=150°，有一解

C. a=6，b=9，A=45°，有两解

D. b=9，c=10，B=60°，无解

(2) 符合下列条件的三角形有且只有一个解的是（　　）

A. a=1，b=2，c=3　　　　B. a=1，b=$\sqrt{2}$，∠A=30°

C. a=1，b=2，∠A=100°　　D. b=c=1，∠B=45°

变式训练：

(1) 在△ABC中，若角A=75°，C=45°，b=2，则此三角

形的最小边长是多少？（小组板演）

(2) 已知△ABC中，AB=$\sqrt{3}$，AC=1，且∠B=30°，求△ABC的面积。（小组板演）

3. 总结：

(1) 正弦定理：在一个三角形中，各边和它所对角的正弦的比相等，即 $\dfrac{a}{\sin A}=\dfrac{b}{\sin B}=\dfrac{c}{\sin C}$

(2) 用正弦定理解三角形时会出现一解、二解、无解情况。

4. 课外作业：

书 P10   A：1、2

同步：P1~P2 1.1

第九节 激励≠竞争

有些老师在进行课堂小组活动时，会说要营造一种竞争气氛，我不认同这种说法。竞争是成年人社会的东西，不要引进学生群体中来。学生受成人社会影响已经够多了，为什么要让他们小小年纪就进行竞争呢？

体育竞赛讲究的是拿冠军！竞争是非常激烈的。商业社会，追求最大利润，弱肉强食，竞争是此消彼长的。政治的事情，竞争更不必说。学生在求学阶段，是身心成长的时期，我们应当让他们健康成长，小组活动应该是互助合作，学会帮助别人和争取别人帮助。所以"四合一"主体教学模式构建了一套激励机制，让每个小组有机会拿100分，这个100分不像体育项目那样，只有一个第一，而是只要努力，就可以拿！例如8个小组出去板演，如果8个小组都全对，那就8个小组都得100分，就是说同时有32位学生拿100分。要做到这点也不容易，只有通过互助合作，通过集体努力，才有可能实现。所以，我们需要营造的是一种积极向上的气氛，是一种集体努力争取最好的气氛，而不是竞争的气氛。让孩子们在一种互相关心、互相帮助、团结合作的气氛中学习和成长，对他们本人，对社会，对国家都是有好处的。千万不

营造一种积极向上，集体努力争取最好的气氛。

要让他们从小就要与别人竞争，就要学着如何去压倒别人！

第十节　万事开头难，坚持更难

> 教师需要从理念上转变，才能开始实验。

"四合一"主体教学模式在理念和操作上都不同于传统教学，而传统观念和传统习惯又会妨碍这种转变实验，因此教师需要从理念上转变，才能开始实验。特别是开始的时候需要在备课环节上下功夫，设计好教学流程，按照"四合一"主体教学模式五条教学原则设置选择题和板演题等，这些都需要教师付出时间和精力。如果不仔细揣摩"四合一"主体教学模式教学原则和课堂教学要求，例如："大容量、强节奏、高效益、活全体"之"大、强、高、活"四个字都是动词，而非名词，常常会出现"形似神不似"的情况，也会影响实验的进行，甚至会怀疑或者停止实验。一般来说，如果坚持备好每一节课，坚持使用信息卡进行即时反馈，坚持开展不同形式的互助合作小组活动，坚持信守诺言，就能在半个学期初见成效。如果在观念、措施和方法上打折扣，坚持不了，就会说"四合一"主体教学模式不行了。

我要特别向大家推荐广州市第七中学的谭东虹老师，她在困难的条件下，一直坚持老老实实地努力做到"四合一"。例如，她结合自己的实际，制定了一套评价方法，下面就是她在2008年上学期实行的期末地理总评：

高一级地理学期总评成绩计算，请各位同学按以下步骤自己进行计算：

1. $\dfrac{\text{测试成绩}+\text{板演成绩}}{10+\text{板演次数}}=\text{测试成绩}\times 10\%$

$\dfrac{\text{练习成绩}}{\text{练习次数}}=\text{练习成绩}\times 10\%$；

2. 中段考成绩×30%；

3. 期末考试成绩×50%；

4. 把1、2、3、4、四项成绩之和作为总评成绩。

> ①测试成绩不足10次的也按10次计算。超过10次的，取成绩最高的10次。
>
> ②遗失自我评定表的同学本学期测试成绩和练习成绩为零分。但考虑到这是第一次，所以请四人小组根据该同学情况评定，分别给出测试成绩和练习成绩。

例如：陈××同学：

1. $\dfrac{(100+84+64+60+60+60+50+46+40+40)+(100\times5)}{10+5}=$

   $\dfrac{1104}{15}=73.6$ （×10%）=7.36

2. $\dfrac{100+70+64+100+100+100+100}{7}=\dfrac{634}{7}=90.6$ （×10%）=9.06

3. 中段考试成绩×30%=85×30%=25.5

4. 期末考试成绩×50%=89×50%=44.5

地理总评成绩为：7.36+9.06+25.5+44.5=86.42 （=86）

学生自我评定表

高一（12）班陈××

周	正确率	板演	练习	测试	自评	师评	备注
1	0/2		100		困难	B	
				40	困难	C	评价标准
2			70	60	有进步		很好：
	4/5		60		困难	B	1. 全部答对；
3	1/4		60		困难	B	2. 问题有一次以上得分；
			20		困难	B	3. 测试在80分以上。
4	4/7	100		40			
			64			B	
5	0/2			50	困难		有进步：
							1. 少数题答错，能独立思考
6				46	63	B	2. 积极参加小组讨论；
7							3. 测试在60分以上。
8				24			困难：
	4/4	100	100	84	有进步	B	1. 答错较多，猜或看别人的；
9			100				2. 小组讨论很少发言，没有主动回答问题；
10		100		64	72.4	B	3. 测试不合格。
11	9/10			0			

全脑激发的高效课堂

续上表

周	正确率	板演	练习	测试	自评	师评	备 注
12							
13	1/2	100		100		A	老师的话：
14		100					A：你很棒！请继续努力，争取考满分。
15							B：不错，再加一把劲，坚持努力就能前进，就会胜利。
16							C：请来找我，和我谈一谈，或者写给我，和我讲讲悄悄话。
17			100			A	
			100			A	

第六章

不断进步　机会只给有准备的人

> 在教学一线上有很多ET，很多把爱和灵魂的教育放在首位的老师们在奋斗着。

2013年12月6日至9日，中国教育报编辑部、广州市教育局教学研究室、香港大学教育学院教育领导研究中心联合主办了《"四合一教学"教改实验现场观摩报告会》，全国各地十一个省市的教育部门或学校领导与教师共250余人参加会议，其中有远至内蒙古和新疆的代表，新加坡国立大学蔡楚清博士特意飞来与会。

广州市第七中学、广州市西关培英中学、广州市贸易职业高级中学、广州市祈福新村学校、广州市白云区江高镇第二初级中学、广州市秉政小学、广州市八旗二马路小学、广州市珠江路小学，广州卓越教育培训中心等共14位教师，展示了14个常规课，包括小学五六年级的语文、数学、英语，初中一年级到高中三年级各年级的语文、数学、英语等多个学科课堂教学。

2009年7月4日开始，我设置了网易博客："人性的感悟与舒展"。fxc732.blog.163.com 至今发表日志4800多篇，总访问量超过333000，和许多教师交流了课堂教学改革等问题，趁此次修改，选登几篇。

第一节　喜悦在威海

山东省威海市第一中学一位青年女教师"傻傻地…嘻嘻"（以下简称"嘻嘻"）来到我的博客说"冯老师，终于通过各种手段找到了关于您的信息和您的博客，……我是威海一名普通的高中教师，年轻而充满了ET的理想，看着学生每天苦熬日子，心里真的是不忍，……请冯老师相信，在教学一线上有很多ET很多把爱和灵魂的教育放在首位的老师们在奋斗着，至少我是其中一位！……只是啊，……爱如何在课堂上表达，技巧如何在课堂上运用，这就像一个妈妈不知道怎么样疼自己的孩子一样，迫切而不知所措"。

刚好我要到济南开会，于是就赶到威海去见这位"嘻嘻"，观摩她一节课，没想到惊动了学校领导，受到热情接待，观课老师也由原来说的同级备课组老师变成60多人。课后有人问"这是 A 班吗？"

温家宝总理在大学和学生谈话时说："要记住六个字，就是"此时、此地、此身"。"此时"，就是现在应该做的事情，就立即做起来，不要拖延到以后；"此地"，就是要在你所处的岗位做起，为国家和人民做出贡献，不要等到别的地方；"此身"，就是自己应该而且能够做的事情，就要勇于承担，不要推给别人。"我觉得"嘻嘻"做到了这六个字，心里充满喜悦。一位"刚工作三年，如履薄冰"（"嘻嘻"语）的年轻教师，为了"让学生感受到课堂是温暖的，充满活力的，是可以让他表现的"。（嘻嘻"语）主动联系千里之外的老师，积极争取领导的支持，努力实践"此时、此地、此身"。实在不容易！正如温总理所说："要做到成才报国，前进的路并不是平坦的，如果没有深刻的觉悟，拿不出刚毅的意志力，下不了艰苦卓绝的苦功夫，做不好脚踏实地的准备，那是实现不了自己所期待的目标的。"但是，温总理说："什么能够使你们的心灵永远明亮，而不至于后悔？那就是你们的理想、信念。""嘻嘻"有理想和信念，正如温总理所说："任何工作岗位，特别是艰难困苦的工作岗位，可能更会造就一个真正的人、全面发展的人和有益于人民的人。"我期待着"嘻嘻"！

"我心寄托在什么地方，让我脑也就寄托在那里。"

"心之官则思"，喜悦在威海。

> 此时、此地、此身。

第二节　观课议课的反思

去一间学校观课，偶然听到一个对话：进门者："去哪？你不听课吗？"出门者："听！不听扣工资的呀！"

周建国先生在《中国教育报》发表了《听评课："细事"别做成了"粗活"》说道，听评课是学校开展教学研究的重要手段，是教师间相互借鉴教学经验、探讨教学方法和讨论问题的最有效的形式。但是他指出：听课教师"思想不到位"现象较为普遍。教师大多敷衍了事。有教师刚进入课堂，就

> "四合一教学"实验要正校长、科组长、教师三愿意才能进行。

闭起了双眼，趁机闭目养神；有的刚坐下就东张西望，一脸地不耐烦；有的对听课不屑一顾，拿出手机埋头发短信。

周先生的说话使我吃了一惊！这是什么学校呀？教师可以如此不屑于教学！一般情况，即使是学校组织的公开课，教师虽不认同，也不会鄙视到"拿出手机埋头发短信"。至于我听到的那个对话只是玩笑之言，因为学校不会扣工资，听的课是"四合一"教学模式研究课，参与者是进行实验的教师，我是很强调进行"四合一"教学模式实验要正校长、科组长、教师三愿意的！我把进行的"听课评课"称为"观课议课"，希望参与的老师不会有压力。

进行"四合一"教学模式实验的"观课议课"，我常常感到有压力：因为主持者常常要我"评课"，却又常常因为"评课"的时间很短，变成了我讲为主。由于这些实验课基本上是一些刚开始实行"四合一"教学模式的老师执教，上课结果可能是"形似神不似"，甚至根本不是那么回事，我感到很难发言。像有一节课基本上是传统加形式，我事先曾经想说服执教老师修改教案，但是无效，而且事后这位老师出于好意强调我曾参与讨论教案，以至引起各种说法。我并不在意说"四合一"教学模式不好，只是不想一堂不是"四合一"教学模式的课被说成是"四合一"教学模式的课，更重要的是：教学实验不容许失败！一定要慎之又慎！因为教学的对象是学生！我们要对他们的成长负责，要上好我们每一堂课，做到课堂 40 分钟解决问题，不搞加班加点，学生学得高兴，素质全面发展。

"四合一"教学模式有两个很明显的教学活动：使用信息卡和小组代表板演。十年前就已经有市教研室的领导对我说很多老师在用我的信息卡，但是用得"形似神不似"，我当时说他肯用说明他想改，反正又没说那是"四合一"。十年以后，"四合一"教学模式已经由一人一科孤军作战变成了许多人各学科的普适性研究，再经不起"形似神不似"的误解。时至今日，还有老师说"不赞成的举牌"！我问："举手不就行了吗?"有一位老师叫小组讨论，25 秒钟就叫一位男生回答，还没答完，老师满脸不高兴说"你答得不好！坐下！"又叫一位女生回答后，老师喜笑颜开地说"答得很好！请坐

> 观念改变已经不容易，习惯改变更难！

下!"我问:"这两位学生是同一个互助合作小组的,怎么会这样?"

我很希望参加实验的老师明白:观念改变已经不容易,习惯改变更难!我们进行"四合一"教学模式课堂教学时,请一定要写教案,一定要反思,一定要与同行者合作。谢谢!

我知道,对于"四合一"教学模式的实验,我有责任,我愿意和参加实验的老师一起努力,很好实现"四合一"教学模式的理念!加油!

第三节 有趣与有序的融合

华东师范大学周彬副教授在《教师"失趣"与学生"失序"之间》的讨论中说"像我们这样的讨论还是有一定的意义的,……有利于我们从具体的努力方法中跳出来,去重新审视和调整我们的方向"。回顾我对一些参与"四合一"教学模式实验老师进行过的观课,感到他们的方向是对的:"课堂40分钟解决问题,不搞加班加点,学生学得高兴,素质全面发展。"方法也好像有:用信息卡即时反馈,组织小组讨论与板演。但是总觉得哪里有问题,觉得那样上课坚持不了多久,也实现不了"平均分高、尖子生多"的目标。

想来想去,是否课堂教学结构出了问题?有一种说法:一堂课的效果如何,取决于课堂教学结构是否合理。课堂教学结构是教学事件的组成、排序及其时间安排。这种安排,需要把教育思想、教学原则、教学方法、教学手段统合起来,形成一个综合体。我和实验老师备课时总是强调写好教学目标和教学流程!提醒他们安排好6个教学环节的次序,明确每一个教学环节的"知识点"和教学手段,脑里还要有一个"趣味性、直观性、知识性、灵活性"的排序,让学生在快乐中学习,在学习中获得快乐,融有趣与有序于一体,通过课堂学习换回理想的成绩。

我在第四章第四节中提到:日本教师和中国教师听课最大的不同是:中国教师注意听老师讲得怎样,日本教师注意

> 只有充满爱心,充满爱的智慧,才能做到有趣与有序的融合。

看学生学得怎样。如果有人进课室坐在后面听课，我的学生就会对他说："老师，请到前面坐，不是看冯老师怎么教，是看我们怎么学。"凯迪网络的伊拉先生举出了一堂特级教师的"经典课"，整堂课无懈可击，可是听课的外国专家说"不理解"："学生都答得很好，看起来学生都会了，为什么还要上这堂课？"他们认为这不是一堂真正的课，而像是一堂表演课——学生在看老师表演。

> 最好的办法就是热爱自己教着的每一位学生！

多伊尔（Doyle）认为课堂环境有以下一些特征：多度向性、同时性、即刻性、难以预测性、公开性、历史性，对课堂环境的这些特性，不管我们有怎样的理论指导，有怎样的仔细准备，都不可能预测到复杂事件中的每一个方面。因此，最好的办法就是热爱自己教着的每一位学生！备课时想着全班每一位学生，把握每一位学生的"最近发展区"，正确判断每一位学生智力才能的不同特征及其发展潜质，走在发展的前面，上课时，还要注意生成性，一节课不完全是预先设计好的，而是在课堂上有教师和学生真实的、情感的、智慧的、思维和能力的投入，有互动的过程，气氛相当活跃，在这个过程中，既有资源的生成，又有过程状态生成，给予每一位学生以充分的选择机会和发展空间。只有充满爱心，充满爱的智慧，我们才能做到有趣与有序的融合，实现"四合一"教学模式的理念。

第四节　欢快奔流的山泉水

阴冷之后，冬天的阳光特别明朗，让人特别温暖；我的心情也如这蓝天白云一样清明。

星期二一早，91 中年轻的李主任就从边远的罗岗开车来接我，赶到学校，马上和年轻的老师讨论教案、上网、修改，待到上课时，生物老师犹如一位大小孩，灵动活跃，谈笑风生，激活了全班学生，课后他却说没有上好，一股强烈的追求更好的精神感人。午餐了，我还在和英语老师讨论"四合一"的课怎么上，化学老师已经带齐材料在旁边等候，没有

第六章 不断进步 机会只给有准备的人

午睡，他和我商量下一课的教案。在 91 中总是这样，热情的年轻老师让你忘记了休息和疲劳，心里充满喜悦，因为他们让你感到了对学生的爱。

> 热情的年轻老师让你忘记了休息和疲劳，心里充满喜悦。

星期三上午赶到珠光路小学，两位校长陪着六位老师在等我，我特别高兴，因为一下子有四间小学的校长亲自拍板，腾出一个下午让我介绍"四合一"教学模式，给每位教师发一本《全脑激发的高效课堂》。本来约好是我和几位老师一起先备一课，结果到了八位教师，两位校长亲自作陪，一、四、五、六年级语、数、英都有。让我汗颜的是一年级数学课，认识钟表要学两节课，数学老师向我详细介绍了怎么教；英语老师主动热情地告诉我她怎么带领学生唱英语歌，引起学英语的兴趣。

星期四下午，我两点钟就到了梅花中学，因为有英语、政治、数学三堂研讨课，我想提前和老师交换一下想法。结果我的想法竟然和一位说不了解"四合一"教学模式的老师说法一致；政治科组长更让我敬佩：她前一天下班了还在和老师一起讨论教案，力求实现真正的互助合作学习。

星期五下午，培英中学彭老师从白鹤洞赶过来，和我商量支教之事，那种热情和负责深深感动了我，一个下午的研究有了满意的方案。

星期六赶到广州远程教育中心，"四合一"教学模式在这里有了一个新的展示平台。

> 爱如何在课堂上表达？技巧如何在课堂上运用？

好像在记流水账，是的，我的思绪如山溪水，清明澄澈，清清溪水中映现出一位位青春面孔和活力身影，如嘻嘻所说，年轻而充满了 ET 的理想！使我记起嘻嘻的声音："冯老师，我相信您的真心，我也向您保证，在我们教学一线上有很多像您这样把爱孩子把灵魂的教育放在首位的老师，只是啊，冯老师，真心恳求您能够把您的教学视频和具体方法能够分享给大家，让我们真正能够学有所依啊，爱如何在课堂上表达，技巧如何在课堂上运用，这就像一个妈妈不知道怎么样疼自己的孩子一样，迫切而不知所措。您给了我们希望和方向，但是我们太想知道您的具体措施和大量的情景应对了。"

年轻的身影和热情激起一圈圈的涟漪，让我感受他们、欣赏她们，满心想和他们一起向前奔流，为孩子们唱好一首欢快学习之歌。

第五节　级组长的话吓了我一跳

我教高三数学时，级组长突然告诉我：级组调查学生负担，我们班的学生说我没有数学作业。我吓了一跳，赶紧说：不是呀，我有数学作业！

我说过，我是这样处理作业问题：每次只留3～5题课本上的习题作为作业，要求在作业本每页的右边保留3cm空白，第二天回校后，请自己对照老师给出的标准解答进行改正，对的打√，错的打×，打了×请在右边空白处改正，如果解法不同或坚持自己对，请写明，我会仔细看。强调的是要清楚：哪些错了？错在哪里？怎样才对？弄清楚了才交。只要在放学前交给我，都不算迟交。而我都一定在第二天一早就把评定了分数的作业本发还给学生，使用百分制，标准是："懂了没有？"我公开宣称作业分是心机分，只要我觉得你是用心做作业，就起码会给80分，而不是按错了多少扣分。哪怕是全部三道题都错了，但是很认真改正了，我也会给90分。而且每次作业成绩都按月、日登记，到了学期末，请同学们自己算作业分。如果算出来是58分，那就是58分，我不会给够60分。

> 为什么学生会说我数学没有作业呢？

为什么学生会说我没有作业呢？因为每次就那么两三条课本上的习题，学生花十来分钟就做完了，所以他们不当成作业。难道做这么少练习就能考出那么好的成绩？当然不是！当时，我的学生每人有一本课外复习资料，我跟他们说：如果你想考本科，请做这本书的课堂练习，如果想考重点，请做这本书的课外练习，如果你不喜欢数学或者懒得做，那就请看前面的六条例题。如果你连六条例题也懒得看，那我就没有办法了！事实上，我每节课在堂上已经让学生把课堂练习做得差不多，学生回家做完那十来分钟作业就会看看课堂练习，一看，基本上都在课堂做好了，他们就会顺手做完剩下的几条，然后，做课外练习，遇到不懂，他们就会看看前面的例题。由于这些练习我都没有规定要做，他们又可以自己安排时间练习。所以，学生不认为这些是作业！

又譬如测验，我坚持每周起码有一次堂上小测，时间为5~15分钟不等。这是反馈机制的一部分，一方面了解学生掌握知识的情况，一方面也是使老师和学生都保持一种警觉，因为这些小测的题目都比较灵活，往往平均分不高，那么，我就会鼓励学生在平时积极抢答，凡是小组得分都算测验分，形成一种良性循环。

第六节　为什么测验

为什么测验？这话好像问得奇怪，测验就是为了检测效果，看看有多少学生掌握了，掌握的程度怎么样嘛。那么，有些老师只有单元测验、中段考和期末考，够吗？

为什么有些孩子在学习的过程中会慢慢掉队呢？除了课堂教学的问题外，还可以说出其他如家庭问题等原因。其实，还有一个原因是老师没有做好即时反馈。平时上课只是讲讲讲，不练也不测。只是等到单元检测、中段检测、期末检测，往往是问题形成了，有一些孩子掉队了。如果每堂课都带领孩子们向前跑，让他们学得高兴，经常有即时反馈，问题就可以避免积重难返。所以，我除了每节课的选择题和板演题以外，还经常有小测题。我的学生已经养成习惯，上课过程中，只要我一声不吭地转身写黑板，他们就会打开测验本，不抄题，以最快速度做完小测题，一般是3~5分钟，然后按照我给出的标准答案和评分标准，小组评改，打上分数。即时用信息卡自报分数。下课后，我全部收回检阅，确认分数或修改分数，在下面画线并写上次数。再交给科代表登记分数后发回。等到学期末，请每位学生自算测验成绩，按期末60%、期中20%、测验10%、作业10%算出总评成绩报给科代表登记交给我，我核对后交给班主任。

要注意的是，小测是当堂进行，往往是高考题型，因此平均分不高，老师必须鼓励学生不要担心总评，只要在课堂

> 为什么有些孩子在学习的过程中会慢慢掉队？

板演等小组拿分就行了：(40+100)/2=70，(40+100+100)/3=80，……，所以，学生到了高三，都仍然争着上黑板板演，不过，这时已经不是为分，而是养成了习惯。

小测是当堂评改，单元考、中段考、期末考，则需要认真准备，用一节甚至两节时间评讲。我反对照着题目按次序一条条讲解。我是按知识或者解法（思维方法和解题方法）归类评讲。首先告诉学生：这份卷子考了哪些知识和解题方法，把全部题目按系统归类分组，然后按组评讲，这几道题都是考什么知识，什么类型，思路怎样，用什么方法解决，要注意什么？每组讲完以后，我会按情况马上出题，即时再测，即时再评改。

不论是随堂小测，还是整堂考试，都要让学生清楚自己掌握了哪些，还有哪些没掌握，即时掌握、巩固和熟习。如果是大考，我会发一张同等程度卷子，让学生课外练习。

就如同治病一样，病从浅中医；我们平时的随堂小测就像一剂剂小处方，开好方煎煮好，把头痛感冒之类的小病及时治好，强身健体，才经得起大风浪，平时的单元考、中段考、期末考，如同各种大小演习练兵，到了上考场就可以胜券在握。

> 我反对照着题目按次序一条条讲解。

第七节　答努力课改老师

冯老师，您好有什么妙招啊？能否多介绍介绍，谢谢。还有看着你写的书，实行过"四合一"，进行不下去了，我们初中生的课堂太难掌控了，况且我们学校学习风气和管理都不太好，怎么办？举步维艰哪，但又想改变这个现状，难难难。

以上是努力课改老师在我日志"为什么测验"中的一段评论，我无法回访他的博客，想到他这个说法有一定普遍性，就在这里说说我的意见。

第六章 不断进步 机会只给有准备的人

我首先请努力课改老师看看我在 2010 年 3 月写的日志《"男孩危机"的背后是课堂教学》，看看我选择香港第三组别学校实行"四合一"主体教学模式"的情况。我在 P129 说道：

应香港大学吴浩明博士邀请，我在 2004 年 5 月份赴香港和香港一间第三组别相当于广州 F 组的学校的生源较差的学校交流，他们让我在中三年级一个班实施"四合一"主体教学模式上课，下面是这个班的学生写的"日记"中的话：

"你几时走 ar?我觉得上你堂好好玩 er!"

"唔……我觉得你好好笑，读书咁耐，我都未试用过呢种方式同老师沟通，蛮特别……"

"你教书方法同香港好唔同！
1. 香港不会叫学生举牌答问题。
2. 功课好少俾实质分数，多数俾 ABC。
3. 香港很少分组活动，……"

"阿 sir 以分组教学，令我的数学成绩进步了，大家可以分组讨论，既可以学习，又愉快。"

按照香港一份报纸事后登出的调查报告，虽然这间中学的原任课老师认为"数学最重要的是学生集中精神听老师的指示，如果分组，恐怕学生的注意力会分散。而且也的确有个别学生不太喜欢这种分组学习的方法，觉得原任课老师的教学方式比冯老师的较易明白"。但他指出："学生上过冯老师的课后，都很喜欢分组讨论这种方式，上课反应也较踊跃，现在他亦已转用这方法教学。"

效果呢？经过两周实验，在最后的两节"港穗数学科交流课暨教学研讨会"上，与会的香港各学校校长与老师观课后提出的第一个问题是："这堂课是不是标签课？"即是不是首先挑出好学生进行训练后来表演？在得到否定的回答后，他们说"中三学生写的解答，中五的学生也写不得这么好，出乎意料，所以有些疑问"。有老师用"感到震撼"来形容他们的观感。香港有三间学校试行这一模式。正如陈德恒校长给我的信中所说："港穗两地不少所谓教学交流，往往是烧

"四合一教学"是希望工程学校都可用的一种模式，其唯一需要的先决条件是教师本人的认真努力和持之以恒。

完炮仗便烟消云散，而您的努力和付出，却是有真实的影响。"我要在这里再一次向陈德恒校长、康文海校长、洪黄丽萍校长、何明生校长和吴浩明博士表示我的谢意和尊敬。

通过这个例子，我想说明一点。"四合一"主体教学模式是希望工程学校都可用的一种模式，其唯一需要的先决条件是教师本人的认真努力和持之以恒。

第八节　什是互助合作学习

提倡互助合作学习经过多年的质疑，现在已经成为潮流，许多公开课，都可见小组讨论；专家谈教学，也提要小组合作，至于为什么要小组合作，怎样合作，则语焉不详。

问题在于，我们看到的小组活动是常规的吗？这些小组是按照怎样的原则组建和开展活动？他们是按照"组内异质，组间同质"或者"组内同质，组间异质"的原则组成的吗？如何实现异质呢？还有很重要的一点是：进行小组互助合作是因为跟潮流还是因为实际需要？

> 进行小组互助合作是因为跟潮流还是因为实际需要？

郑和钧等在《高中生心理学》一书中提出：团体是指一群人在同一规范与目标的指引下协同活动而形成的一种组织。它的一个显著特点是其成员在心理上有一定的联系，并发生相互影响。如果几个人联合在一起，彼此在心理上并无多大联系，那么这几个人就不成为团体。同年龄的团体是同一年龄阶段的人所组成的团体，它以独特的、重要的方式帮助塑造儿童的个性、社会行为、价值观以及态度。儿童通过仿效可以被模仿的行动、强化或惩罚某种反应、评定彼此间的活动，互相提供反馈而相互发生影响。以此衡量，我们见到的那种让坐在一起的学生讨论一下，能算是互助合作学习小组活动吗？这只是几个人的讨论，不能说是互助合作学习小组活动。

《高中生心理学》把高中生的团体分为"正式团体"和"非正式团体活"，正式团体是把各个成员的位置和行为由组织规则给予严格规定的团体，如政府机关等。高中生的正式团体主要有班集体、团组织和课外活动小组。非正式团体是指自发形成的，带有明显感情色彩的小团体。它的存在并非偶然的现象，而是人们为了满足正式团体之外的某种心理需要而发生的。

四人互助合作学习小组介于正式团体与非正式团体之间，这正好符合王成全先生的调查结果：在40人左右的集体中通常有8～10个小团体，50人左右的班级有10～12个小团体。荀子说："人之生也，不能无群。"我们怎样组织这个群呢？

独生子女是家里的掌上明珠，从小娇生惯养。然而，父母的溺爱和过度关注往往造成子女缺乏自理能力和人际交往能力，不知如何去关注、帮助和爱护周围的伙伴。他们对自身也缺乏足够的认识，容易产生对他人和社会的失望感。学校，尤其是课堂，应该让独生子女们在这里学习人际交往，学会与人相处，学会如何去关注、帮助和爱护周围的伙伴，感受人和人之间的兄弟姐妹情谊。可惜，如同我在书中引用的《基础教育课程改革纲要（试行）》一书指出：当前师生人际关系中普遍存在着教师中心主义和管理主义倾向，严重地影响了学生的自主性，伤害了学生的自尊心，摧残了学生的自信心，由此导致学生对教师的怨恨和抵触情绪，师生关系经常处于冲突和对立之中。改变师生关系因此被提到议事日程上来，成为本次课程改革的一个焦点。可以说，通过交往，重建人道的、和谐的、民主的、平等的师生关系是本次教学改革的一项重要任务。在这样的师生关系中，学生会体验到平等、自由、民主、尊重、信任、友善、理解、宽容、亲情友爱，同时受到激励、鞭策、鼓舞、感化、召唤、指导和建议，形成积极的、丰富的人生态度与情感体验。

互助合作学习小组正是实现这样一项重要任务的有效手段，问题是这种互助合作学习小组的组建要有一套具体的操作规则，而不是随哪个领导或老师的喜好进行。"四合一"教学模式强调依据"全脑偏好图"确保"组内异质，组间同质"。可惜的是，没有多少位老师，包括实施"四合一"教学模式的老师肯认真按照规程编组，因为不管他们怎么编座位，课都照上。香港明爱圣若瑟学校的一位青年女教师曾经悄悄

"四合一"教学模式强调依据"全脑偏好图"确保"组内异质，组间同质"。

告诉我：她按一般做法编座位，用"四合一"教学模式上课，课堂纪律照样不行。后来她认真按"全脑偏好图"编座位，用"四合一"模式上课，课堂纪律真的好了！即使有班主任肯这样编，许多坚持满堂灌的教师也会坚决反对，理由是这样编座位，学生会讲话！

也有一些老师，按照"全脑偏好图"编组，过了一段时间又一切照旧。这是因为这些老师没有坚持小组激励机制，也没有认真写好教学流程。这就是如毛主席所说，一个人做点好事并不难，难的是一辈子做好事！

第九节 "四合一"教学模式的互助合作小组

近20多年来，许多国家都在寻找一条切实有效地大面积提高全体学生学业成绩的合理途径，出现了"小组互助合作学习"这一创新策略。美国学者说："运用合作学习是教师跟上当前教育趋势的一个出色标志。"

尽管思维大脑中的语言和逻辑能力对培养孩子的价值观非常重要，但它们不能塑造孩子的行为，这一任务只有成为照顾他人活动中的一员的自豪感和归属感才能完成。

互助合作学习是一种价值观，合作并不止是一种方式，我们希望学生能接受作为一种价值观的合作。通过在课堂教学过程中教学方式的改变，鼓励学生把同舟共济作为自己的努力目标，要求学生以一种合作的眼光来观察人、分析人，把对合作的关注从"知识"的传授转向个体的发展。

传统的课堂教学，在教学方式上以教师讲解为主；在组织结构上，以全班集体听课为主；在评价上以全班或个人奖励为主。在这种模式下，学生常处于一种极度的焦虑之中，你如果想获胜，就必须超越所有同学，而被抛在后面的学生，就渐渐对学习失去信心、失去兴趣。

那么，是不是像现在已被许多教师应用的那样，在课堂上让坐在一起的几个学生议论，就是小组互助合作学习了呢？

> 通过在课堂教学过程中教学方式的改变，鼓励学生把同舟共济作为自己的努力目标。

这样的议论其实很多时候只是形式，有时甚至还没有合作学习，老师就已经叫"坐好"了。

"四合一"教学模式有一套以"全脑偏好图"为依据的"组内异质，组间同质"编组方法，选好小组长和带头人，制定小组阶段目标和主要措施。

小组的组建只是为互助合作学习活动提供活动形式与空间。接着需要的就是老师要做好上课部分，为互助合作学习提供活动的知识背景，同时实现有效的激励措施，为活动提供动力源泉，这样才能使小组互助合作学习成为课堂教学的主体活动，区别于传统班级教学。

互助合作学习小组活动只是在有必要、有需要时才进行，有些书上讲得很清楚的问题，或者已有现成的图表，学生一看就懂，还作为问题要学生讨论就是形式了。只有形式表现而无实质性的互助合作就是假合作。而且，互助合作不仅在小组进行，教师还要注意自身参与和组织全班的互助合作。

教师在让学生进行互助合作小组活动时一定要注意发现和培养"带头人"，题目出来后马上先巡视一周，督促和发现，看看哪个小组动作最快，表现最好，同时注意观察是否所有小组都开始活动，这样，在第二次巡视时就可以培养和帮助，可以站到已有头绪的小组旁边，鼓励他们迅速找出解决方案，迅速派代表出去板演，只要有一个小组率先出去，就会有其他小组跟上。

其实，养成习惯以后，只要学生觉得问题似曾相识，各小组就会争相跑上讲台抢占阵地，这时，要注意安排好各小组的解答地方，在他们解答时，教师要即时审阅他们的解答，肯定优点，发现问题，并且对一些弱势代表悄悄进行个别辅导，帮助他们及时改正，使他能够为小组得分，这样，下次他可能就会成为第一个出来板演的人。

"领头羊"效应一旦形成，就能成为风气，教师根本不用担心学生是否会参与。按照学习绩效=学习才能×参与程度这样一个公式，我们不妨假设学生甲的学习才能为8，参与程度为0.5，而学生乙的学习才能为6，参与程度为0.8，那么，学生甲的学习绩效=8×0.5=4，学生乙的学习绩效=6×0.8=4.8。可以说，学生的知识与技能的获得、能力和素养的提高、群体

> 只有形式表现而无实质性的互助合作就是假合作。

意识和个性的发展，都是学生积极参与学习活动的结果。

互助合作学习小组的活动结果应该得到即时的呈现和反馈，教师要注意题目的类型和表现形式。在形式上，可以是小组派代表板演或口答，其他成员可以即时修改和补充，但是要有时间限制。也可以进行小组接力，4名小组成员轮流出来接力，每人写一个答案，要强调以写对、写好为评分标准，不要抢跑，以保安全。

在题型上，可以有填空题和解答题。填空题的优点是：①不像选择题那样有备选答案，防止学生在答题时产生侥幸心理；②不像解答题那样要写出解答过程，节省时间。解答题既能考察学生的基本知识和技能，又能考查学生综合运用知识分析和解决问题的能力；训练学生精确地解答问题，一分也不被扣。要注意挑选一个最好的解答进行讲评，对于其他解答只要在有问题的地方打上 v、x、? 等符号就行了。要注意不要批评解答不好的学生。

> 多好的兄弟姐妹情谊！这是互助合作学习小组首先要实现的情感态度与价值观。

每次中段中考后要及时计算进步幅度最大的小组，给予奖励。处后重新分组，到期末考试后再进行一次评选和奖励。下学期开学又重新编组，继续进行，这样一直到毕业。不仅会共同进步，更重要的是：对兄弟姐妹情谊没有家庭感受的孩子们经过三年11次编组互助合作小组学习，感受到了兄弟姐妹的情谊，学会和别人像兄弟姐妹一样相处、互相帮助，养成互爱互助的感情，对他们的人生，对民族和国家，都是一个很重要的历程。

在我的日志中有两个课堂录像剪辑，一个是高三语文，一个是小学五年级数学，每次看了我都有一分感动：多好的兄弟姐妹情谊！这是互助合作学习小组首先要实现的情感态度与价值观。

第十节 "四合一"教学模式的信息卡

《基础教育课程改革纲要（试行）》一书提出：教学是教

师的教与学生的学的统一，这种统一的实质是交往。据此，现代教学论提出，教学过程是师生交往、积极互动、共同发展的过程。

交往的基本属性是互动性和互惠性，交往论强调师生间、学生间动态的信息交流，通过信息交流实现师生互动，相互沟通、相互影响、相互补充，从而达到共识、共享、共进。这是教学相长的真谛。

对教学而言，交往意味着对话，意味着参与，意味着相互建构，这不仅是一种教学活动方式，更是弥漫、充盈于师生之间的一种教学情境和精神氛围。对学生而言，交往意味着心态的开放、主体性的凸显、个性的彰显、创造性的解放。对教师而言，交往意味着上课不是传授知识，而是一起分享理解；上课不是无谓的时光的浪费，而是生命活动、专业成长和自我实现的过程。交往还意味着教师角色定位的转换：教师由教学中的主角转向"平等中的首席"，从传统的知识传授者转向现代的学生发展的促进者。

> 教学是教师的教与学生的学的统一，这种统一的实质是交往。

"四合一"教学模式有一套自制的信息卡，由4张不同颜色的单面卡组成（背面一律为白色），上面分别印有A、B、C、D字母一个，我在《全脑激发的高效课堂》一书中列举了信息卡的8种用途，实际上，许多老师在使用中有新的用法。

《广州日报》曾经这样评价信息卡：信息卡是一种高效的教学媒体，具有课堂信息传递的及时性、高效性、全面性、易操作性以及传递信息的多样性等优点，克服了传统教学手段中的不足。

在使用信息卡时，有一点特别要注意的是：教师要在适当时候举起自己的信息卡明确自己的选择，不要只是说出答案。反馈是双方的，要避免自己以导师自居，站在讲台上看着学生举卡，自己却无反应，要留意全班学生举卡时的情况，及时作出反馈，这样，才能让信息卡的使用经常化、工具化，否则，慢慢学生就会越举越少，或者敷衍了事。

"四合一"教学模式实验了17年，我一再强调五个教学原则中的"即时反馈"是即时，可是一直到现在，仍然有老师在写论文时说"及时反馈"。我只好解析："即"和"及"不同："即"是"立刻"、"马上"的意思，如"黎明即起"。

"即兴之作"。"及"是"适时"、"趁着"的意思，如"来得及时"、"及时雨宋江"。

我们平时所进行的单元测验，中段考试等都可以说是及时反馈。"四合一"教学模式提出的教学原则之一"即时反馈"，则是强调要在课堂上即时进行反馈，而且这种反馈是双向的。教师设计一组选择题，请全班学生举信息卡回答，可以马上了解学生掌握的情况，采取不讲、略讲、详讲等措施，对于学生的回答，请全班评分，也是一种即时反馈，可以了解学生的意见，发现一些亮点，而教师在这些过程中，要随时告诉学生：老师知道你的意见了。

我们有些老师，只叫学生举信息卡回答问题，自己却不举卡，或者，只顾自己举起正确答案，不看学生举卡的情况，这都是不好的。我们应当注意学生举卡的快慢、动作、表情，随时了解学生的状态，作出适当的评价和反馈，例如表扬、鼓励、赞许、询问等。这样，学生才会乐于把自己的情况即时反馈给老师，才能保证课堂40分钟解决问题。

> 教师在学生举手后，一定要自己举起答案卡由左到右慢慢展示一次。

要特别强调的是：教师在学生举卡后，一定要自己举起答案卡由左到右慢慢展示一次，这是"四合一"教学模式的经典动作，是老师和每一位学生的交流，举到某个位置时甚至要停一下、问一声，和某位同学心照不宣地打一下招呼。需要注意的是，要保护举错卡的学生，不要让他感觉到因为举错而失礼、受批评。

在题型的设计上，选择题是必须有的，目的是训练学生准确而迅速地回答问题。选择题的优点是：

一、适应性强。考查知识与技能。

二、覆盖面广。提高能力与速度。

三、便于计分。统计迅速而准确。

四、减少偶然失误对成绩的影响。

我在美国买了一本 *SAT MATH WORKBOOK*（SAT 数学习题），全部用选择题。（SAT 是由美国大学委员会主办的学术能力评估测试，相当于美国的一种高考。）

选择题有许多解法，例如：

一、直接法：直接从已知推导结果。

二、特殊值法：用满足条件的特殊值检验选择项是否正确。

三、淘汰法：排除比较容易判定为错误的选择项。

四、图解法：用图形直观说明。

五、反例法：选取不适合的特殊值排除选择项。

选择题的设计要注意变化，例如：

1. 下列加横线字的注音完全正确的一项是：

（A）虬须（qiú） 漩涡（wā） 尺码（mǎ） 星临万户（lín）

（B）倒坍（tān） 屹立（yì） 默契（qì） 引颈受戮（jǐng）

（C）荫庇（pì） 踝骨（huái） 旭辉（xù） 周道如砥（dǐ）

（D）佝偻（lóu） 世袭（qí） 偿命（cháng） 豁然开旷（guǎng）

2. 下列词语中，"数"读作 shǔ 的是

（A）数一数 （B）数字 （C）数不清 （D）数落

3. 2002 年世界杯足球赛 C 组球队为巴西、土耳其、中国、哥斯达黎加，每两个队踢一场球，一共要踢的场数是：

（A）3 （B）5 （C）7 （D）8

4. 选词填空：

它从石洞里流出来，又一滴一滴_____（A 渗进　B 流进　C 淌进）石缝里去，把石块碾成的粉末变成了泥土。

画出"全脑偏好图"的步骤。

第十一节　全脑偏好图

有些老师没有《全脑激发的高效课堂》一书，又想画"全脑偏好图"，"因此，在此编印"全脑偏好图"，供想用的老师用。

画出"全脑偏好图"的步骤：

第一步，请你分别在图1、图2、图3的32个元素中各选8个元素，这8个元素应当是你最喜欢的8个，没有什么次序位置之分，也没有能力高低之分，。可以集中在一个象限选，也可以某个象限中一个也不选，只要在32个中选出8个

比较喜欢的就行。

第二步，请把你在图1、图2、图3中选出的元素个数，按A、B、C、D不同象限填在图4的小方格中，并分别算出三个图不同象限各自的总和。

第三步，请按四个象限的总和数在下面图5的象限对角线上描出相对应的点。

第四步，请把四个点用直线连结起来，就是你的"全脑偏好图"。

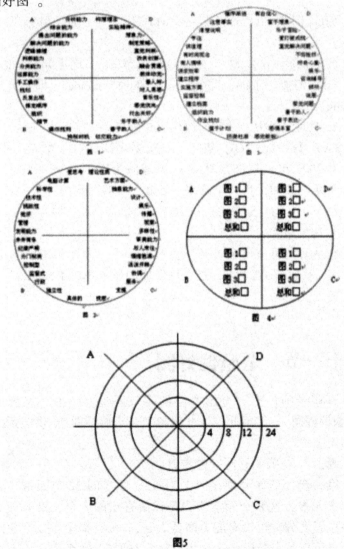

图5

第十二节　预习比作业负担重得多

关于"预习",见诸各种宣传有一段时间,但是,在一张大报上正面报道,我却是在2011年6月10日首次看到,虽然用的大标题是《预习深浅几许 重在学生会学》,但是"编者按"却说"强调学生预习是课堂教学中的重要一环",整版内容首先讲"视线":"预习是学会学习的开始";然后讲"实践":"'预习后教'缩小起点差距";还有三个观点:观点1说的是"特别强调课前预习",观点2说的是"对于中小学生而言,课前预习不言而喻",观点3说的是"把握好预习的'度'"。

大报是引导方向的,我看了这一整版的说法后,不知道该怎么办?彷徨不安之下,我拿起"绿皮书"和"红皮书"重新翻阅,前者是华东师范大学出版社2001年出版的《(基础教育课程改革纲要(试行))解读 为了中华民族的复兴 为了每位学生的发展》,由教育部基础教育司委托,组织基础教育课程改革专家工作组的部分专家"解读",副部长王湛代序;后者是北京师范大学出版社2002年6月出版的《走进新课程 与课程实施者对话》由教育部基础教育司组织编写,教育部副部长王湛写序言。我又一次重读两本书关于教学与学习方式的部分,我实在找不到"强调预习"这样的字眼。

> 我实在找不到"强调预习"这样的字眼。

绿皮书在谈到"什么是自主学习、合作学习与探究学习",一开始就说,所谓"自主学习"是就学习的内在品质而言的,相对的是"被动学习"、"机械学习"和"他主学习"。通篇讲的是"能学"、"想学"、"会学",强调的是这里所说的自主学习是指教学条件下的学生的高品质的学习,一点也看不到"预习"二字。

谈到"如何在课堂中落实自主学习、合作学习与探究学习",也是说"教学的目的在于帮助每一个学生进行有效的学习",而"有效教学是为了提高教师的工作效益、强化过程评价和目标管理的一种现代教学理念",特别提到"有效教学关注教学效益，要求教师有时间与效益的观念。……取决于对单位时间内学生的学习结果与学习过程综合考虑的结果"。

强调"预习"的各位，是否考虑过以上两本书所提到的这些呢？作业是学生在学习了新知识以后所做的复习巩固与提高的迁移学习，只要他们认真上完一节课，作业并不是负担，正如我实行"四合一"教学模式时，高三级组长告诉我：在进行学生负担调查时，我教的班学生说数学没有作业一样。而预习是在学生学习新知识以前，要求他们自己先自学，甚至要求学生事先准备回答教师的问题。这实在是一件比作业要辛苦得多的事情，因为他们首先要把陌生的课本看完，然后搞清楚应该掌握什么知识，再准备怎样解答老师事先布置的问题。这实在不是每一个学生都能胜任的任务。

如果我们把预习提到非要进行不可的环节，势必在作业负担没有减轻的情况下又加上预习负担，这真是雪上加霜，学生会不堪重负，其后果不堪设想。我在这里大声呼吁："预习"是比"作业"更重的负担，请不要在已经不堪重负的学生身上再压上预习的重负。求您啦！

> 在作业负担没有减轻的情况下又加上预习负担，这真是雪上加霜。

第十三节　"四合一"教学模式的评价机制

到实验学校参加观课议课，觉得有些老师虽然很热情参加"四合一"教学模式实验，但是，观念还没有真正改变，固有的习惯更是没有改变。因此，回来把我过去发表的关于"四合一"教学模式日志捡出归类为《关于"四合一"》，供各位有需要的老师方便检索和参考。当然，也希望各位注意看一遍这本书，尽量先原汁原味地实验"四合一"教学模式，尽量不打折扣；然后才根据实验情况，结合实际，进行改变。

这里，讲讲学生成绩的评定。我在第二章中说，小组的组建只是为互助合作学习活动提供活动形式与空间。接着需要的就是老师要做好上课部分，为互助合作学习提供活动的

第六章 不断进步 机会只给有准备的人

知识背景，同时实行有效的激励措施，为活动提供动力源泉，这样才能使小组互助合作学习成为课堂教学的主体活动，从而区别于传统班级教学。

（1）当小组代表回答正确时，全组得分；（只评100分，若老师或同学找出问题，证明回答有缺欠时，不给分。）

（2）当小组代表板演完全符合要求时（内容、表述、格式等）给100分；若此代表为小组长，则仅是小组长自己得分，若此代表为组员，则全组四人皆得100分，并且这100分作为平时测验成绩。

（3）中段考或期末考后分组计算小组总分，教师奖励进步幅度最大的小组。

（4）当板演不能容纳所有想出来的小组时，教师应当接收他们的草稿，用实物投影仪讲评，同样给分。

这么多年，我都是请进步幅度最大的小组四位学生去肯德基吃一顿，学生并不在于吃一顿，而是在于那种"吃老师"的自豪感，在于回家里可以向家长说："我们组考了第一，老师请我们吃肯德基"的自豪感。通过在一起吃，老师还可以了解到许多新的"情报"，听到许多建设性意见。

实际上，到各实验学校观课，可以发现许多老师采取在黑板记分，但不是只记100分，而是有各种分段，甚至采取10分制。我的感觉是这些分都是过期作废，老师并没有把这些分纳入总分评定，这是不好的。

> 不把课堂上的评分纳入总分评定，这是不好的。

我的做法是请两位学生担任科代表，一位负责登记每天的作业分，到期末时由每位同学按统一的作业次数算出平均分报给科代表；一位负责登记测验成绩，除了我随堂进行的小测分外，每节课堂上的小组得分和老师提问等得分，都算测验分，到期末各人按照自己的得分次数算出测验平均分报给科代表。然后各人按期末考试60%、期中考试20%、测验10%、作业10%算出总分，我把这个分抄送给班主任，这就是学生这学期的数学成绩。由于分数兑现，特别是考试成绩较差的学生，两个10%对于他们的期末总分有很大帮助，所以，每位学生在平时都会认真按要求完成作业，在课堂上积极争取多拿100分。这就是许多老师问我：为什么我的学生到了高三还积极回答问题，抢着板演的原因。

第十四节　为了我们的学生一个也不落下

素质教育就应当是以开发儿童与青少年的潜能，完善和全面提高新一代公民的整体素质为根本目的的教育。它的主要内容可以概括为"两全一主"：面向全体学生、学生全面发展和主动参与。

> 面向全体学生，学生全面发展和主动参与。

我按照这样一个认识来设计"四合一"主体教学模式。我每教一个班，第一堂课就给全班学生一个承诺："凡进课室上我的课就是我的学生，是我的学生一个也不落下。"我把全班学生分成每四人一组的互助合作小组，指定组长，让小组自己选出带头人，大考之后按进步幅度大小奖励小组。这样，经过一年的努力以后，我教的班不会有太差的学生，但却有一批优秀的学生，而且班集体形成得特别好。

最近观课，感觉参加实验的老师很有热情，很注意运用"四合一"教学模式的各种教学手段。但是，对于为什么要这样做却有点不清楚。

补课之所以49道金牌禁不了，除了课堂教学的问题以外，说不得的另一点让白岩松说了，白岩松：

首先感慨的是那天真够幸运，因为安全是第一位的，停电半个小时却没有做任何疏散的工作，想想如果要是出现了问题，人命关天，那该是天大的事。接下来的时候，要知道，平常周六日叫法定节假日，这个法就是依法治国的法，但是我们看看他们的课程表，周一到周五不用说了，早自习一直到晚自习，7：40到晚上21：40，算算看14个小时，一天在才24个小时。周六是早自习7：40到晚自习17：30，一天扔进去了。周日看着还比较好一点，但是你算算时间一点都不短，是下午14：30一直到晚上。所以只有那一上午的时间大部分学生都是睡觉了，你说这孩子幸福吗，但是用人家校长的话来说，这不叫补课，这叫培训。另外，家长还不干呢，责任推家长那里去了，另外，恐怕另外一个是真的，其他学校也都这么干，压力比较大。接下来我们就要连线一下，我们采访这件事情的记者刘楠,不过在采访她之前的时候,还有一个奥妙我们一起看一下,这个补课周末的时候,可不是一个随便大家都是雷锋,收钱的,早自习,每学期40元,晚自习3元钱1节课,周六是2元钱1节课,资料费300元,寒假补课70元,一算下来一学期共1056元,而且要分批次交费,一年一学年那可真不少钱。如果他们学校2000人,你一算好几百万,挺吓人的吧。接下来连线刘楠。

自愿参加"四合一"教学模式实验的老师不是白岩松所说的那样,只是想真正为孩子们搞好课堂教学改革。因此,我诚挚地和这些可敬的老师们进行关于实验的讨论。

"四合一"教学模式课堂的特点是"大容量,强节奏,高效益,活全体。"我们要注意,这里的"大、强、高、活"不是名词是动词,即"增大、加强、提高、激活"的意思。我们在做到"大容量"时,要高效益,在做到"活全体"时,要强节奏。

最近,一位老师一节课问了23个问题,容量够大,但是基本是一问一答地快速进行;这和我许多年前见过的一堂公开课一样,那节课,老师一连提了25个问题,整节课就是不停地一个个叫学生名字站起来口答;最近这位老师不同的是不叫学生名字,而是叫某号某(例如C号9,就是第九组C号。)这和叫名字口答没有什么区别。我们不能只管老师自己讲完了要讲的内容,而且是由学生讲的。我们要想想,这样开机关枪一样的问答,有几个学生能够记住?教师千万不要满足于课堂的热闹。

> 教师必须考问自己:这节课有没有把需要掌握的知识和技能落实到每一位学生?

教师必须考问自己,这节课有没有把需要掌握的知识和技能落实到每一位学生?我们有没有必要的板书?要知道,听到的效率是20%,看到的效率是70%。当然,做过的才记得牢。

小组互助合作应该在必需的时候才开展,一般有两种情况:解答不唯一,问题难度比较大。不要简单的问题也叫"小组讨论讨论"。小组活动时,首先要明确提出问题,明确怎样回答,然后因题而异,采用不同的形式进行。例如,在讲《雷电颂》时,用投影问"你认为屈原是一个怎样的人?"要求用一句话回答。接下来的步骤应该先让每位学生自己写一句，然后才进行小组交流，推选出小组代表板演，而不要叫号，因为各小组选出的代表不可能是同一个号。（因为对一个人的认为因人而异，所以，应该先让各人自己先写，然后四人交流选出代表板演。各小组写出代表作后，就可以从中选出全班认同率高的句子。）

在提出问题"风、雷、电等形象象征了什么？"要求用一句话回答之后，则可以先让小组讨论，然后叫号口答。当某小组某号回答得不够满意时，可以让其他小组的同号再讲。（象征什么不会有太大的差异："象征变革现实的伟大力量"，容易较快统一意见，马上讨论，省下时间可以多让几人口答。）

如果问题是"课文使用了哪几种修辞手法？"则可以采取"小组接力"的板演形式，当四人接力写出了"夸张、反复、排比、拟人兼呼告"以后，抽请其中一位口头举例说明。（让每人写一个，有一个讨论解答，分工合作的问题，当设置回答组数为4～6时，促使各组快速行动。用较少的时间，让较多的学生参与了学习。）

当问题变成"主人公通过呼唤风、雷、电表达了一种怎样的思想感情？"则可以变成是举手口答题，给学生一个展示自己的平台。

有一点建议，作为语文素养的积累，也为了一个都不落下，应该在每一个新课用1～2分钟时间做几道关于字、词、句等的选择题。例如：

1. 选择下列加点字拼音完全正确的一项是（　　）
A 驰骋（beng）　污秽（hui）　吞噬（shi）
B 伫立……　C……　D……

2. 下列各组词语中没有错别字的一项是（　　）
A 婵娟　忏悔　祈祷　气势磅礴
B……　C……　D……

3. 下列句中加点的成语运用恰当的一项是（　　）
A 我们只有雷霆，只有闪电，只有风暴，我们没有一气呵成的雨！
B……　C……　D……

最后，要强调一件事：在编好四人小组后，应该让每个

> 千万不要搞什么"成绩最好的是A号，成绩最差的是D号"这种显现教师主观认定学生好坏的人为编位。

小组的四位学生自己协商，自由选择如《全脑偏好图》的 A、B、C、D 象限就座，千万不要搞什么"成绩最好的是 A 号、成绩最差的是 D 号"这种显现教师主观认定学生好坏的人为编位。

为了让我们的学生一个也不落下，请让我们用细致的普爱之心，写好"教学流程"，把"教学目标"落实到每一位学生。

第十五节　关于教学环节的设置

我在第二章第六节谈到"教学过程的六个环节，苏联心理学家列昂节夫根据反射弧的原理，认为学习过程由定向环节、行动环节和反馈环节三个基本环节组成，结合到当前学生的实际，我把课堂教学过程概括为以下 6 个环节：目标、参与、获得、操作、迁移、反馈。

其中说到，学习是有目的有计划的行为，心理学研究证明，学习目标越明确，学习效率越高。课堂教学的目标有显性和隐性的双重性，显性目标主要是智力因素，隐性目标主要是非智力因素，两者都是在课堂教学设计时必须首先明确的，有了明确目标，就有了选择学习内容的依据、评价学习效果的标准和促进学习的动力。

在明确目标的前提下，学生应当从了解到展开，并深入参与教学过程，从而主动掌握知识，获得知识是课堂教学的主要目的，人要获得完整的系统的知识和技能，主要靠有意识记，作为方法，则主要靠理解识记，即借助思维的力量，开发学生的思维潜能，具有十分重大的意义。

> 教师要特别注意反馈技能的掌握。

在课堂教学中应当通过学生动手操作，要注意把"做"和"理解"加以正确的区别，充分利用共同的因素，抓住知识的内在联系，形成良好的认知结构，促进正迁移。

重要的一点是，为了及时地、准确地了解学习各阶段的进展情况，反馈调控是学习过程有序高效的保证环节，教师要特别注意反馈技能（课堂教学过程中教师传出教学信息后，从学生那里获取对所输出信息的反应的行为方式）的掌握。

我说，这六个环节不是程序，是要因应不同的教材和目的，按照"定向、行动、反馈"三大环节进行，最要紧的是，整个教学过程都必须贯彻教学五原则。

可是，初用"四合一教学"的教师往往从形式上套用"四合一"教学手段，例如举信息卡，小组讨论等，不注意怎么按照认识过程安排教学流程。为此，我根据一些运用"四合一教学"比较好的老师的经验，提出一堂课具体的教学环节设置供参考。

1. 导入激趣：一堂课一开始，就要吸引住全班学生的眼球，激发起他们的兴趣。可以是一小段视频，或者一两幅图片，或者一个新闻，或者一个有趣的问题等，注意总时间不超过2分钟。

2. 直奔主题：当吸引了学生的注意后，要马上告诉学生：我们这节课学习什么，要掌握什么，不要转弯抹角。

3. 标准示范：要求学生掌握的基本东西，教师先示范，例如语文，应该亲自朗读一段课文，数学应该逐步分析，按标准书写，板演一题。

4. 即时反馈：设计一组选择题，分一次或者两次进行，检查每个学生对基本知识、基本技能掌握的情况，其中应该有一条多知识点综合题，发现优秀者。每一道选择题都要按照学生回答的快慢、正误情况，决定是否讲评或者讨论。

5. 小组活动：设计1~2条综合题，基本用填空题形式出现，要求小组讨论，可以是代表回答，也可以是小组接力，或者叫号回答。

6. 测验互改：每节课有5分钟小测，基本是综合型。答完小组内交换互改，按照教师给出的答案和评分标准给分，教师即时用信息卡统计成绩，下课后统一收卷交给教师进行确认后，发回科代表登分。注意要求学生保管好这些卷子，以备复习用。

当然，小结和布置作业则是最后一分钟的常规。

> 签署《不让一个孩子掉队》法令是国家智慧，能否成功在于切实改革课堂教学。

第十六节　访美小结之一

　　签署《不让一个孩子掉队》法令是国家智慧，能否成功在于切实改革课堂教学。

　　说来惭愧，我从1994年开始"下定决心，自己不搞加班加点，只用课堂40分钟教会学生，考出好成绩来说话"。到现在十七年，才在2011年9月29日第一次知道美国有总统签署的"不让一个孩子掉队"法令！

　　惭愧之余，不禁疑问：17年来，我注意看书读报，寻找构建高效课堂的道路，其间，我在中国参加了许多研讨会，也不止一次随团出国考察教育，怎么就没有看到或听到中国有人宣传"不让一个孩子掉队"？

　　到美国的第二天，就让我又惊又喜，惊的是美国总统在2002年1月8日就签署了"不让一个孩子掉队"法令，喜的是我那个被人质疑的"凡进课室上我的课就是我的学生，是我的学生一个也不落下"的承诺有了一个国家知音！

　　我在美国参观了幼儿园、小学、中学、大学和职业中学，以及课外补习机构（私人办的和华人社团办的），努力了解情况，让我从心底钦佩美国总统的智慧和远见，更坚定认为世界各国共同的问题是：需要切实改革课堂教学！谁实现了，谁就是胜利者！

> 世界各国共同的问题是：需要切实改革课堂教学！谁实现了，谁就是胜利者！

　　据统计，1870—1940年，美国人口增加了3倍，而中学生则增加了90倍。当时的口号是："中等教育为所有适龄青年敞开大门"，到1918年时美国高中已发展到2万多所，而12亿人口大国的中国到1998年才有1万多一点的高中。由此可见，美国的高效率、高技术、高产出靠的是科技，靠的是先进的教育。今天，美国基础教育的方法在杜威式教育法的基础上几经改进，教育的口号是："不让一个孩子掉队"，各州都将40%的税收用于教育。20世纪80年代垄断着70%左右的专利发明、70%以上的诺贝尔自然科学奖、奥运会奖牌总数第一。

大国的崛起靠的是科技，国与国之间的较量说到底就是国民素质的较量，是人才的较量。英国历史学家汤因比研究过21种在历史上曾经出现过，后来相继消亡的文明。结论是这些文明死亡的原因，无一例外，都不是他杀，而是自杀。他们失去了创新的活力，被历史淘汰出局。

现在，美国教育的口号是："不让一个孩子掉队。"一个居安思危的国家才有资格谈论谁是第一！

上海财经大学高等研究院全球教育研究中心主任郭玉贵在《平衡·改革·争议 看"奥巴马时代"的教育走向》一文中说：

美国的宪法将教育列为各州管辖的事务。这一机制在相当长的历史时期运行良好，各方均遵循制度安排。其间，联邦政府为了国家整体利益，在不同时期采取不同方式对各地教育事业予以一定的资助，并未对各州教育有实质性的参与和干涉。

美国公立学校产生于19世纪上半期，它的迅速发展主要归因于美国工业化的需求。但以制造业为主的美国工业界对教育的要求并不是很高，这为侧重"个人生活经验"和"做中学"的实用主义教育理论在美国兴起提供了可能。然而，这种只重教育过程而不重结果的思想，随着时代的变化逐渐暴露弊端。美国学生尤其是贫困家庭和少数族裔聚集地区的学生，成了公立学校劣质教育的受害者。在对旷日持久而毫无结果的美国教育改革极其失望的情况下，这些地区的家长挺身而出，发起了一场具有深远影响的择校改革运动，将孩子带离低效和劣质的学校。这使得教育系统内部权力重新分配，促使教师和学校进行改革并担负起责任。

> 一个争议点是支持对教师实行绩效工资计划。

20世纪80年代，美国开始迈入知识经济时代，低质的中小学教育令举国上下感到"国家处在危险中"。经过老布什和克林顿重视教育的执政路线，以及两次"全国教育高峰会议"中各州长和企业界领导对教育改革的支持，两党在教育议题上的辩论从以往的联邦政府是否应在教育事务上发挥作用，转向讨论如何发挥这种作用。最终，在教育改革的问题上两党达成了两条指导原则，第一由联邦政府领导和推动教育改革，第二通过制定教育标准、测验、择校、责任制及继续提供资助的措施提高学生的学业成绩。

《不让一个孩子掉队》法案是美国两党经过多年博弈，在各自妥协的基础上达成一致的共同政策。它体现了美国教育改革从注重投入和过程向注重产出和结果的革命性转变，顺应了知识经济时代需要。因此，在大选中，无论是共和党的麦凯恩，还是民主党的奥巴马，均不敢对其原则提出挑战。

一个争议点是支持对教师实行绩效工资计划，这一主张是触动教师群体根本利益的问题。尽管奥巴马在提出这一计划的同时也提及了加强聘用、培训、留任及奖励教师的优惠计划，但绩效工资计划仍然引起教师的反对。传统上美国教师涨工资的依据是他们的资历、学历及资格证书，并不受所教学生学习成绩好坏的影响。因此，一旦将他们的工资、升迁、职位及其他待遇与工作绩效挂钩，便会影响其既得利益，不满与抵制可想而知。

2006年4月22日10:34《法制日报》的文章《"不让一个孩子掉队"法案有漏洞》指出：

美国总统布什2002年签署了《不让一个孩子掉队》》的教育法案，为全美的中小学教育改革拉开了帷幕。根据法案规定，各州要对公立中小学3到8年级的学生进行年度的英文阅读和数学统考，成绩需按照每所学校内各类学生的考分分类计算，以最终对该校的教育质量进行评估。但美国许多州的教育部门还是从《不让一个孩子掉队》法案中找到了可以利用的漏洞。该法案规定，如果一个学校内的少数族裔学生比例过低，那他们的成绩可以"不必体现"在全部考生的成绩中。许多州教育部门立即抓住这一规定，宣布允许当地的公立中小学校将部分差生的成绩"忽略不计"。举例说，一所学校有2000名白人学生，而拉美裔学生只有9人，根据美联社的调查，在几乎美国各个州中，这些拉美裔学生的英文阅读和数学成绩都没有被计算在学校的全部成绩当中。

美联社此前对2003—2004学年全美公立中小学学生的注册人数和他们参加的统考情况进行了比对。调查结果显示，全美有大约190万名中小学生的阅读和数学考试成绩没有计入全部学生成绩当中。按照规定，他们都应被计入"少数族裔学生"的成绩评定类别中。这个比例占到美国所有中小学生人数的 1/14。

调查显示，有不足 2% 的白人学生成绩被校方和当地州政府瞒报。相比之下，拉美裔和黑人学生成绩被瞒报的比例达到了 10%，而亚裔学生和美国印第安学生成绩被瞒报的比例分别达到了三分之一和将近 50%。

美联社援引调查结论说，加利福尼亚州的公立学校主要将那些英文成绩不好的拉美裔学生"排除"在成绩统计范围之外。在芝加哥市郊的部分学校当中，被"编外处理"的是黑人学生。而在美国西北部各州以及弗吉尼亚州，被校方"忽略不计"的则是印第安学生和进行特殊教育的学生。

在美国总统布什的老家得克萨斯州，情况更为严重。美联社的报告显示，该州全部 6.5 万名亚裔学生和数千名印第安学生的统考成绩竟然全部被隐瞒不报。统计显示，该州没有上报成绩的学生总数达到了 25.7 万人之多。而在美国人口最多的加利福尼亚州，这个数字达到了惊人的 40 万人。

美联社 4 月 17 日公布的一项调查结论显示，美国许多州的公立学校一直采取"报喜不报忧"的对策，为了避免学校因教学质量欠佳而受罚，许多学校在上报统考成绩时故意瞒报部分差生的成绩，而他们大部分都是美国的少数族裔。更令人没有想到的是，许多学校的这种做法都得到了当地州教育部门的允许和鼓励。

据报道，当美联社将这一调查结果通报给美国教育部时，包括教育部部长玛格丽特·斯佩林斯在内的许多官员都大吃一惊。斯佩林斯日前在一个新闻发布会上有些不敢相信地说："有这么多人？你们能肯定吗？"

联邦政府在"不让一个孩子掉队"上投资很多，布什在 2007 年的教育预算中还将此项目经费提高到了 244 亿美元，比 2001 年起始时提高了 40%。事实上，教育占美国政府投资的比率逐年加大，近 10 年来一直占国民生产总值（GDP）的近 8%，在世界发达国家中屈指可数。但在如此多的投入下，美国公立学校总体的教学质量，尤其是数理科目，不仅未有提高，还有逐年下滑的趋势。

> 许多学校在上报统考成绩时故意瞒报部分差生的成绩。

美国休斯敦大学教育信息技术硕士。目前在美国得州一所高中执教的王文在《美国教育改革也民怨沸腾》一文中说：

美国公立教育从幼儿园大班一直到12年级是完全免费的，教育经费的大部分来自政府的税收。有房产的纳税人每年都得付数目不等的学区教育税，所以美国的公立学校必须是要努力为纳税人服务的。近年来美国各界人士对公立学校的管理、教学质量不满。中小学日益增多的吸毒、酗酒等违法案发率上升；美国高中生的平均学业成绩，尤其是数学和科学远远低于世界其他发达国家；加之越来越高的辍学率等问题引起广大纳税人的不安。有识之士呼吁，要整改差校，"整"不合格老师！

布什政府似乎比前届政府更强调推动教育改革，提高公立学校的教学质量，布什当年竞选得胜的王牌之一就是在他当州长的任期内得州的教育改革卓有成效。因此，布什在2001年出台了重大举措：《不让一个孩子掉队》(NoChildLeftBehind)。《不让一个孩子掉队》的宗旨就是加强各州标准化测试可信度，给人的印象就是要多考试，并以考试作为衡量学校的主要尺码和标准，以提高学生学习成绩，缩小或消灭劣势群体（比如贫困学生）和非劣势群体学生间学业成绩差距。

中国多年来学业的巨大压力，应试教育使学生老师不堪重负，身体、生理、精神压力何其沉重，而这恰恰是美国教育改革终究会带来的后果。

布什的教改方案无疑会增加老师的压力，会越来越和中国同行们殊途同归，同病相怜。布什的教改方案亦举步维艰，几乎所有老师家长提到《不让一个孩子掉队》都是很不满意，很有意见的。其实，用我这个中国老师的眼光来看，那是因为美国的老师和学生被宠惯了，不像中国老师，习惯了成绩统计。这还没怎么着呢，就一天到晚喊压力太大，他们才不愿有这些紧箍咒，受这份罪呢。

美国中文网2011年9月23日报道，总统奥巴马周五（9月23日）谴责美国教育状况，并宣布美国各州将获得前所未有的自由，放弃前总统布什时代制定的主要教育政策"有教无类"的基本要求，称该教育政策虽然是一项令人敬佩的制

奥巴马的声明会从根本上影响数千百万儿童的教育状况。

度，但存在实施缺陷，结果是伤害了学生，而不是帮助他们。

根据美联社报道，奥巴马的声明会从根本上影响了数千百万儿童的教育状况。该声明将使各州取消"有教无类"的规定，"有教无类"的核心规定是要求所有学生一律都必须在2014年达到阅读和数学学科的标准，为了达到这个标准，各州都不得不进行繁重的测试准备。

奥巴马在国会表示，因为国会议员们没能更好地完善教育政策，因此他必须实施总统行政令。

根据奥巴马的新计划，如果各州满足某些条款，例如帮助设定学生进入大学和职场的考核标准，以及建立对教师和校长的测评标准，这些州可以向教育部申请"有教无类"规定的豁免权。

奥巴马坚称，允许各州不用为2014年的最后期限进行准备，并不是削弱了教育政策的实施，而是帮助各州提出了更高的教育标准。他说，现行的政策迫使教育工作者为了避免没有达到2014年的要求而受到处罚，故将教学重点放在传授考核和测试上，对一些历史和科学等科目漠不关心，这样其实会降低教学质量。

除上述政策外，奥巴马还提出其他一些诸如提高教学质量、降低高中辍学率等计划。但总体上来看，他的教育政策没有什么出乎意料的惊人之举。他本人或许有改革的愿望和企图，但也只是在民主党传统立场边缘地带徘徊，政治现实使他不可能背离本党立场和其主要社会基础力量——教师工会。

从2011年9月30日《侨声报》文章《俄州想申请联邦政府新的"不让一个孩子掉队"的豁免》，我们也可以看到，奥巴马只能在民主党传统立场边缘地带徘徊。

其实，根本的问题在于：布什时代制定的主要教育政策《不让一个孩子掉队》法令，虽然是一项令人敬佩的制度，但存在实施缺陷，结果是伤害了学生，而不是帮助他们。因为"有教无类"的核心规定是要求所有学生一律都必须在2014年达到阅读和数学学科的标准，为了达到这个标准，各州都

第六章 不断进步 机会只给有准备的人

不得不进行繁重的测试准备。这就必然遭到教师的强烈反对；而如同奥巴马在国会表示，因为国会议员们没能更好的完善教育政策，因此他必须实施总统行政令，提出"力争上游"（Race the Top）教育改革竞赛。提出并鼓励更多地依赖教育家所称的"形成性测试"或"形成性评估"。这些测试不是那种一年参加一次或一生只参加一次的重要考试，如学术能力评估考试（SAT），而是一系列规模较小、意义也不那么重大的测试。它们主要用于帮助学生和教师了解自己的表现，至少从理论上说是这样的。

一些教育专家称赞这种改变是教育从思想的黑暗时代向前迈出了一步。"长期以来有研究表明频繁的考试对孩子有利，但教育人员一直不接受这一研究结果。"北卡罗来纳大学教育测量与评估专业的格雷戈里·J.齐泽克（Gregory J. Cizek）教授说道。

但是，其他教育工作者一想到要增加考试次数就退缩。"奥巴马政府借金钱的力量强迫各州增加更多有害无益的考试。随着'力争上游'计划的实施，情况变得更糟，无情地把学习变成了备考。"阿尔菲·科恩（Alfie Kohn），他著有《反对标准化考试的案例》（"The Case Against Standardized Testing"），还有其他许多关于教育的著作。

《纽约时报》于2010年9月15日发表了伊丽莎白·罗森塔尔的文章《考，像中国教育那样！》提到他的两个孩子的经历说：

在我两个孩子分别是6岁和8岁时，参加考试就和休息时玩追人游戏或是团团坐时听故事一样，是他们学校生活节奏的一部分。每周两次"疯狂一分钟"的数学小测验，测验结果还被精心制成图表。还有定期的拼写小测验。我甚至至今还留着女儿小学三年级科学课的考卷，试卷的评分很详细，比如23/25或是A-。

那时我们住在中国，孩子就读的学校以西方小学课程为主，但强调纪律和考试，这两者是亚洲教育的典型特点。在亚洲，人们认为对儿童进行这样一连串的考试很正常，没什么不妥，也不大会引发焦虑。这就造成了有趣的文化冲突。我现在仍记得，亚洲家长和西方家长之间的矛盾几乎从没间断过,亚洲父母希望增加更多的考试和家庭作业,而更关注孩子是否过得开心的西方父母则恰恰相反。

让我们面对现实吧。生活充满各种各样的考验,有时战胜有时落败,所以在某种程度上你不得不习惯。"学校在培养孩子和为孩子提供便利方面做了很多努力,所以当孩子必须独自坐在课桌前接受考试时,孩子会感到有点震惊。"齐泽克教授说道。

倘若考试变得普遍,教师也支持——我孩子的大部分老师都支持——那考试就像是许许多多的谜题;不是对你的存在的判断,而是一种有趣的挑战。儿子安德鲁说他并不觉得那时是被动参加考试的,这证明了北京国际学校考试模式的高明,要不就是证明了儿子孩时记忆的消褪和改变。而像"力争上游"这样的国家教育计划的考试,会不会是那样子呢?

三年后,我们回到纽约。他们在一所实行进步主义教育理念的学校读书,那里没有真正意义的考试,没有分数,甚至连每年一次的校园音乐剧都不需要试演。安德鲁和卡拉不久就待不住了,原因是他们已经从考试中得到反馈。

"我怎么知道自己是不是跟上了数学课的进度呢?"一个月后,女儿问道,带着明显不满的语气。有了在北京参加考试的经验,很快他们分别都考上了纽约市以学业为重的公立学校,那里不缺考试,而且(或许这并不出奇)大部分同学都是亚裔人。

我的观点是:如果我们只争论要不要考试,怎样考试,不用心研究要不要改革课堂教学,怎样改革,那么,问题永远得不到解决!关于这个问题,我在《全脑激发的高效课堂》(中山大学出版社出版,2009年7月第2次印刷。)一书中,写了五章185千字。在我的博客中设立了例如"现场直击"等很多专栏,发了许多呼吁。这次访美回来,连载"在美国的所见、所闻、所思",不知道各位有没有注意到连载6中那种小组互助合作学习的情况;有没有看到连载9中职业中学的课堂;有没有质疑连载10中红衣男孩的走动;看到连载11中幼儿园那个教师正让一位孩子板演的状况?我想,这可能就是奥巴马所说"存在实施缺陷","国会议员们没能更好地完善教育政策"的具体问题。请看完此篇连载的有心人给予评说。

《羊城晚报》于2011年11月1日发表了广东省体制改革研究会副会长彭澎的文章《"美国制造"能对"中国制造"形成挑战吗？》说：

一段时间以来，在华美企"回归故土"的说法悄然挑动着经济观察家们的神经！但当有关调查显示"美国制造也能卖中国价格"时，可能意味着决策者们的如梦方醒、企业家们的噩梦来临！我们还有不到五年的时间来应对这种冲击！

仔细分析，美国企业回流来自中美两国比较优势的相互增减，其中有主观因素，也有客观因素。从美国方面来看，金融危机对美国影响至深，美国各界要求加强实体经济的发展，减少消费在国民经济中的比重。有人提出，要改变消费支出占美国经济70%的情况，要多发展生产经济，而不是消费经济。总统奥巴马也公开赞同"投资英雄"。而且，正如改革开放之初的中国，为鼓励制造业等实业投资，美国一些州开始出台税收、信贷、土地等优惠政策。同时，很重要的一点是，美国失业率偏高，愿意干工厂活的人增加了；而且，以墨西哥人为主的新移民和非法移民已经成为美国劳动力的重要来源，这些人对于干工厂活有更多的兴趣。

另一方面，中国也在变化。基本上在国际金融危机中幸免于难的中国因采取强有力的刺激政策，形成了巨大的房地产泡沫。而社会政策的调整，对于劳工的保护要求更高。这在被誉为"世界工厂"的珠三角表现得特别明显。几年来"民工荒"愈演愈烈，人工成本节节上升。由于中国在世界市场上买什么、什么就贵，中国获取的原材料和能源可能是世界上最贵的。而土地价格更是世界上少有的贵！

据《华尔街日报》文章估计，"未来五年，在美国一些地区制造的商品，生产成本将只比中国沿海城市略高5%～10%"。而且，更为重要的是，成本并不是唯一的问题，据有关分析，美国生产效率高于中国。多年来，让中国人得益的劳动力素质提高的情况竟受到质疑，让我也大跌眼镜！因为，美国蓝领正在消失，白领的效率高过中国倒还情有可原。可是一提起"次品率"，我可能就无话可说了。据我了解，因为

> 美国生产效率高于中国，正是美国两党在教育问题上一致努力的结果！

工人收入低、职业稳定性差、一些工厂劳动环境不好、新生代工人责任心也存在问题，都可能影响到我国企业生产的"次品率"。而这在高附加值行业更要命。如果说这些因素加上成本，加上美国人愿意干活了，说美国企业回流就有了可靠的依据。

无论如何，对于珠三角乃至整个中国来说，面对"美国制造"的重新崛起以及可能引发的全球制造业新一轮转移，我们不能简单地沉溺于把"中国制造"提升为"中国创造"、"中国智造"，说不定我们还得同时打响"中国制造"保卫战！

依我看来，我们不仅不能简单地沉溺于把"中国制造"提升为"中国创造"、"中国智造"，还得同时打响"中国制造"保卫战！我们更应该看到：美国生产效率高于中国，正是美国两党在教育问题上一致努力的结果！两任美国总统都在为"不让一个孩子掉队"调动联邦政府的国家力量，我们再不正视这个问题，在国与国之间的较量中我们就会是失败者，其后果是难以想象的！

中国教育界的许多专家学者都说要学美国教育，连上课也要把课桌拼拢成长方形，让学生围桌而坐。我这次去参观，一看到课室里学生围着长方桌坐，就提出说："我不赞成这样坐，因为十来岁的孩子正是长身体的时候，让他们扭着身子听课，会影响他们的腰椎和颈椎生长。"几位校长都表示认同，他们的课室并非全都是长方形课桌；那些长方形课桌好象是分来的，并不是校长订的。

> 那些长方形课桌好像是分来的，并不是校长订的。

中国的许多家长觉得外国孩子上课自由，那样好。其实是一个误区！外国的教师只负责教课，他们没有学生成绩考核和升学率的压力，所以，教师只要把课讲清楚就行了，学生听不听则是每个学生自己的事。所以，才有我的"在美国的所见、所闻、所思"连载6中那种小组互助合作学习的情况；连载9中职业中学的课堂；连载10中红衣男孩的走动；连载11中幼儿园那个教师正让一位孩子板演的状况。实际上，外国的教师是任由学生自由发展，因为，不可能每个学生都去读哈佛大学，社会还需要许多普通劳动者。例如，我一到纽约机场，发现各种不同工作的人员基本都是黑人，有人告诉我，他们喜欢活动型的工作，不愿意总是坐着读书。

我在波特兰机场拿着信用卡和电话号码在一部公用电话旁请一位黑人女警帮我打电话时，她拿出手机打电话，然后微笑着把手机给我，原来她已经用自己手机帮我打通了电话，顿时令我感到一股暖流。

我在参加新西兰、澳大利亚教育考察团时，一位当地管文教的官员带我们去参观一间私立学校，一下车，她指着校门说："我女儿就在这间学校读书。"接着，又笑道："我和她讲好，如果她掉下前10名，我就扒了她的皮！"我们吃了一惊，后来才了解到：在澳大利亚读大学并不难，但是，毕业后当一般工程师年薪8万，如果当律师或者医生，年薪18万。而这间私立学校能考上法律或者医学专业的学生只是前10名学生。因此，家长给孩子定下要求，自己请老师给孩子补习，这些，学校是不管的。所以，我看到一堂高一数学课的情景：十几个学生在黑板前围着老师听课，一边有三四个学生围坐在地板上看手提电脑。这些学生并不像中国独生子女那样要担心将来的工作和生活，因为他们是高福利国家，失业者每周领6元，一般劳动者每周8元。我在美国，经常见到站在公路旁的"乞丐"，我的侄女婿告诉我：这些乞丐每个月的收入可以达到四五千元。

美国总统看到了问题所在，他们看到了：社会不仅需要精英，社会更需要合格的公民！他们签署了《不让一个孩子掉队》法令，要以统考成绩来评定学校和老师，以此确定经费的派发，美国的教师一下子就变得跟中国教师一样，感受到了实实在在的压力，所以，教师们必然反对这一法令。反对是有道理的，正如中国的许多教师所说：我用心备课、用劲讲课，学生不听，我有什么办法？中国的各级教育部门，每当一次统考结束，就把每间学校的各科考试成绩计算到小数后两位公布，叫各级教育行政领导和教师们怎能没有压力！现在，美国总统签署法令，在两党共识的情况下，决定由联邦政府用统一考试的成绩来管理学校，决定经费的拨款，无疑会增加老师的压力，会越来越和中国同行们殊途同归，同病相怜；他们应该看到，唯一的出路就是改革课堂教学！否则，就真的只能如王文所说：中国多年来学业的巨大压力，应试教育使学生老师不堪重负，身体、生理、精神压力何其

> 社会不仅需要精英，社会更需要合格的公民！

沉重，而这恰恰是美国教育改革终究会带来的后果。

中国随着改革开放的进行，教育有了产业化的说法，尽管有关方面后来否认，学校由20世纪90年代初开始有了明显的变化却是不争的事实，学校承受着社会、领导、家长都期望孩子成龙成凤的巨大压力，老师把这种压力转移到学生身上，为了平均分、为了升学率，上课使劲讲够一节还拖堂，规定单人单座，下课布置一大堆作业再拼命加班加点，造成了许多问题的产生。而大家又形成一种似是而非的舆论，认为一切都是因为要考试造成的，没有人承认是课堂教学已经不适应新的社会发展和环境改变。所以，我们的社会不断出现问题，请看一看，因为拼命补课受到我反对而高喊要打我的事件发生在1994年，当时的高三学生现在多少岁？可以说：这十几二十年来所出现的令人触目的人和事，这些问题的主角都是在课堂教学不适应社会发展、大搞加班加点压出来的学生。虽然教育部部长换了好几位，教育改革和教育规划不断出台，但是，素质教育初提之时，还有一些争论，现在则是一片教育祥和，成绩斐然；最担心、最操心教育的只有国务院总理温家宝，有谁像温总理那样，在国际国内事务繁忙的情况下，坐进课室认真听课、做笔记？只可惜，课堂涛声依旧，学生问题不断。发展到今天，出现了三个初中女孩被功课压得集体跳楼，出现了大批出国的小留学生，出现了小悦悦事件，……，所有这些，仅靠法律就能改变吗？有人高喊"教育不是万能"，可是他们却无法回答今天的学生和成年人为什么出现那么多令人无法想象的问题！他们最后只能承认：课堂教学必须改革！

放眼看看英国伦敦的暴乱，15岁的学生被父母举报；看看美国常常发生的校园枪击事件。可以看到：改革课堂教学是世界性的问题。在美国两任总统推行《不让一个孩子掉队》的法令面前，我们怎么能视而不见、无动于衷！

所有这些，仅靠法律就能改变吗？

附文

冯旭初：研制"四合一教学"的独特秘方

2013年11月13日　　作者：赵小雅

来源《中国教育报》

　　小档案　冯旭初，广州市第七中学退休教师。1991年被评为"全国优秀教师"，1994年获广州市优秀教师特等奖和人民教师奖章，1998年被广东省人民政府授予中学特级教师称号，1999年被评为广东省"南粤教书育人优秀教师"。主持的全国教育科学规划课题"四合一"主体教学模式研究获广东省第六届普通教育教学成果奖一等奖。

　　冯旭初老师今年73岁了，但是在广州市第七中学办公楼的2层仍然有他单独的办公室。退休近10年的他，仍然是退而不休。从1994年开始自主探索，到申请全国教育规划立项课题研究，从单一的数学学科到所有学科普适性实验，他把这项教学探索起了一个自己的名字——"四合一教学"。19年来，"四合一教学"就像他精心培育的孩子，最终有了自己的模样与内涵。从一个班到学校，从一所学校到多所学校，从一个学科到21个学科，从广州到香港，并于2011年7月应邀赴美交流。2013年2月，"四合一教学"被广州市教育局确定为全市推广的5种教学模式之一，在冯旭初老师所在的学校——广州市第七中学专门挂牌成立了"四合一教学"应用推广工作室。73岁的冯旭初老师又开始了新使命，让这项教学实验以工作室的形式，传承与影响更多的教师，波及更多的学校。

　　■本报记者　赵小雅

　　上篇：实验与研究历程源起与思考

　　"不要让学生加班加点，是不是也可以有好的成绩呢？"这样的想法源于理念冲突。

　　1994年，冯旭初担任广州市第七中学高三级组长。高三的首要任务是面临高考，加班加点补课是当时一些老师选择的"负责任"的办法，但作为年级组长的冯旭初却反对过度的加班加点。那时有学生因为学习负担太重，学习时间太长生病了。他不允许过度挤占学生时间，因此与一位科任老师

> 有学生因为学习负担太重，学习时间太长生病了。

产生了冲突。这真是为学生好吗?为什么补课补到学生已经病倒了一片还有人支持呢?答案恐怕就是为了高考的平均分。那么,可不可以做到不用加班加点,不让学生学得那么苦,而是通过课堂40分钟就能让学生考出好成绩呢?

这个想法开始在他的头脑中扎根。从1994年到1997年,他潜心学习了一些有关教学前沿的理论和国家教育政策,关注了一些实践研究。他开始构想与以往不同的数学教育思路,希望把数学教育与素质教育结合起来。1996年,他最终把自己的思考写成了《数学素质教育实施纲要》。这个颇有点"理想"色彩的纲要共有三个部分:第一部分谈了对素质教育及与数学教育的关系,第二部分提出了数学素质教育的实施途径与原则,第三部分提出了数学素质教育的具体配套措施。

"考试成绩好不一定素质好,但素质好考试一定能好,素质教育当包括应试能力在内",这是冯旭初朴素而直接的认识。在那个"昭告天下"的数学素质教育实施纲要中,他提出了"把数学教学与人的发展相结合,可以开发人的潜在智力,有效提高人的素质",提出了"在数学教学中实施素质教育,固然需要外部条件,但在教师主导下,应该以学生为主体"。还提出了在教学中要对人的生理素质给予关注,特别应该关注脑科学研究,应把这些研究成果与素质教育相结合。

在他提出的数学素质教育实施途径中,关注到智力、情感、品质、性格能力等方面的全面发展。提出要改善现行教学过程的单一讲授为有讲有学有练,变死记硬背为积极的创造性思维活动,并提出数学素质教育实施的五项原则,即积极参与原则、高难度教学原则、高速度教学原则、即时反馈原则和互助合作原则,同时提出了具体操作性策略,如即时反馈的方法、课堂练习的方法、形成性评价的方法,等等。

一套不同以往的数学教育思路就这样清晰起来。

实验中的往事

1997年,就在他的思考有了一个完整图景的时候,他开始接手新高一一个班的数学。那一年,学校新高一年级有5个班,他接手班级的中考英语成绩是全年级最好的,但数学成绩是全年级最差的。他决定用自己的办法来教数学。

开学后的第一件事,他给全班学生每人发了一篇选自

《人民日报》的阅读文章——《数学——撬起未来的杠杆》，读完后还要学生写读后感。他想先让学生树立数学重要的意识，对数学有一个整体初步的认识。也许在他看来，让学生首先理解数学是什么、喜欢数学要比没有兴趣地只顾做题更有成效。数学阅读与数学日记成了他教学中重要的部分。

一个学期的实验过去了。那个学期的期末考试，他所带的班级数学成绩与其他班级的差距缩小了，但仍然是5个班中的最后一名。学期结束后，冯老师布置了一道作业，要求学生以"数学的喜悦"为题，写一篇期末总结。"都第五了，怎么喜悦啊？"一名学生当场问冯老师，冯旭初的回答是"我要你讲学数学的喜悦，不是要讲第五的喜悦！"在冯旭初的心中，让学生发现数学的美，喜欢数学是第一位的，成绩是第二位。

实施不同于以往的新套路教学并不那么容易，特别是在20世纪90年代中后期，新课改还尚未浮出水面，冯旭初老师的这些方法可谓是闻所未闻。在把时间交给学生的过程中，老师讲得少了，学生参与多了，课堂变得活了，同时也显得"乱"了，不被理解的孤独有时也让他痛苦。曾有校领导说："上课学生怎么能够讨论，课堂上，学生应该坐好，静静听老师展开思维；课堂吵得要死，还怎么听老师讲课？"班主任则说："你不要搞乱我们班的座位。"隔壁班有老师鼓动所带班级的学生，说这哪里是在上课啊，应该到校长那里投诉这位"上课这么吵的老师"。还有一位初中时数学很好的男生，找到冯老师质问："你这么教，能保证我们考上大学吗？"

在改革的初期，有质疑是正常的。冯旭初是个执着的人，他不断地在向领导、同事、学生们解释着他所做的一切。

高一下学期开始了。他觉得首先要让学生明白他的所作所为，于是，他把凝聚着他思考的数学素质教育实施纲要修改后，发给班里学生，想让学生明白老师想做什么。对于学生来说，这个纲要虽然有点深奥，但慢慢地，学生觉得这样上课有意思，也逐渐明白了冯老师的良苦用心。

1998年，进入新教学的第二学年。他所带的班级已经进入了高二上学期，学校为了参加广州市数学应用题竞赛，在全年级进行了选拔赛。高一入学时高分段学生最高的班有16

人，而冯旭初所在的班是最少的，只有6名。而这次选拔的结果却是他所教的班有6名学生入选，是5个班中人数最多的。而这时，冯老师所带班的数学平均分已经从最后一名上升到了全校第二名，而到高二学期末，就成了全年级平均分第一名。

2000年，冯旭初老师新教学实验的班级参加高考。当时，广州市同类学校高考数学的平均分为560.38分，冯旭初所在的广州市第七中学数学平均分为578.71分，而他所带的班的平均分为621.59分。这个成绩，高于全市平均分，也高于学校全年级平均分。这样突出的成绩引起了广州市教研室的重视，并在全市的数学教研会上进行了交流与推广。当年广州市的一些媒体也开始关注这样一位横空出世的普通老师，《羊城晚报》就以"怪老师的绝招"为标题进行了报道。

又一次验证

送走了一届学生，冯老师又接手了2000级一个班的数学。当时教数学的级组长曾说："621分的高考平均分是学校历来数学高考平均分最高的，如果你下一届还能考出这么好的成绩，那就说明你的'四合一教学'真行！"

接手后的这个班第一次期中考试，数学成绩比全级平均分低了10分，他向家长承担了责任。这一届，他把自己的教学思想与方法用得更加娴熟了。2002年，再次参加高考，冯老师所带班的成绩是641.84分。这个成绩已经超出了广州市最好的A类学校平均的627.57分十几分。那一年，广东省的数学高考状元就出在冯老师所带的班中。

这样突出的成绩引起了广东省教育厅普教科研办公室的注意。在了解情况以后，相关负责人鼓励冯老师以学校教学实验为基础，申请全国教育规划课题，使这一教学实验变得更加完善和有影响力。2002年7月，广东省第一个由一名普通中学教师领衔的国家教育规划课题"'四合一'主体教学模式"得以实验立项。在开题会上，当时的中央教科所科研部门的相关负责人、广东省教育厅科研部门的领导、广州市教育局教研室的领导、区教育局的领导、学校领导都给予了肯定和支持。冯老师说："一名普通的中学教师的一个普通教学模式，得到了五级领导的支持，除了努力做好实验，还能

> 不加班加点，学生也可以考出好成绩。

说什么呢?"

下篇:"四合一"秘方解读

两轮高中实验,证明了用"四合一教学"的方法,"不加班加点,学生也可以考出好成绩"的设想得以实现。那么,这样一项教学探索是何以做到如此好的效果呢?其中到底有什么样独特的秘方呢?我们不妨作如下解读。

秘方之一:理念领先与系统思考

在冯旭初的《数学素质教育实施纲要》中,已经明确指出,学科教育不是单纯指向考试的,数学不是单纯地做题拿高分,而是从如何促进学生全面发展的高度,关注学生的意志品质、情感态度、生理基础、习惯方法及学科素养等。根据这样的理念,他系统构建出了一个教学体系,在这个体系中把教学目标、教学生理、教学组织和教学手段四个元素统一起来考虑,最后的目标是学生素质的全面发展,而不是单一的分数。在这四个元素之下,每一个元素又包含着四个小的元素,如教学目标当中要关注学生的身体、心理、文化和学科素质,教学生理当中根据脑科学的研究运用,构建大脑的四个象限,关注学生不同类型的思维,以此作为分组合作学习的依据;在教学组织上,根据"全脑偏好图"把4个学生编成一个小组,采用小组互助合作学习的方式;在教学手段上,运用了 A、B、C、D 四种不同颜色的信息卡,进行即时反馈,这又是另外一个层次的"四"。

"四合一教学"具有系统性,用冯旭初老师自己的话说,"四合一,就是把四个元素有机地组合在一起,才能实现一个目标,单独地做一样,或者孤立地看问题,是无法实现终极目标的"。

秘方二:引入脑科学研究成果

新课改以后,小组合作学习已经成为普遍认可的学习方式,但如何组建小组确是一个问题。"组间同质,组内异质"已经被认为是分组的原则,但到底如何同质、如何异质却是没有科学依据的,大多数会以考试成绩作为分组的依据,或者就以前后座位就近的办法分小组。

而在"四合一教学"中,脑科学研究成果的引入成了分小组的主要依据。冯旭初一直关注脑科学和认知神经研究,

> 在"四合一教学"中,脑科学研究成果的引入成了分小组的主要依据。

他思考着如何把这种研究应用于教学之中，看了大量的关于这方面的研究文章。说来巧合，1998年的一天，他在一家小小的经济类书店发现了一本奈德·赫曼著的《全脑革命》。这本书引起了冯旭初兴趣，这本书的作者用类比研究的方法建立起了一个全脑模型图，用四个象限的大脑模型来代表不同的思维区域，并以此作为企业经营管理者在团队组建时的重要依据。

　　书中提出的大脑优势和思维偏好之间的关联，根据全脑模型提出的大脑优势特质，这种视角着实让他很兴奋。他把这与教学联系起来，有一种想把这种以思维优势确定分组的方法引入到课堂小组之中的冲动。为此，他还找来学医学的女儿的教科书，寻找作者所述的生理依据。最后，他把作者的全脑模型经过改造，制定出了学生的全脑偏好指示图，这个指示图从学习方式、学习条件和学习状态三个维度，每个维度设计了32个元素，要求学生从中画出自己认同与偏好的8个元素，以剖面图画出学生的思维偏好。

　　为了验证这一指示图的科学性，在学校的大力支持下，冯老师和一位心理学老师以及班主任到中山大学第一附属医院聘请三位医学教授做顾问，一起做了相关的实验，一定程度验证了这一全脑图形与思维的关系。一起参与实验的心理学老师，还以"全脑模型学说对学生成绩及能力发展影响的研究"作为硕士毕业的论文题目，最后通过答辩。

　　在"四合一教学"中，冯老师以全脑图式的思维特质作为分组的重要依据。同时，帮助每一位学生绘出全脑式图形，让学生了解自己的心智偏好，从而根据自己的优势制定目标。实践中，冯老师的结论是，这种思维的优势会随着成长发生变化。

秘方三：找到了相应支撑策略

　　策略一："素质发展自我评估表"。在冯老师的数学教学中，每一个学生在每单元结束时都要对照"素质发展自我评估表"进行自我评估。这个评估表包括身体素质、心理素质、文化素质、科学素质、学科素质和实践素质。这看起来有些宏大，但每个方面都落到了具体的点上，针对学生的学习品质。比如学生的身高体重、视力及体育成绩，自己的情绪状

> 通过对学生思维偏好的测试进行调配，最后达成"组间同质，组内异质"的效果。

况、进取心、爱思考、不怕挫折、乐于助人、有自制力、勤学好问、不抄袭、分析综合能力、概念、运算、逻辑、空间、应用、作业、测验、期中、期末、总评、独立完成学习任务、积极参与课堂讨论、上课积极回答问题、主动学习课外知识、做好笔记加强练习，等等。以此引导学生的自我认知能力、自我反思能力、自我评价能力、自我诊断能力。

策略二：4人小组的建立与学习。从1997年开始，冯旭初在自己的课堂上开始采用4人互助合作的小组学习方式。现在小组学习已经成为大家普遍采用的课堂组织方式，但在20世纪90年代末期，新课改还没有推进的时候，冯旭初已经发现了小组学习的秘密。他的分组，不是单纯建立在学习成绩上，而是以成绩为参考，通过对学生思维偏好的测试进行调配，最后达成组间同质、组内异质的效果。而这个效果根本的依据就是学生思维方式的不同，而不是单纯成绩的高低。

策略三：即时反馈。"即时"而不是"及时"，这是冯老师强调的反馈的迅速性。在"四合一教学"的课堂上，每堂课都有练习环节，按阶梯难度原则，每堂课要有2道以小组为单位的板演题和4～5道选择题，作为当堂练习反馈的内容。而四种颜色不同的信息反馈卡的运用，则对反馈环节有了更多的方法。对于争议较大的题目就可以让学生进行小组讨论。数学日记也是个别反馈的重要载体。学生的数学日记主要用于学生与老师之间交流，学生在日记里可以写上任何感想、问题和意见，学生在数学学习上有什么困惑、有什么认识、对老师有什么想法，与其说是数学日记，不如说是学生与老师之间关于学习的知心沟通方式。对于学生的数学日记，冯老师有两条原则，一是第一时间看了发回，二是一定为学生保密。

策略四：奖励与激励。以评价激励学生，这是冯老师教学的又一策略。在他的思考中，"奖"与"励"是不同的，评高分、发奖品等是常规的奖，而"励"是对动机、兴趣、情感、意志等非认知心理品质的关注。所以，在带班的时候，他会中午端着饭碗与学生一起吃饭聊天，期中或期末，他会奖励合作最好、进步幅度最大的小组"去肯德基搓一顿"，这些小小的方式，提升着学生的情意品质。

培养了学生的关心集体、关心他人、团结互助、互相沟通的品质，促进了学生综合能力的发展。

对于小组的评价也有自己的激励措施。课堂上当小组代表回答正确时可以记 100 分,当小组代表板演正确时给 100 分,但如果这位代表是小组长则只代表自己得 100 分,如果是组员且回答正确则小组 4 人都得 100 分,并且这 100 分作为个人的平时测验成绩。期中考试与期末考试也分组计算小组总分,当板演不能容纳所有的小组时,冯老师会把他们的书写收上来进行投影,同样评分。个人的成绩也与小组相联系,个人的总评成绩由小组内的板演成绩、单元检测成绩、作业成绩以及期中与期末成绩相加组成。

这样的评价方法调动了所有学生参与课堂的积极性,更重要的是培养了学生的关心集体、关心他人、团结互助、互相沟通的品质,促进了学生综合能力的发展。

2004 年,冯旭初退休了。他在香港大学教育学院教育领导研究中心的邀请下,选择了一所相对薄弱的学校的一个班实验他的"四合一教学"。结果证明,这样的教学方法受到学生欢迎,学生的学业成绩提升幅度很大。后来又受邀到另一所学校,他在香港的 4 所学校前后共 5 年实施他的教学法。2011 年 3 月,美国华盛顿州立大学的 Pezeshki 教授到广州和华南理工大学商讨合作科研工作,最后一个下午,他听冯老师的学生说起"四合一教学",便来到了广州市第七中学拜访冯老师。语言不通,冯老师就拿出"全脑偏好图"卡通片向这位教授介绍,当场对教授的思维偏好进行了一个测试,据此画出了这位教授的全脑式图形,分析了教授的思维特质等,教授称赞冯老师说得很对。他当即决定推迟离开广州的时间,继续了解"四合一教学",并在回到美国研究了三个月之后,向冯老师发出了访美交流的邀请。

让学生爱学数学,学好玩的数学,进而到让学生喜欢学习;让学生不加班加点,也不怕考试——这是冯老师研究创立"四合一教学"的简朴初衷。"四合一教学"前后已经经历 19 年时间,在冯旭初老师看来,"四合一教学"经历了他研创的第一代,也经历了许多人跟随实验的第二代,而现在已经到了由年轻人来接棒的第三代。他最大的心愿,就是让更多的人了解这样的教学,让这样的方法不断完善并传承下去,最终实现"四合一教学"的理念:"课堂 40 分钟解决问

> 最大的心愿,就是让更多的人了解这样的教学,让这样的方法不断完善并传承下去,最终实现"四合一数学"的理念。

题，不搞加班加点，学生学得高兴，素质全面发展"，从而改变学生的学习生活。

手记

"怪老师"的正思考

个子小，嗓门大，说话快，无论说什么，无论与谁说，语气中都带着些许的自我和执着。同时又显示出非同一般的真诚和友善，甚至还有那么一些有趣与顽皮。这是我对73岁的冯旭初老师的初步印象。

知道冯老师，是四五年前。我只知道有这样一位忠实的读者，自己也对课堂教学的改革进行了实验研究。他寄来了有关"四合一教学"的厚厚的材料，他也会对我主编的版面上的文章仔细阅读，然后写来读后的感想与看法，发到投稿邮箱里，但并没引起我太大的注意，对教育的执着、研究、自我着的大有人在，也许他只是其中之一。

直到我见到了他，听他说起十几年来有关"四合一教学"实验的故事，了解到这一教学方法的实际效果。看着他从随身背着的百宝囊一样的小书包里，拿出他保存着的十几年前的学生数学日记、自己发明的信息卡片、用于全脑偏好图测定的卡通图片。听他滔滔不绝地谈学生，历数每一届学生的学习故事与人生故事。听他说起自己会坐着公交车，直接到实验学校老师的课堂去听课指导。

从他的言说中，体会到他对自己所从事的教育教学工作的那份单纯的执着，体会到他对教育的思考力，也体会到由于他的单纯与执着，致使面对纷繁现实的无法言说的孤独与无措。

他被学生喜欢，但在学生眼中他是一个"外星人"一样的怪老师。他的教改实验被学校、教育主管部门以及与他一起实验的老师一一肯定，但他仍然担心这样"有效"的实验能否传承下去。（记者 赵小雅）

> 在学生眼中他是一个"外星人"一样的怪老师。

由中国教育报编辑部、广州市教育局教学研究室、香港大学教育学院教育领导研究中心联合主办
——"四合一教学"教改实验现场观摩报告会启事
广州市第七中学冯旭初老师自1994年开始构建"四合一

教学",历经近20年的实践及研究,形成了理论与可操作性强的研究成果。实践证明,这一教学改革为减轻学生负担、提高课堂教学质量提供了一条现实可行的路径。经与广州市教研室、香港大学教育学院教育领导研究中心商议,本报拟与以上两个单位联合召开冯旭初"四合一教学"教改实验现场观摩报告会。

会议将通过专家报告、专题报告、现场观摩课、专家点评等方式,全面展示冯旭初老师的教改实践,探讨课堂教学改革的发展方向。会议时间拟定为12月6日至9日。会议分前后两段,其中6~7日现场在广州市第七中学,8~9日赴香港考察学校并听取专家报告。欢迎中小学校长、教师、教科研人员及对此项教改实验感兴趣的人士报名参会。特别提醒,如果赴香港参会,至少提前半个月在当地办理港澳通行证。

主要参考文献

[1]（美）奈德·赫曼. 全脑革命 [M]. 北京：经济管理出版社，1998

[2] 郑和均，邓京华，等. 高中生心理学 [M]. 杭州：浙江教育出版社，1993

[3] 查有梁. 教育建模 [M]. 南宁：广西教育出版社，1998

[4] 吴立岗. 教育的原理 [M]. 南宁：广西教育出版社，1998

[5] 夏惠贤. 当代中小学教学模式研究 [M]. 南宁：广西教育出版社，2001

[6] 叶澜. 新基础教育探索性研究报告集 [M]. 上海：上海三联书店，1999

[7]（美）威廉·葛拉瑟. 每个学生都能成功 [M]. 张老师文化事业股份有限公司，2002

[8] 杜殿坤. 原苏联教学论流派研究 [M]. 西安：陕西人民教育出版社，1993

[9] 张奇. 学习理论 [M]. 武汉：湖北教育出版社，1999

[10] 蒯超英. 学习策略 [M]. 武汉：湖北教育出版社，1999

说明：平时看书读报，会记住一些内容，不一定记住出处。所以，所列参考文献很可能不全，特此致歉。